樅陽文化叢書

樅陽

枞阳文化丛书

“枞阳文化丛书”编委会编 | 丛书主编　钱叶全

钱澄之传

钱王刚　著

合肥工业大学出版社

图书在版编目(CIP)数据

钱澄之传/钱王刚著.—合肥:合肥工业大学出版社,2017.2
ISBN 978-7-5650-3261-5

Ⅰ.①钱… Ⅱ.①钱… Ⅲ.①钱澄之(1612-1693)—传记
Ⅳ.①K825.6

中国版本图书馆 CIP 数据核字(2017)第 025062 号

钱 澄 之 传

钱王刚 著　　　　责任编辑 疏利民

出 版	合肥工业大学出版社	版 次	2017 年 2 月第 1 版
地 址	合肥市屯溪路 193 号	印 次	2017 年 5 月第 1 次印刷
邮 编	230009	开 本	710 毫米×1010 毫米 1/16
电 话	总 编 室:0551-62903038	印 张	17.25
	市场营销部:0551-62903198	字 数	207 千字
网 址	www.hfutpress.com.cn	印 刷	安徽联众印刷有限公司
E-mail	hfutpress@163.com	发 行	全国新华书店

ISBN 978-7-5650-3261-5　　　　定价:38.00 元

钱澄之先生画像

黄山书社出版的钱澄之系列图书

“枞阳文化丛书”组委会名单

“枞阳文化丛书”编辑部名单

枞阳要大力加强文化建设，坚持打好文化资源牌，充分发挥名人效应，增强文化自信，将文化底蕴和名人资源转变为发展优势，推动文化大县向文化强县跨越，促进枞阳经济社会全面进步。

切实做到“三个坚持”，一要坚持以人民为中心的创作导向，深入挖掘枞阳文化时代内涵，提升方苞文学奖、朱光潜艺术奖影响力，丰富文化产品供给。二要坚持大力发展文化产业，推动文化与旅游、科技等融合发展，建成一批重大文化产业项目。三要坚持发掘提炼“枞阳精神”，增强全县人民文化素养和文化自觉，努力建设文化强县。

——选摘自中共铜陵市委常委、枞阳县委书记刘亚东在首届“方苞文学奖朱光潜艺术奖”颁奖会议上的讲话

序一

做好枞阳文化创新的时代课题

罗成圣

文化是一个地区的特质和灵魂。枞阳地处吴头楚尾，滨江怀湖，有着五千多年文明史、三千多年建城史、两千多年建县史，独特的区位和悠久的历史，形成了具有枞阳特色的地域文明和文化精神。

枞阳自古就是钟灵毓秀之地，教育发达，人文荟萃，名人辈出，在“安徽百位历史文化名人”中占据11位，先后涌现出“铁骨御史”左光斗，百科全书式的大师方以智，桐城派代表人物方苞、刘大櫆、姚鼐，以及将军、外交家、艺术家黄镇，中国“计算机之父”慈云桂，著名美学家、中国现代美学奠基人朱光潜，“一代大哲”方东美等一批风流人物。当代杰出人物层出不穷，以“两院”院士汪旭光、陆大道、丁汉、王福生等为代表，分布在世界各地的枞阳才俊如大江潮涌，竞展风流。

枞阳是桐城派的发源地，桐城派的代表人物及后起之秀大多生长在这块土地上。他们师徒相传，著书立说，学术宏富，形成了庞大的作家和学术群体，蔚成“何意高文归一县，遂令天下号宗师”的文化奇观。

桐城派从枞阳走向全国，影响清代文坛两百余年，南极湘桂，北被燕赵，享有“文章甲天下，冠盖满京华”的盛誉，成为中国文学史上历时最长、参加人数最多、影响最大的文派。

枞阳既是历史悠久的文化大县，又是经济快速发展的新兴地区。枞阳雄踞八百里皖江之中，位居合肥、铜陵、安庆、池州四市之间，“一带一群四区”六大国家战略叠加效应明显，区划调整后经济社会建设得到市委、市政府“五个优先”支持，已经迎来新一轮的大发展、快发展。“十三五”时期，县委、县政府将团结带领全县人民，努力把枞阳建设成为世界铜都江北副中心、合肥都市圈通江达海重要门户、长江经济带重要区域节点、现代旅游休闲养生度假重要基地。

文化包含着兼容、开放和创新。面临枞阳“十三五”发展的大开放格局，枞阳文化迎来了继承弘扬、熔旧铸新的时代课题。如何继承弘扬枞阳优秀传统文化，如何把枞阳的文化名片做大做亮，需要全球视野，需要大开放的战略，需要海纳百川的胸襟，需要枞阳时代文化的吐故纳新。毫无疑问，这需要在历史文化的根基上形成一系列创新文化体系，包括加快现代公共文化服务体系建设，实施一批文化惠民工程，提升公共文化服务供给能力；坚持以人民为中心的创作导向，深入挖掘枞阳文化时代内涵，提升方苞文学奖、朱光潜艺术奖影响力，丰富文化产品供给；大力发展文化产业，推动文化与旅游、科技等融合发展，建成一批重大文化产业项目；大力弘扬社会主义核心价值观，发掘提炼“枞阳精神”，增强全县人民文化素养和文化自觉，努力建设“文化强县”等。创新是枞阳文化的灵魂。只有不断创新，才能保证枞阳文化的生生不息，才能将文化优势转变为枞阳的发展优势。

正是在这样的背景下，“枞阳文化丛书”第一次较为系统地梳理出枞阳历史名人、古代诗文选、当代文学及剧本、民俗风情和非物质文化遗产等精粹。这套丛书的出版，既是枞阳文化建设的一大成果，又是继承和发扬枞阳优秀传统文化的重要媒介。希望更多的有识之士参与到发掘、研究和弘扬枞阳文化的行动中来，续写无愧于先贤、无愧于时代、无愧于后世的文化新篇。也希望“枞阳文化丛书”作为一个文化创新品牌，在彰显枞阳文化自信、发展自信上，形成文化创新系列和出版系列，坚持不懈地锻造文化佳作，输出精品力作，传播正能量，引导大潮流，展示枞阳文化永恒的魅力。

枞川文明生生不息，枞阳精神薪火相传。感谢枞阳大地，感谢枞阳人民，让我们共同仰望这片土地上的灿烂星空。

（作者系枞阳县人民政府县长，“枞阳文化丛书”编委会主任）

序二

气节光日月，诗文满京华

钱王刚

我研究钱澄之，并决定为其作传，缘于创作《方以智传》。钱、方二家是同时代海内闻人，又是关系亲密的乡友，研究方以智，不能不了解钱澄之。就是在这种了解过程中，我逐渐熟悉了钱澄之，认识到他同方以智一样，是位才华突出、品节高尚、影响巨大，却又被历史有意无意湮没了的杰出人物。作为明清之际著名的诗人、文学家、学者和爱国抗清的民族志士，他的文化学术成就和价值，在当时和后世并未得到应有的重视、研究和评价。而他的生平志节，世人也知之甚少，且有令人遗憾的曲解——即使在1998年《钱澄之全集》出版、2007年入选安徽文化百位名人后，对钱澄之的研究宣扬仍十分有限。这种情形，与今日的文化宣传不够协调，对我个人来说，作为志于人物传记创作的学人，我也不忍见乡梓先贤被长期湮没。我觉得，我有责任在历史和文化的传播中，勉力复原三百多年前的钱澄之形象，将其事迹志行及影响贡献真实完整地展示于世人，使更多的人能了解钱澄之，从他那里获得有益的人生启迪和文化熏陶。

人物传记，首要能清楚地叙述传主的生平，反映他是怎样的人，一生可叙的重要事迹有哪些。钱澄之生平坎坷，仅在南明朝廷做过小官，当时声誉主要缘于其气节和诗文学问。恰恰这两方面，在清朝政治高压和文化专制的背景下，被刻意地忽视了，而其著作或不敢刊行或遭禁毁。这使他的事迹影响日渐沉寂，致后世对其生平知之甚少，仅有的一点印象全依据方苞在钱澄之去世几十年后所作《田间先生墓表》中一段话，谓钱澄之年青时思冒危难以立功名，北归后杜足田间课耕自给，将中年以后的他概括成一个隐居乡间闭门不出的遗逸。后来所有关于钱澄之生平的议论几乎全是这个论调的翻版，一切的评价，包括对其诗文学术的研究，也俱建在这个基调上。这是个极大的误读。检索其北归后诗作，可以清楚地看到他的足迹遍及南北，数十年风尘仆仆在外，所谓杜足田间只是方苞善意的杜撰。而透过那些隐晦的诗句，探微索迹，一个志行坚定、至晚年都不忘抗清复明的民族志士形象便鲜活在人们的眼前。许多时候，当我咀嚼着那些既隐晦又明确的诗句，体味诗人的活动和情感时，我的心也随之感慨不已。我相信，只要不熟视无睹，将钱澄之的言行置于当时情势中进行整体审视和客观分析，读者会和我得出一样的结论，会为三百多年来被曲为遗逸的钱澄之正名，会向一个气节高尚的民族志士致敬！故本传的研究创作，将此方面内容作为考证发现，作了重点的描述。

作为著名的文人，钱澄之在文化上的奉献是多方面的，然以成就和声誉而论，其最突出的，是作为一个杰出的现实主义诗人对诗歌创作的贡献与影响（现代的钱澄之研究，它亦被关注最多）。本传结合其生平，尽可能地反映了钱澄之的诗歌创作活动及不同时期的诗作风格，以便读者更多地认识了解作为诗人的钱澄之，于诗歌领域的努力与意义、价值和地位。除诗歌之外，今天仍值得我们重点说的还有钱澄之在文章上的地位影响。钱澄之在世便负文名，在朋友同事中被视为文章高手。他主张穷理御气以轨于法，倡导不沿袭依附前人大家，去陈言而说自话，文从字顺，直抒己见而为人解，雅俗共赏。时人谓其文“明理而止尔，辞达而止尔，意雅不欲附一家，绝去涂饰，单行孤诣”。后人则评论说“有物有则，雅言畅洁，一扫枝叶”，“非特一扫明季之陋，即清初诸大家，亦鲜有能与抗衡者”。水流有源，后来以文显名海内的桐城文派诸大家，必受到了钱澄之等乡贤在文学主张及创作实践上的影响。事实上桐城文派的第一位主要人物方苞少时便从钱澄之问学求教，且桐城文派的主张及气清辞洁的文风也与钱澄之相类似。故钱澄之实为桐城文章变化之滥觞。今日学者多有人指出这点，本传则于书中首为专题略作论述，读者有心自可参考研究，可知今日论桐城派，不可不谓钱澄之也。

2016 年 3 月 18 日

重版说明

钱澄之，枞阳石矾人，明清之际的著名诗人、文学家、学者和反抗异族入侵统治的民族志士。2007 年入选安徽百位文化名人。《钱澄之传》为纪念钱澄之诞辰四百周年而作，原由安徽人民出版社出版，全书 34 万字。此次入选“枞阳文化丛书”，同《方以智传》一样，为适应分册字数要求，做了大幅度删减。好在总体结构没有大的变化，所保留的内容不会影响读者对钱澄之的基本了解，亦是遗憾之余的幸事。

2016 年 5 月 8 日

目　录

第一章　气节少年

大明崇祯二年四月。

一列威风凛凛的仪仗队伍到了棂星门前进入安庆府学。早有一班官员，领着府属六县参加道试科试的生员，恭候在旁，迎接前来观风的巡按御史。车辇停下，御史在千百道目光注视中，正顺着踢梯下辇之际，忽从诸生群中奔出一个十七八岁的少年，疾至辇旁拦住，手指着那御史喝道："学宫圣地，岂是你这种卖身阉党，不知仁义礼耻之人可至之处？"

御史不防有此，又为那少年言语击中要害，不由得恼羞气结，一时紫胀着脸说不出话来。

少年毫不理会，立在那里，滔言厉语数揭御史以往的丑行——原来此人前几年为了往上爬，曾依附魏忠贤阉党，品行低劣。这少年不知从哪里听闻了，十分不齿，这时便奋勇犯难揭斥。

少年犯难时，众官惊愕意外之际，或敬佩少年气概胆识，或快意少年代道了心声，均未及时制止。只待那少年数说一通，御史也气了个半死，这才有人上前喝止："兀那学子如何张狂疯颠，不知礼节？还不赶紧退下！"

差役从将少年拉了开去。御史才从极度难堪中解脱，由诸官陪着往大成殿而去。草草行礼拜了先师圣贤，也不召人问话，即黑着脸登辇而去，留下一群官员生员在那里议论不已。

府学中的这个插曲新闻，很快就传遍全城。巡按御史代天子巡视，地方所有官员都敬畏三分，小小秀才冒犯了这种角色，岂有好果子吃？人们都为那少年担心。

然而数日过去，想象中的情形并未出现，听说那少年还照常参加了考试。于是，人们一边替那少年庆幸，一边以为巡按大人宽宏大量，放了一马——合城中，只有极少数人晓得并非那样。实际情形是：回到察院后的御史，恼羞不已，恨不得立时将那可恶少年拿来，打一顿棒子出气！只因眼前合府士子聚集，心有顾忌，才改为移文提督学校官，要求将那少年生员除籍。

接到巡按咨文，提学有些犯难。南北直的提督学官也是由御史充任的，诸生无礼冒犯，从同官应有的立场来说，他是应该帮巡按出这口气。可此时要他将那少年诸生开革，他既不愿也怕招致众议，因那少年的行为，不但在众学子眼中是了不起的气节之举，连府县官员也多持赞赏态度，原因在于阉党的不得人心和时下朝廷的动态。

天启间，冲龄即位的熹宗皇帝，一心只喜好木工制作及与宫女嬉戏，国事概不放在心上。久而久之，朝政大权便落入了太监魏忠贤手中。魏忠贤勾结皇帝乳娘客氏，倚着皇帝信任，在朝中倒行逆施，残害忠良，施行特务暴政，以致海内怨愤，国事乱危。故崇祯帝去岁御极，拨乱反正的头件大事，便是逮治魏忠贤及其阉党，并于今春明定“逆案”，自魏党死将崔呈秀以下，以往助纣为虐及与阉党勾结者凡六等罪处。消息一出，朝野为之欢欣。

这不过是月前之事，现在提督学官接巡按咨文，不说他自己也鄙视对方人品，即有心相助，也怕于此敏感时期招致议论攻击——因这巡按虽不在逆案中，却有过牵扯。

斟酌之下，他回复巡按："若必欲究办，请详告原委，以明处置所以而不致物议。"

巡按听了这话，愤恨却没奈何。刚侥幸脱了"逆案"的他，这时最怕人将他与阉党联系起来。若他按督学要求具文催办，届时人们必谓某某生员因揭斥御史与阉党有染而被开革，这样他往日的丑行不单将被广为传说，风教蔚盛的安庆，从儒生到官员，极可能做出对他不利的反应。想到这些，他哪敢再纠缠不放?

提督学官见御史没了动静，便做了点表面文章权为交代——考棚中，待那惹事的少年桐城县学十八岁的生员钱秉镫交卷时，督学将之唤上台来，当着诸提调官（由知府、首县、教官等充任）的面，先问问考试情况，随即沉颜板脸，对其日前在府学中对官长的不敬行为，厉言斥戒一番，算是给了巡按一个下台之阶。

一件明显无礼于官长，按礼法常情而必被究治之事，因着此时的朝局背景，就这样被轻轻揭了过去。那勇敢的犯事者，则以少年气节受到人们普遍的赞扬。

时光匆匆，不觉三年多时间过去，转眼已是崇祯五年的深秋。一日，一叶轻舟载着三个风度翩翩的年轻公子，从桐城城南的石河边出发，顺流而下，经古湖转入枞阳河，往东南方向的枞阳古镇荡去。

这枞阳河（又称枞川）受水于上游潜、怀、桐、舒四境，逶迤三十余里，东绕枞阳古镇而直下大江，自古以来便是水上要道，一年四季里，漕运商船和行舟渔艇往来繁忙，出没风波。沿岸时见人家居住营生，各色旗幡挑挂，招徕过往。越接近古镇，埠渡肆栈越多，益是热闹。

舟行中的几位公子，一路观赏着沿途景物，指点议论之际，数十里的水路很快过去，不久即至舟船遍泊的古镇边。公子们离舟上岸，穿出河街，便见大街口镌有“古枞阳”三个擘窠大字的巨大卧石，横亘在眼前。

上古蛮荒时代，濒临大江的古枞阳，便已是著名的原始部落有巢氏的活动区域，史书所谓南巢之地。如今的枞阳镇一带，由于依山傍水，气候温暖适宜，加上便利的水运交通，后来遂成为古巢国的都邑。秦汉后，枞阳古城曾长期作为县治郡治所在，三国时的吴国著名将领吕蒙更在古城东面的下枞阳，续筑新城，一度恢复了枞阳古城作为古都邑的繁盛气象。但其后经历千年沧桑，古城终还是颓圮在历史的风雨中，沦为一个不太著名但还保持一定繁荣的市镇。不过细心的人到此，仍会看到四处可见的历史痕迹，譬如，那高耸于后街巍峨庄肃的城隍庙，便是一个往昔邑治城市的显明标记。

此刻这几位年轻公子欲至之处，正是城隍庙前深巷之中的辅仁会馆。

枞阳作为邑中首镇，凭着它滨江关河的交通条件，入明以后逐渐成为一个渔盐漕粮集散之地，经济繁荣，百业兴旺，是影响整个皖中的重镇之一。同时，它又是一个以授徒讲学彰名远近的学圃杏坛，邑内名儒童自澄、赵鸿赐、方学渐三人（人称桐川三老）先后于此聚学子儒生会讲王守仁的致良知之学，促使桐城理学于近数十年极大地兴盛，在东南一带影响很大。

辅仁会馆正是由童自澄所创建的最早的讲学之所。在他去世后，接替主持讲会的，系时下邑内的著名学者钱志立。

钱志立，字尔卓，别号镜水。居枞水之滨的青山之麓，出身于衣冠世家。年轻时师从方学渐、赵鸿赐、颜素倡明理学，中年遭母丧后罢举业，辟馆聚徒授《易》。曾任桐城令的刘时俊认为邑内能将桐川三老的事业延续下去的唯钱志立，遂荐其主持辅仁会馆。

年轻公子一行到时，恰逢会期，讲堂内挤满了头戴方巾的儒生，台上台下正讲问热烈，主讲者正是年逾花甲却精神矍铄的钱志立。只听他讲道：

余谓孔子之孝，不当求之生事丧祭，而当观其所行。《孝经》首章有曰："立身行道"，此一句括尽十八章之旨。孔子之孝意者在斯乎？身是父母之遗体，道是天下之正路，立得住而后行得去。此身若倾倒而不立，则其道阏塞而不能行，有忝所生，而不孝大矣。孔子不以一人之身为身，而以天下万世为身，挺然立于宇宙之间：天地以吾身而清宁，万物以吾身而茂育，千古帝王以吾身而光大，后来千百世以吾身而延昌，阐明三纲五常为斯道之宗主，使道无一日不流行，无一处不旁浃，无一人之血脉不贯通。今日吾等学人有此学讲而习者，皆孔子精神之所波及也。

他这里讲完，台下便有人先后提问。

"请问先生，立身行道从何处下手？"

立志。孔子十五而志学，便奋然欲为大人，其志定，其学不厌，至三十，此身自信能立矣。立身行道，日精日熟，与时俱进，至耳顺从心之年，其志未尝少懈。终身此志，终身此学，孔子之所以成大圣者，志为之也。

"请问何谓克己复礼？"

立志要做天下第一人，是谓克己，即此便是天理，便是仁。

“天理之外，朱子又讲格物，何谓格物?”

朱子谓《大学》是圣门最初下手功夫，格物是《大学》最初下手功夫。我说圣门之始终一《大学》，《大学》之始终一格物也；一“物”字，该本末；一“格”字，该先后。学非格物，则落虚见而非实学矣。

……

这种讲会，也有专题演讲，但多数是如眼前这般自由问答，相互辩难，气氛活泼热烈，很受一般治学士人的欢迎。钱志立是饱学耆儒，对与会者的问题，立为剖解，令人折服，不时引起听众热烈掌声和赞叹。

讲会结束时，与会者方注意到待在会场门外听讲的几位年轻公子。熟悉的人即上前招呼问候，攀谈叙话。不识者听说是邑中的世家公子，个个才艺不凡，也不禁露出慕敬之色。

但凡一个地方，总有若干名门大姓。这情形在桐邑东南乡，尤为典型突出：入明两百余年来，沿江百里的枞阳境内因经济文化发达，仕宦不绝，人才辈出，形成了方、吴、钱、姚、何、左、阮、叶、盛、孙等众多的名门世家，在地方上影响很大。目前最著名者有四家：青山何氏家族，东乡左氏家族，麻溪吴氏家族，浮山、杨树湾一带的桂林方氏家族。今日至临辅仁会馆的三位年轻公子，正是来自其中方、吴两个显赫世家的方以智、方文和吴道凝。

方以智的祖父是天启间被削职的大理寺左卿方大镇，他的父亲是兵部职方方孔炤。方文之父系方大镇之弟、前工部主事方大铉，乃祖即是桐川三老之一的理学大家方学渐。而吴道凝则是万历十四年一甲进士、授翰林院编修，后以目疾致仕的吴应宾的公子，其祖一介菲庵公，曾任河南右布政。

尊贵的门第，显赫的家世，加上才学不凡，使这几个年轻人在一般人眼中，是那样的高贵突出，所至皆似眼前这样被人尊迎，群星捧月一般——这是世俗常情，也不为怪。

几位公子拜见钱志立时，老先生也甚高兴。他年轻时曾师事方学渐，与方大镇、吴应宾等人是关系密切的学问道友，他的弟子石塘人白瑜，又是方以智、方文的授业先生，算起来他还是他们的师公，而他们又是儿子钱秉镫的好友。他将几个晚辈延至后院静斋叙话，又着人去镇中招会友的儿子回来——此次讲会，恰是季子秉镫随侍他之馆。

静斋是座小楼，当年童自澄居此三十年，邑内外前来求学问道的学子儒生，常履塞门庭。方以智等身处其中，遥想当年盛况，颇有杏坛莲台之感慨。闲话间说起斋名，遂向老先生请问缘故。

钱志立目光转向户外，道："你们刚才来，可看见斋外那一方孤立独处的石头?"

几人有看见的，也有没注意的。听老先生这样问，不由得皆很好奇。

钱志立道："定夫先生当年居此，闲暇无事或事有烦恼，常负石而诉，或面之长跪。他人见了皆奇怪好笑，先生曰：'世间之物，维石至静，吾故爱之敬之。'更将小楼命名静斋。之后老朽居此，细想此事，深觉先生正因能以石为师友，方能澄心静志，研阐理学。而石性坚贞，亦正体现先生不屈不挠品格。"

几个年轻人听了，细嚼个中道理，一时皆有感于中，对邑中前辈贤哲景仰深深。

正说话间，钱秉镫的身影出现在门口，同来的还有一年轻儒生。几年过去，钱秉镫长得更加高大魁梧，进屋看见众人，不由得惊喜："密之、尔止、子远，你们都来啦!"

去年他去拜访小龙山中的白鹿山庄，方以智的父亲方孔炤对他很爱重，以子侄之礼相待。他与方以智本以才情相互景慕，又得其父赞赏礼遇，遂倾心订交，成为异姓昆弟。方以智又将相与亲密的方文、吴道凝等人介绍给他，彼此都成了好朋友。他每次去县城，总要在城南方以智的泽园与众人欢聚一番。今年他因忙于学业和参加文社活动，而方以智也游学东南，阔别大半年，此刻聚逢自然欢喜。

问候间，钱秉镫又给几位好友介绍同来者：那人姓孙，名大年，雨潭人，家中颇有资产，为人豪爽喜交结。他素闻方以智、方文等人声名，此时得晤，极道仰慕之情。

钱志立待儿子回来，便笑呵呵地离去，让这些年轻人在一起热闹。他看出来，方以智等至会馆，不纯为听讲会，大约还有其他事情来寻儿子。

他猜得一点不错。方以智等人至枞阳，确是有事找钱秉镫。若彼不在会馆，或许他们还会赶去十几里外的麦园其家。在他们的思想上，有件事很重要，非得与幼光（秉镫字幼光）说说不可。

今年夏末，方以智游学东南，结识了一大批复社成员。复社不仅主张尊经史复古文，反对文坛上诋经弃学的流弊浅薄艰涩的文风，更继承东林传统，治学不忘国事，抨击时弊、鼓吹清明政治，正逐渐成为一个影响与日俱增的党派团体。作为东林后人的方以智，赞赏之下，决定从此以高举复社大旗、接武东林为己任。回乡后，他立即与方文、周岐、吴道凝、孙临、白筠等同窗密友商量，将以前几人组织的泽社更名为永社，以示别于昔日，期为复社张军呐喊。而第二件事，便是要告诫钱秉镫，要他退出中江社。

原来今春间，皖城也新成立了一个名称中江的文社。从表面上看，这个新社同其他会社一样，俱是以文会友的文课组织，没什么特殊。然而内子里，它却很有些名堂：其幕后的策划主持者，乃是过去投靠魏忠贤阉党后被罢居乡里的阮大铖。

阮大铖因为阉党出谋划策，陷害东林党人尤其是同乡左光斗，极为乡里所不齿。为了改变自己的形象和困境，他企图以扶持文学、奖掖后进为名，招揽一些学子士人为己所用。为他出面组织开社的，一是昔日同阉党也有瓜葛的潘汝桢之子潘映娄，另一个是门人方启曾。这两人多方活动鼓吹，是时又结社成风，一些人不明就里便入了伙，其中就包括吴道凝和钱秉镫等。

游学归来的方以智，不能坐视好友因不明形势而坠入阮大铖彀中，故这日特来寻访。此时见面，略叙游历情况后，他即直言喻谏钱秉镫：

“我在常熟谢桥拜会复社杨维斗先生时，他告诉我，自崇祯二年定‘逆案’后，阉党分子一直在蠢蠢欲动，企图东山再起，只因圣上英明洞察，加上朝中正直大臣的防范反对，才使其奸未售。然彼仍不死心，暗里窥视不已。为与朝廷政局相呼应，眼下各地会社，无论是否复社成员，都决不能不分清浊，不辨气类，参加由阉党余孽操纵的文社活动。所以幼光，你应赶紧脱离中江为是！”

钱秉镫听了，颇觉惭愧。道：“小弟汗颜，之前未思及这些。春上方启曾来邀，因他是中表亲戚，又听说邑内外不少人参与，故随家兄漫从加入。”

吴道凝一旁道：“我也是这样，是潘映娄拉入社的。潘吴两家世戚，他又是密之的岳丈，觉得不好拒绝。”

桐城名门世家之间，联姻通好普遍，形成牵扯不断的复杂关系。方、吴、潘这几家也是这样，方以智的亡母吴令仪，即是吴道凝之姊；吴道凝又有从姊坤元嫁入潘家，而方以智更是中江社发起人潘映娄的女婿。

在钱秉镫眼中，名节最为重要。他先前因局促乡里不知外界形势入了中江社，此时听方以智说明了文坛情形，悔惭之际再不迟疑。吴道凝话音刚落，他便对方以智道："兄长所言，如当头棒喝。弟当以此为戒，此后谨言慎行。那中江社之门，决不再踏一步！"

见他态度如此坚决，众人都很钦佩。方以智极是高兴，拊掌赞道："是非分明，名节自重，大丈夫行事，当如钱幼光耳！"

几场春雨过后，笼罩一冬的严寒渐渐消去，天气一日比一日暖和起来。

一年之计在于春。距枞阳十数里外，青山石屋寺的一处精舍内，一群年龄参差不齐的儒生，于早春便已开始了学习。

学生们皆是打算应秋季乡试，而在此接受有经验的儒师指导的诸生，以青山附近的何、钱两族的子弟为主，少数路远点的，也是沾亲带故的亲友。学习的地点之所以选在石屋寺，是因这儿风景秀丽环境安静，向来是学子们读书结社的喜爱处所。青山何家的两代宦达、栖霞令何思鳌及其二子方伯何如申、大学士何如宠，出仕前皆在此读过书。

先生是聘请来的一位老秀才，一生多次临场屋，于制义颇有经验心得。这次诸生们来石屋寺，即期于考试经验尤其八股写作上，得到先生指导，强化训练。

这日练习八股破题。先生道："破题者，说破本题之意也。文章好坏成功与否，破题至为关键。昔人说：'抡文如选色，其面在破，其颈在承，其肩胸在起，其腰肢在股段，其足在结束，其大体在长短纤肥，神态艳媚，若远若近，是耶非耶之间，而总之以面为主。面不佳，百佳费解也。岂有不能破而能文者乎？'故望你们认真对待，不可轻忽，诸凡长题搭题大题小题、明破暗破正破反破，须悉心体会，多加练习，熟则生巧。现在，吾出题，汝等来破。"

学生们对这种动嘴不动手的练习，大凡有些真才学的，都比较喜欢。唯那肚中墨水不多的，不免紧张。

先生捋捋花白胡须，开始道："这第一道题是：'学而篇第一，为政篇第二'。谁来破之？"

"学而""为政"分别是《论语》的第一、二篇，这先生信手拈来作了题目。

不一会，有人站起朗声道："我破以'学而后为政，未闻以政学也'。"

先生瞧着他甚是满意，夸道："破得不错，题意也正如此。素闻何氏兄弟慧敏，确是不虚。侍卿公子请坐。"

原来这破题的学生正是何氏子弟，名应珏，字侍卿，乃故布政何如申少子，家学渊源，学习勤奋，于这破题勇拔头筹，得到老师称赞。

待何应珏坐下，先生出了第二道题："这第二题，仍从《论语》取来，就是每章开头的两个字：'子曰'。要求暗破。"

这题难度显然比前面那题要大，众学生听了，一时多不得其破，在那里蹙眉挠腮，苦思不已。但这群人中，毕竟不乏真才学者，还是有人出来作答。

那是个神情清朗的年青诸生，道："先生，我破的是：'匹夫而为百世师，一言而为天下法'。"

先生听了十分高兴："善哉妙哉！若在大考时，此破必能一下子就吸引住考官眼光，使之不舍。吴鉴在之才，今也领教。"

孔子以一平民而被后世奉为圣人、万世师表，他的每一句话，都是不可违背的至理名言而被遵行。用这样的意思来破"子曰"二字，自是贴切妥当而题旨深刻，而且以匹夫指代孔子，以言代曰，没有明露"子曰"二字，符合暗破要求。无怪先生这样赞扬肯定，换作他自己，这样短的时间，也未必就能破得这样好。

学生们也不由得敬佩，向破题者报以赞语掌声。这吴鉴在，名德操，与其从叔吴道凝同以才气踔驰而声闻于邑中。他的家远在数十里之外麻溪河对岸的白云岩下，是好友钱秉镫引携来参加补习，此刻就坐在钱秉镫一侧。

先生继续出题。他背着手，边踱步边道："现在，我们不弄经书，来破字物题……"目光扫到窗外一幢小楼，有了计较。"这一题，单破一个'楼'字。"

这种字物题，虽比经书题束缚少些，但非是思维敏捷的才学者，也是破不好的。

但见一青年诸生起身破道："我破以'因地之不足，取天之有余'。"

先生颔首道："此破不囿于物象，颇有哲理，也是佳破。方公子才思俊隽，令人敬佩。"

这青年二十七八年纪，神态儒雅。他也是由好友钱秉镫介绍来的，单名一个畿字，字奕于。同方以智、方文一样，皆是桂林方氏后辈中的佼佼者。

先生又出题道："现在，我以灯为题，你们谁来破？"

话音刚落，便见有人应声起立作答，却是个头高大的钱秉镫：

"以一炬之火，并日月之明。"

他不假思索，声音洪亮，破题更大气不凡，尽显其才情志向。先生不由得为之击节叫好，同学们也鼓掌称妙。

先生见诸题皆破得不俗有才气，甚是愉悦。兴头上不愿歇住，索性出了个题叫全体学生一齐来作文。那题曰：我四十不动心。

孔子有所谓"三十而立，四十而不惑，五十而知天命，六十而耳顺"之语，此题便据之而来。所以出这题，是因这先生见一干诸生才情张扬，志慨不凡，一时受到感染，不觉忆起自己年轻时的情景，数十年被压抑的情怀忽然萌动。但随即醒悟，暗叹年华已去，青春不再，遂以四十不动心出了题。

学生们拿到这题目，相互议论不住。这题目虽出处明白，意思清楚，奈何不对他们的心思，这些人还正在巴望中举入仕，人生有所作为之际，你如何能叫他们对身外的一切不动其心？就是于中部分考场屡败而乏信心者，虽知龙门难跃，但心里那一点想头仍在，看了这题目也不对胃口。于是，除了少数才气大点的按照孔子四十不惑的原意去认真发挥，多数人则胡乱写些文字以应付。

有一个学生，见了题目，一时顽皮心起，便在纸上写了几句话取乐，写完了，忍不住要笑。一旁的人见他模样，过来相看，也忍俊不禁。待众人陆续交了卷，几个学生还围在那里说道笑谈。惹得其他人也来听，哄笑成一团。

先生在那里看卷子，耳朵里扫到了一些谈笑声，情知作文中有古怪，便去卷子中翻检。果然有张卷子只有寥寥数行文字，上面写道："化日光天之下，万两黄金；更深人静之时，一双美女。试问大主考之心，动乎不动?"接着后面连续写了三十九个"动"字，第四十个不写，表明直到四十岁才不动心。

卷子未署名。但先生不检查也猜得出，作此戏文者定是钱姓学生。这个班的学习者主要来自钱、何两个世家，而他早就听说何家子弟谨慎守礼，而钱家的多放逸不羁。外人只要观其举止，即不识也知是谁家子弟。眼前这学生敢如此诙谐搞怪，脱不了便是那百家姓上坐第二把交椅的。

据说百家姓编定于宋。宋代是赵家的天下，赵姓当然要排在首位，稳坐第一。而第二位次以钱姓，是因为东南吴越国钱王纳土归宋，避免了战争和生灵涂炭，于国家统一人民安定贡献巨大。为表示崇敬纪念，吴越国的国姓钱便排在了赵姓之后。大江之畔古枞阳境的钱姓，正是吴越钱氏之苗裔，元末由新安迁入。

枞阳钱氏血脉中流淌着一代英雄钱镠的豪放，以儒为业的书生们，多豪于诗酒，放逸性情，为人行事不拘小节。目前钱氏家族中最有影响的钱志立，年轻时便是行事豪放纵情诗酒者，人称“狂生”。其家族中子侄辈风慨与共，也多不把世俗讲究放在眼中，或岸傲自负不谙世事，或不修边幅淡泊荣华，或豪华跌宕喜声伎裘马，或不容过失好抑扬人事。似眼前这等纸上放纵，口中谐谑的行径，实也是平常之事，故先生能猜得到。

但这先生也清楚：钱氏子弟虽任性不羁，却多是禀赋才华骨鲠尚节之士。他对这样的人，不用说还是很赞赏的。故对那诙谐搞怪之文，也未如何着恼，好笑之际丢过一旁。而过了一段时间，有一件事，令先生对钱氏特立独行的品节更有了具体认识。

那是群芳褪残的暮春，有一天，钱秉镫兄弟几人向先生告假，一齐随父亲去了皖城。原因是前桐城令刘时俊的公子刘用潜以进士授婺源知县，欲迎镜水先生随其之任。

当年刘时俊因敬慕钱志立的学问人品，调任吴江后延其入幕课子。刘用潜生母早亡，又失欢于后母，家中内外都排挤他，不把他当公子待。做了钱志立的学生后，不仅学问增长，也得到老师用心维护。壬戌年，川中蔺酋据重庆造反，刘时俊以太仆寺卿赞画军务参与平叛，因功遭忌，被谤诬通贼逮问，危难之际，刘公以家属百口万里托付钱志立，藏匿于麦园。后来冤白，刘用潜又将自己的儿子刘耒倩送来麦园，随先生之子一道生活学习。对刘用潜来说，镜水先生于他家有山高海深的恩情，故这次上任之际，特折道皖上遣迎先生，希望有所奉养报答。

可钱志立虽替学生欢喜，却不愿随其之任。不仅如此，他和几个儿子也拒绝了阮大铖的建议，不为即将到来的乡试，谋得刘用潜的帮助。

阮大铖与钱家有戚谊，听说消息后，献计于钱志立：按朝廷惯例，刘用潜作为县令，是年当入闱作考官。其欲报恩，必愿助钱家诸子取中一人。

钱志立有五子，除老四钱秉镐非业儒外，老大钱秉铉、老二钱秉锜、老三钱秉镡及老五钱秉镫皆是府县在学的生员，其中又以钱秉镡和钱秉镫二人资质最高，在诸生中享有盛誉，被称为“二钱”——而二人比较起来，钱秉镫更要胜于乃兄，且上年科试全府第一，若中了举，其府考成绩摆在那里，即人有所疑议也不怕。

不管阮大铖动机如何，钱志立却断然拒绝了其建议。之后石屋寺内的先生得知此事，课闲时将钱秉镫唤至寺外询问。

钱秉镫道：“我父亲说平生不作侥幸事。大丈夫行事处世，当正直做人，操守自重，岂能以苟营猫腻的下作，换取人生功名富贵？似阮某之议，学生即闻之也当许由洗耳，又岂肯为之？”

先生感慨道：“近世考场风气日变，许多人为了能中举，想尽办法去作弊，但凡能觅得考官路子，低声下气曲求甚至不惜重金贿赂。岂像你钱家父子，放着绝好的机会却不屑利用，真让人感叹！”

钱秉镫道：“持贞守节，固风教之重，亦是吾家祖训。洪武时，吾祖比部公为替李善长白冤，阻帝滥杀，竟死谏殉职。而后来桐溪公在任体恤民吏，仁慈为政，致仕则谨然安居，不履公门一步。二位先人虽有处境处事之殊，但其秉承家训，注重操守却一，为后代树立了榜样。今我辈小子，焉敢相悖？”

洪武二十三年五月，开国功勋李善长牵连进胡惟庸案而被论死，家口坐死者七十余。钱秉镫的祖上、时任刑部主事的钱时，不顾危险为李善长白冤，竟忤太祖之意而被赐死。其忠义正直，传闻乡里而开邑中风节之先。其五世孙钱如京，弘治十五年进士，在任清廉仁慈有声，累官至南京刑部尚书。因见宦官擅权朝政混乱，六疏辞官。致仕后隐居桐溪，不以高官大僚凌于乡里，足不踏公门。其难进易退之志行，对后来邑中仕宦颇有影响。

先生听了叹道："是啊，比部公急公好义忠于职守而不惜捐躯，正乃孔孟求仁取义之谓。而大司寇致仕，若不曾有六卿之贵，隐居安分如民，委实令人起敬。哪似如今一些官宦之家，一朝得势，便横行乡里，欺压良善，惹得百姓小民为之侧目，怨声载道！"

万历以后，桐城一邑人文强盛，形成了一种很特殊的现象，一方面，地方仕宦不绝，名振遐迩，四方称羡；另一方面，乡绅豪强势力也日逐凌驾于地方，不少官宦之家，或主人品德不修，骄横乡里，或管束不严，放纵恶佣刁奴欺压良善，导致平民与宦门之间的矛盾日益尖锐。这先生的感叹，便由之而发。

钱秉镫见先生赞其祖先，甚是高兴。他望着山冈上遍处的岩石与松树，说道："桐溪公生平不喜张扬，故虽为乡邑中六卿第一人，其事迹志节人却多有不知者，即府邑志载也极是简略含混。其实，公极看重个人品操，曾作有古歌行《石上松》一首，可为其品性情趣之映鉴。待学生诵与先生听听——

云根丈人气如虹，徂徕髯客势薄空。
龙蟠虎卧两高士，翛然凌跨深山中。
山中别自有天地，杳然不与世路通。
春风吹香落金粉，夜雨滋藓含翠重。
秋宵高枝呈明月，积雪琢玉声玲珑。
万古千秋自离立，吟风拔地当无穷。

吾将樽酒结为友，岁寒相对成三翁。

先生听他诵完，大有感触。喃喃道："以松石为友，岁寒不易，这是何等坚洁孤清之品志，自然超越之性情！无怪乎能急流勇退，隐于桐溪。此岂非数百年前吴越钱王为保境安民，纳土退位精神之翻版？如今你们父子清白做人，不苟取华荣，正是一脉相承。钱氏风节，源远流长，令人崇敬！"

听先生如此赞誉，钱秉镫心中不由得涌动起一种强烈的自豪，那里有对家世家风的崇慕与骄傲，也有对他自己名节自重的安慰和激励。

几个月后的仲秋，钱秉镫兄弟四人同应试于南京。与他们从小在一起读书的刘用潜，果然入闱成为考官。但钱家昆弟若如不闻，不与之相见，径进考场一搏。无奈江南贡院里的好运并未降临他们，张榜时四兄弟全部名落孙山。

这一科，桐城应试者数十人，只有一个名叫王言直的中举，其余的包括方以智、吴道凝、左国柱等一批有誉于诸生者在内，皆铩羽而归。各人沮丧不平自不用说，就是旁人也为他们惜叹不已——其中，人们普遍为之争惜的，即是钱秉镫兄弟，因为只要愿意，他们当中有一人完全可以在刘用潜的关照下，鲤跃龙门得捷中举的。可他们却放弃了这个极好的机会。有些市侩庸俗之人，不解这兄弟几个何以如此犯傻？谓是念书念糊了脑筋，懵了心眼。

但在钱家人那里，老父亲面对落第归来的儿子们，却是相反的态度。道："人为你们有大好的机会不利用而觉着可惜，我却反感到庆幸。设若我们听了阮某人的话，落其彀中，哪怕你不由得关节而是凭实力得中，又如何能说得清？所以这一科，我宁可你们不中，也决不要别人闲话，污了我钱氏清白家声！"

儿子们自是赞成老父亲的话。只是场屋失利，心里终竟痛苦不是滋味。几兄弟中，唯老三钱秉镡平日趣好声伎裘马，不肯致力于经义，故对此次败北并不放在心上，且自此对科举愈加冷淡。

又是一个春暖花开的季节，钱秉镫的身影出现在龙眠山前。他身穿宽袖的细纱蓝袍，头戴高高的四角方巾，山风吹拂中，大袖飘飘，姿态潇洒，招得路人频频注目，因为他们平时所见的儒生，方巾都低低地趴在头上，没有这般新奇古怪地高耸。

钱秉镫不理会那些目光，自顾往山中走去。

龙眠山在城北数里外，山中有岩有壑，清流越深越佳，逶迤窈曲，景致动人。宋代名画家李公麟归老于此，作龙眠山庄图传世，苏东坡曾为之跋文，自此成为江北名山。本朝邑中仕宦发达，多有中意龙眠景致而于此建别业者，此时著名的有何如宠的泻园和已故的左光斗所建之寒知阁。

左光斗是为反对魏忠贤阉党而死难的天启六君子之一。他早年曾在龙眠山口筑三都馆为读书所，后因修护不力而坍圮荒废。寒知阁乃后期建筑，目前为其长公子左国柱所居。钱秉镫今日进龙眠，正为拜访左国柱兄弟。

穿过山麓之陌塍，沿着清澈流淌的溪水往山中攀行，山势渐行渐高，草木越来越密。当一条弯弯曲曲的羊肠山道走尽，山冈上的寒知阁已在翠绿的松竹中显现。

作为山庄，寒知阁规模并不大，其独特处在景致环境的清雅；它背倚细瀑高挂之山崖，面对旷远极目之群峦；溪水绕庄而过，泉声经年不断；万千松竹屏蔽于楼阁之侧，翠绿常存。人处身其间，品其清幽贞雅，莫不身心舒惬，神定气安。

它的主人也同样的清雅。已届中年脸有微须的左国柱，举止儒雅稳重，与其弟左国棅、左国林、左国材皆身着布大衣，朴素无华，出室相迎，没有一点名门公子骄矜华贵之容态。这令钱秉镫惊讶之余，甚为感愧。

钱秉镫上年就读于刘用潜的上海署中，年前才回来。因见吴中一些秀才仿效古人戴高冠，一向以狂生自居的他，回家也自制了一顶高冠顶戴。这时目睹左氏兄弟的朴素无华，对照自己高冠丽服之浮薄，不觉爽然若失，心有羞惭。

但左氏兄弟并没有介意。他们晓得但凡恃才傲物之人，大都放任不羁，好为标新立异之举，而钱秉镫的才品志节，实是诸生中之翘楚，向为他们所敬佩。何况其又是方以智的好友，此次造访也是受方以智的嘱托。

前年桐城发生乡民暴动事件，方以智奉父命举家移寓南京。这两年其与文坛的一些著名人物多有交往，早已名噪东南，成为复社的青年领袖之一。前不久回浮山葬母，曾与钱秉镫谈起以往遭阉党迫害的东林诸英烈后人，现时无不继承先辈遗志，关注朝政局势，反对阉党余孽，蜚声四方。但桐城左光斗的遗孤除左国柱略有影响外，其余三子皆不出里门，稀与外界交往。这既不利于三左本身，也不利于接武东林的复社活动。他请钱秉镫至龙眠与左氏兄弟谈谈，劝其多出外交游，不要局守家中闭门读书。

方、左两家是世交与姻党——如方文是左光斗之婿，而左国柱则为方以智之姑丈——方以智又是年轻一辈中才识卓越志向不凡的领袖人物，他的意见，左氏兄弟当然很重视。而转致其意的钱秉镫，其情辞言论，此时也令左家兄弟四人为之动容不已：

“……往昔少保诸公辨别气类，以清流号称天下，为反对阉人专政，肃正朝纲，拼了身家性命，奋起抗争。其所为者何？正以污浊不同流，道义自任，心关国家社稷之安危。今天下危乱甚于当时，而阉党却觊觎权势，欲卷土重来，搅乱朝政，贻害国家，东林复社忧患其害而反对声讨，海内翕然响应，诸兄为东林英杰之后，又岂应甘于人后而置身局外？

况我辈读书，是为经世报国。经世需实学，报国非空谈。曲居乡隅，闭门造车，不问天下之事，不谙世情经济，岂是学问之道，报国之情？且此时何时？国家内忧外患日甚，战乱不休，四方骚动不宁，岂容吾等士子潜心志学，静默读书？挽艰救危，亟须海内志士英杰挺身而出，奋勇向前，诸兄禀少保之贞性热血，又岂忍安卧乡里，悠然南山？”

钱秉镫在诸生中以率直健谈而闻名，此时受托而来，又出于对友朋的真诚关切，言语直捷深犀，对左氏昆仲只知闭门读书，批评甚为尖锐，不仅晓以大义，也时以其父左少保崇祯元年朝廷追赐左光斗太子少保——事迹相激砺，对他们震撼很大。

左国柱听后肃容道：“敬谢幼光直言。近年世事纷乱，加上诸弟年幼，吾兄弟确乏交游，外界形势也疏与耳闻。你和密之说的不错，局促乡里读书，识见浅薄，不知世事变化天下利弊，将来如何逞志报国？况当年同难后人，俱承遗志而出，为反对阉党余孽、清正朝政而呐喊，我兄弟自也不能置身事外，堕了先父忠节声名！”

钱秉镫复给以具体建议：“现在寇氛猖獗，乡邑不宁日甚，诸兄不如也暂移金陵，一则安居，二则方便交接四方名流，扩大复社影响，于家于己于社会，均为有益。”

他自己也很希望移寓南京，只是家境困蹇难为筹计。但左家的境况要好些，故作如斯建议。左国棅、左国林、左国材三人听了，都很兴奋向往。

其时兵氛日渐，形势骚乱不宁。左国柱权衡之下，决定接受钱秉镫的意见。不久后，左家兄弟除国柱外，余者果然寄寓金陵，并在方以智的推引下，广交四方人士，积极参与复社活动，一时名声大噪。

钱秉镫这次访问龙眠，因年轻人惺惺相惜，左氏兄弟又喜与他一块谈事论学，故在寒知阁颇待了些时日。他这一访留不打紧，却牵动了一个人的神经，招来怨怒。

那是从皖城回故里的阮大铖。他满脸愠怒地找到钱志立，道："我听旁人言，君家有人和左氏子弟正聚在一起亲热，这大概是言传有误吧。我与左氏是宿仇，你我两家却是亲戚，汝家的公子怎能和他们混在一起呢？"

钱志立道："你听闻的并没有错，那是老五钱秉镫。他少年人，哪晓得过去的事情？年轻人意气相投，在一起切磋砥励，我们怎么能禁止他们来往呢？"

他对此人极是鄙夷，平时碍于亲戚关系维持着表面上的礼节。此时见彼来兴师问罪，恼怒之际，言语硬硬地顶了过去。阮大铖虽无法责难，心中却自此埋下了恚恨的种子。

第二章　救时策论

阵阵清脆响亮的鞭炮声，震碎江南乡野的宁静，空气中飘浮不绝的硝烟味，熏浓着新春佳节来临的气氛和人们的兴奋。

天刚蒙蒙亮，一些睡不着觉的孩子，放了自家的开门炮，便去人家门前地上寻找散落的爆竹，然后这里那里地丢炸。大人们不久也都起床盥洗了，三三两两去给亲戚邻居拜年。虽是纷乱不宁的岁月，但江南兵马未惊，元日见面，还是喜洋洋地恭贺新禧，表达美好的愿望。穿着新衣服，随大人一道去拜年的小伢子，给长辈磕了头，一般能得点压岁钱，或一两枚，或一小串。即使贫穷人家，也会端出香喷喷的炆蛋请人吃，谓之"年饱"，祈一年都不饿肚子之意。

但也有例外的情形。对于那些去岁从江北躲难过来的人家而言，这大年初一的辰光，便冷清多了，甚至很有些凄凉。背井离乡的窘困，在这新正里更加明显，人们勉强挤出的生硬笑容下，掩饰着的是无法抑制的感伤。

挤在一处破屋里的镜水先生全家，也是如此。

去年下半年，流民军又一次进犯桐城，攻掠五岭一带，一境骚然。其后虽有安庆守备张宝三率官兵拒守，但屡遭兵讯的民众已惊惶无已，加上饥民为盗不时抢掠地方，邑人多携家逃亡，十室半空。

镜水家在乡里虽非富裕人家，却也是名声在外，一家大小及童仆数十口，动乱年月里很是危险，故当风声紧时，举家过江避难，借了一处人家废弃不用的破屋栖居。拥挤不堪不说，大人小孩皆在严寒中冷得直打哆嗦，甚至生了病。这样情景下的年节，勉强应景都不能，哪里有甚欢欣?

而年节的凄凉尚在其次。对他们来说，更让人愁心的，是接下来生活的困难。

近年镜水年事已高，除了会馆每月的讲学风雨无阻，平日已不收弟子，无馆银之助。儿子们虽俱析产单过，但四个习举子业的唯老三是廪生，能得官府一点读书补助，其余的都是只有出没有进。全家数十口人的生活，完全依赖于一点田产所出。此时逃难在外，用度开支再节省，繁百食指却要对付，不久即面临囊中无文，生活无以为继之情形。到此地步，镜水先生不得已与人写些文字，得点笔资贴补家用，以渡难关。

此时的镜水，已是七十三岁的老人。当此困厄之境，心情分外哀伤。钱氏世代业儒，他这一支自曾祖以后很少有宦达者，直到他这里，虽未能由科举取功名，却终以学行著名邑内外，家声也自此复大。岂料到了晚年遭遇世乱，卖文以养子孙。如此情景，思之怎能不老怀伤悲?

上年纪的人容易伤感怀旧。镜水于愁苦子孙前途生活之际，时常情不自禁地思忆起自己亡故的妻子。他的妻子龙氏，是曾授经于他的龙从吾先生长女，秉性孝贤，治家慈俭有法，生计之事从不要丈夫操心，而百口之家融融洩洩，无衣食之忧。若使妻子今时尚在，有她的安排，家中或不至于像现在这样窘困难过。

亡妻之外，他也很怀念一些关系亲密的老友，这些人有的已经故去，有的远离乡梓难以聚面，像同在青山脚下长大、晚年致仕后定居南京的何如宠，他便已多年未见了。

何、钱两家皆居青山之麓，一在何家庄，一在麦园，阡陌相望，相距不远，两家子弟打小相熟。他年青时曾担笈九龙山，与何如宠何如申兄弟一块研习经义，其尊人何思鳌因赏识他的文行，命如宠兄弟兄事于他，多随交游，还怕他不能常来，专畜一骑为之代步。后来，何氏兄弟皆成进士宦达，而他科举失败授业邑中，但双方的莫逆交情却未变，虽不能常相聚，却数十年讯问不断。眼前多感之际，那种思念之情更异乎平常。恰逢有人去南都，便忍不住捎信去，向老友叹怀诉苦。

何如宠在南京接到信，深为感伤，赋诗寄慰道：

只言高卧草玄庐，谁道干戈正索居。
尽室依人残岁里，一身寄命乱烽馀。
全生拟学随阳雁，作活思同食字鱼。
赋罢江南哀庾信，牢骚未及数行书。

并贻书一封银两若干，邀镜水至金陵一晤。

何如宠的寄慰诗书辗转到时，已是三春将残之际。其时镜水一家已移栖秋浦，在那里得同学孔仲石照应，生活有所改善。而江对面的战火，因官兵会剿震慑，已暂趋平息。所以镜水决定全家人俟里中安全即归去，他则随今年应考的钱秉镫去金陵。

仲夏时节，两个阔别的老友终于在金陵何府相聚。

执手相对，二人都不禁悲喜交集，湿润双睛。

何如宠小钱志立四岁，但因身体不好，近年又忧心时局危乱，反比钱志立更显苍老。而钱志立以前伟岸挺拔的身子，亦在岁月苦难的折磨中而伛偻。暌违若干年，二人皆已是白发衰颜的老翁，夕照向晚，光阴无多。但于此垂暮之年，尚能聚逢话语，怀昔抚今，实又是伤感中之快慰事。

盘桓数月，不觉已是深秋，天气渐凉，镜水老人思家欲归。何相国见留不住，临行前特陪着他去游了一趟江宁的牛首山，当作饯行。他的孙子何亮功与钱秉镫陪侍同往。

牛首山在江宁之南，上有二峰相对，晋王导称之为“天阙”，故又名天阙山。登此山不仅可揽金陵之概及三山、烈山、慈姥诸形胜，西眺更可见如带之大江，故也是金陵山水佳处，人至金陵多有登览者。但对于镜水先生和何相国这样耄耋老人来说，却已是体力不宜之事。可俩老偏选择登牛首以为相别，似要向人证明他们老而不衰；也或许那时正值重阳前后，二人欲借登高以纪兄弟友情。

秋风习习，落叶萧萧。可二位老人的情兴却很高，他们携手同攀，观揽景色，饮酒赋诗，尽欢而别。别时则执手依依，逡巡难去。镜水更形容惨戚，似再不能相见一般——或许，此时身体看上去虽健朗无恙的他，冥冥中已有一种预感，这是他们二人此生的诀别。

镜水先生离开后，钱秉镫一边在人家坐馆，一边温习等待入南闱。

自癸酉二十二岁后，这年是他第三次应乡试。前两次的科场失利，对他影响并不大。他熟读经史，满腹的文章，早已称誉于诸生中，又自觉以多年研习对八股制艺有一定心得，岁科之试辄为高等，故并不以一时挫折而沮丧。

然而这一次秋闱奋战，却不知哪里又不对考官之意，最终他又被弃出局。

再一次领教八股取士的残酷，他已不能像从前那样淡定了，写诗伤叹道：

> 结发为夫妇，两好不相离。努力事君子，辛苦徒尔为。
> 君被纨与素，妾服绤与絺。纨素妾所制，绤絺君不知。

五月渡江去，风波十二时。妾为木兰楫，左右得相持。

送君万里道，握手三年期。如何三年别，弃我忽如遗。

浮云欲东逝，春风不肯吹。君爱亮已尽，贱妾当恨谁？

像无数被拒之于科名之外的儒生一样，一副被弃怨妇的口吻，虽没有完全灰心丧气，却已是牢骚已甚，哀怨满腹。

这也不能怪。一个人随着年龄的增长，心境也自然在变化。他这时已二十八岁，眼看迫近而立之年，正是人生建功立业之际，可他除了一点诗文虚名，仍是“妾服绤与絺”，不但功名未就，甚至连养家糊口都有困难。故这一次的落第，情难以堪，须借哀怨之吟以泄懑了。

但这哀怨焦虑，也有来自友人的影响：流寓金陵的方以智，在经过数年的秦淮彷徨和郁郁不得志后，终于于己卯这年敲开了科举大门，中了乡试第二十三名举人。

在朝廷的科举取士制中，举人虽是初级功名出身，但与童生诸生相比，其地位前程已发生了根本的变化，乡试中式的举人，有资格无限期地参加会试投考进士，一旦中了便可风光地出仕为官。倘若考不上，也可经由坐监或朝廷大挑选为地方推官、知县和学官。即使不出仕，在地方上也享有与知县官僚们平起平坐的特权，可以请谒有司，干涉地方事务，是有一定影响的乡绅老爷。故生员一旦中举，脱下青衫，立即身价百倍，不仅荣耀一方，且有人攀亲邀谊，送钱送房送田地及奴仆美女，也有人寻靠山自动投献，甘为仆从妾侍。

中举的方以智，自也是这般的风光，不仅出仕有期，亦在踌躇满志中，了却了一段情债，将一个爱恋经年的秦淮美女纳为侧室。其时正逢牛女渡河之七夕，风流浪漫的新举人，趁着一时逸兴，于秦淮河边的侨居水阁，邀约四方名士，大集旧院珠市等处的金陵名伎予以品藻。是夜梨园奏乐，文士献诗，莺莺燕燕红红爱爱，各秀风情姿色以争花魁，直至天明方罢。

这次品花之会，一时轰动南都，给许多参与者留下了深刻印象，甚至多年后还有人念念不置，叙之于文。钱秉镫作为密友，自是从头至尾参与了这次盛会。面对着那一时无双的风流场面，目睹主人新妇的欢洽愉悦，不免感触深深。

方以智只比钱秉镫长一岁，二人的才情也相仿佛，此时他秋闱遂志，钱秉镫在替好友高兴且羡慕其艳遇的同时，反观自己则免不了很有些落寞伤感。这种感受，当他归来独处时，便自然转化成了对前途茫茫的抑郁焦虑。而当这种抑郁焦虑缠绕难去，令他无法宣泄平静时，下第后的哀怨无奈，便一下子变成了对科举现状的强烈不满和愤懑。

中华科举，衍化于两汉“察举”制，滥觞于隋，成型于唐，完备于宋，而鼎盛于明。靠雄才大略和一大批文韬武略的将领谋士打下江山的朱元璋，深知人才培养使用尤其是控制士人思想的重要性，故立国之初，他即和谋臣刘基一道着力完善科举之制，创造了以八股考试为灵魂的取仕新途径——即沿唐、宋之旧，而稍变其试士之法，专取四子书及《易》《书》《诗》《春秋》《礼记》五经命题试士。文章的写作，须代古人语气，并以程朱理学对《四书》《五经》的注释阐发题旨，而体用排偶，俗谓之八股。

八股试士之制，因强调“代古人语气”，替圣贤立言，将经义牢牢拴在纯正的儒家思想之上，遂使士子的思想定于一尊，言论定于一律，达到了朱皇帝希望借重儒家思想，尤其是大讲存天理灭人欲的程朱理学，冶炼士人之心、牢笼天下士子英才的目的。然而，作为国家选拔人才的制度，八股试士不仅存在着“以文取人”的先天缺陷，它更在后来的实际中发展成为取录与否只重首场八股文写作的好坏，而使第二、三场测试考生治世行政才能的诏、诰、表、判、论和对策考试形同虚设，逼得考生们成日琢磨以诵习墨卷程文、揣测风气和考官意旨甚至各种舞弊应付考试。

八股取士的这种种弊端，在洪武以后就日渐显露，发展到后来就愈加严重，它造成了浮华不实的学风，培养出大批食古不化的书呆子以及腹中空空的学林混混，使庸碌无知之辈充斥仕途，而许多真知实学的才子英杰则往往被屈扼一生，抱志以殁。有人愤论说："高皇帝以之大误举子，而举子效而尤之，亦用以大误国家。八股一日不废，则天下一日犹不得太平也。"话虽有些偏急，却不无道理。

怀着下第后的愤郁，钱秉镫反思八股取士之种种，越思量越觉其弊极重，国家万不能再固守延误下去。恰于这时，他又从方以智的族人、广西巡抚方震孺那里，听闻到一个资深官员对国家形势的谈论，心中感愤忧郁更深——

万历中，神宗为立储之事与朝臣怄气对立，长达三十年不临朝，以致朝政混乱纲纪废弛，宦官专权再起，特务政治强化，朝廷间党争激烈，闹得上下人心惟危，官僚们或附丽求全，或闭门缄守，或挂冠退隐。而在民间，一方面土地兼并日趋严重，良田腴地多向皇亲勋戚、官僚豪贵之门集中；另一方面，朝廷的课赋劳役却有增无减，百姓不堪重负大量逃亡，饥民遍地，骚乱时起。这些问题和现象，在天启间进一步发展恶化，致国家二百年培养的元气极大丧失。

崇祯改元后，虽欲拨乱反正，澄清时弊，无奈积重难返，又因皇帝刚愎自用，以操切之术行政，为权奸所挟持蒙蔽，致使贤人君子被大量斥逐，人心涣散，朝政颠舛腐败至极，加之连年灾害，海内民怨沸腾，内乱外患日益严重。由饥民灾民聚集而起的造反军，长时间纵横在甘陕川豫湖广以及江北广大地区，战火不息。而雄起于白山黑水间的清国，久有窥视中原之心，自万历后期至今，势力逐渐东侵至山海关内外。在这些天灾人祸与战乱频仍的侵袭下，大明国家已如风雨飘摇中的巨舟，处于相当危险的境地。

钱秉镫素有用世之志，此时认识着国家形势的危乱严重，思想震撼甚大，落第后的个人感怀怨愤，不觉转为对国家弊病与前景命运的忧切与思考。

入冬后，他的这些忧思首先化为献言朝廷的二书：《拟上兴学取士书》和《拟上保举用人书》。

在《拟上兴学取士书》中，他尖锐批评八股取士“成极重莫返之弊”“祖宗时，初场经义，务取根极理要，以帖括之体畅经传之说。今则浮辞而已，问以经义，茫如也。二场试诏、诰、论、表、判，取其鸿辞博学，足为国华，不知何以永废诏诰不试，而但存题纸？论表惟剿袭陈言，五判则互换而已。三场试策，本取通达古今，晓畅时务，为国家有用之士，往往有经义不录而以五策见收，诚重之也。而今之为策者，即其所对，以问其事之原委，皆相顾愕然，莫能举似。以文取人，本属无用，又失其所为文，朝廷亦安取若辈而显荣之哉？为若辈显荣故，使天下皆薄行谊而重文艺，益舍实学而尚浮辞，人才之弊，由此其极也。”

要革除科举弊病，必须“黜浮崇实”，以“适于世用，非徒资空谈”为人才标准，以大力兴学（乡之小学、郡之少学和国子监之太学）为基础，重视儒生的教育和培养，制科与进士并重，最终造就适宜国家需要的各种经世之才，所谓“教之而后试之，试之而后用之也”。

这样的建议，切中八股取士之要害，无疑是纠挽其弊的有效措施。它可以在不触动根本的基础上，改良科举取士制度，为国家培养真才实学之士。

但这种夯实基础造就真才实学的改良，属于时间较长的育才储才措施，效在今后而非当前。故他在《拟上保举用人书》提出：要解决时下官场的昏赜腐败和人才匮缺问题，则须改变用人之制，切实恢复和完善洪武以后逐渐被弃之不用的荐举制度，从山林行伍间征辟卓荦奇伟之士，为朝廷提供急需而堪用的治乱挽危人才。而要重开荐举之路，则必须革除和改善约束之制，以免官员后忧。而保举要害，不仅在廉，更须举能；不能举能，则曲谨庸陋之辈充塞仕途，亦与赃吏一样误国害民。当此乱世之秋，不仅要改革目前一些用人做法和弊端，重视加强各级官员的从政历练，使之熟悉事务，具备职任需要的能力，也亟须开放思想，依据实际需要，不拘一格荐举使用人才。

《拟上保举用人书》，议论有据，析事中肯，措施有力，其中关于加强官员行政历练，州县不宜以举人贡生及进士等为初任之官，边方督抚之任改廷臣会推为广泛荐举，掾吏之辈皆可举而用之等建议，皆切中时弊，符合实际。只是这样有见地的建策，出自他这样的布衣书生，也只能囿于一个“拟”字，聊以抒发他个人的见解而已。

沉浸在对国事深切忧虑中的他，此时所思所想，并未仅止于朝廷的用人之论，还有一系列长久以来就萦于脑海的关于各种时弊问题的对策。

他生长于乡间，对民间百姓生活和世态情形多有接触了解。加上自桐川三老至他的父亲，在枞阳长期讲学，反对阳明心学末流的虚妄空疏，提倡求实精神，使他于学习之外，对世务经济也很著意留心。近年因世乱，关注益加广泛深刻，此时沉心思考，便形成十个方面的改良策议：《乡约议》《保甲议》《社学议》《举孝弟力田议》《举吏议》《练乡勇议》《官田议》《常平仓议》《榷酤议》《钱钞议》。

十《议》所涉，从基层政权组织、风化教育、团卫民防，到吏治、赈济、税赋和钱钞之法，皆是关乎国计民生之重要方面。在作者眼里，它们与国衰时乱有着很大的影响关联，如《举吏议》所论：“今天下政事之弊，民生之困，其坏于有司者十之三，坏如吏书者十之七。有司非有吏书为之腹心，亦不能坏。京师根本之地，四方津要之司，皆此辈盘踞其中，执其要领；当事拱手，惟所提弄。其有营谋干求者，必先之吏而后之官，吏不先则下不能遂所求，而上亦不能获所欲。有贤者痛惩其弊，思有以汰之，则百务丛脞，眩惑多端，遂至一切颠仆不行，不得已而复用之；用之，其弊益甚。虽以朝廷之清明，百执事之勤敏，而此辈弊不能除，天下何由而治也？”

十议正是为清源革弊而开出的治方，连同前面拟上的二书，体现了一个年轻儒生对国事衰危的忧虑，也反映了一个志在经世的豪杰纠弊治乱的才干与见识。

但他虽才识不凡，却毕竟阅历不够，涉世不深。他看到了衰乱之秋的景象，知道很危险，亟须大力纠挽改革以求生机，却不知他眼前的这个世界，已腐败溃烂不可医治，他所寄托希望的朝廷，在极度的昏乱不堪中，根本不可能再有任何的积极作为，去挽救日益颓危的国势。

暑夏时，钱秉镫家发生了一个重大变故：镜水病逝于麦园家中。

春天里，镜水先生就病倒了。他其实上年自南京回来不久，即已感身体有些不适，人也郁郁寡欢。儿子们起先没太在意，以为是疲劳所致，休息将养一阵子便会没事。可情形却非那样，刚过了年节，眼看天气一天天见暖，而父亲的健康却一日不如一日，终于不支卧榻。

镜水自知大限将至。生性豪放豁达的他，生死之际解脱也异如常人：致书何如宠诀别，作诗预祝其寿，其他故交友人也一一书别。此外，便只与门人子弟说《易》及他晚年主张的儒释同归之理，不及其他。

崇祯庚辰六月初一，一代儒学宗师奄然而逝，享年七十四。消息传出，枞水之滨一片悲哀，里中野老市人为之伤怆，四方学子文人纷为致悼。其门人私谥其号“敬修”，以彰崇其学。皖抚郑二阳则额其祠曰“君子儒宗”，肯定了镜水先生于皖江学林的贡献和地位——后来，邑志将其传入理学人物中。

哲人委大化，音响还冥冥。人生匆匆，能留遗响于人间，令世人为之悼念崇敬，其生不虚，其人不朽也！

但他的孩子们却有深憾——在其父病体渐重的夏五月，江边发大水，圩田尽没。眼见子孙生计难维，镜水弥留之际，遗命身后一切从简，草殓成殡而不举丧。这令钱氏兄弟五人于哀哀悲痛之外，复添了一份惶愧伤心，其中又以钱秉镫为甚。

钱秉镫天资禀赋超过诸兄长，外形也最肖父亲，生得高大英武，风神奕奕，为镜水先生深所疼爱。不仅自小对他教育学习关怀备至，即其生活交游也尽量不使之委屈。老先生嘴上虽没有明言，但家里家外都晓得，他是把继承己志光大门庭的希望，寄托在这个小儿子身上。

父亲的疼爱厚望，钱秉镫当然清楚。作为人子，他知父母之恩山高海深，难以报答，唯期日后能有所作为，挣一份功名慰荣老亲。可现在，他却令父亲抱憾而殁，甚至困窘不能归山！愧恨无极的他，在父亲去世最初的那一段时间里，终日以泪洗面，将无限的伤痛，化作一首首的哀慕哭诗。

这情形直到他去南京，请何如宠为父亲作了墓志铭，归后又参与编刊《桐山汇业》，才有所改变。

《桐山汇业》的辑刊，是此时桐城学林一件颇有影响之事。出面主持者是左国棅、左国材、左国林三兄弟，而幕后的指挥，却是远在北京的方以智。

方以智去冬北上赴试，离开前嘱语将回乡参加岁考的左氏兄弟和钱秉镫，时下阉党余孽活动频繁，他们回乡后当借选文名义，分别士林气类以与之对抗。

根据他这意见，正月里左氏兄弟邀钱秉镫入龙眠，共同商定辑刊《桐山汇业》。下半年复送选文与钱秉镫，请他评订——钱秉镫文章写得好，自少时便出类拔萃，为友人同学所普遍佩服。

钱秉镫七岁时，随舅舅龙九达发蒙，习《诗经》，读《论语》。十岁从另一位舅舅龙谷祥学作文章。学子为文，都只为了将来科举，而科举之八股，除了那些篇章结构的起承转合，最基础的便是句段之对应，如诗赋对仗一般，俗语叫作对股。那龙谷祥也令小弟子学作对股，说是只要能对股了，即能写文章。可教来教去，钱秉镫就是作不来，也没有兴趣，说写文章又不是作诗，干吗非要那样对来对去，讲一些没意思的话？

龙谷祥拿他没办法，只好随其兴致，让他先去读些书，给他开了书目，经史都有。钱秉镫是小伢子口味，不喜那些枯燥无味的经书，每日不过按舅舅要求背诵些章节，其余时间都花在他爱读的史书《左传》上。

《左传》是我国第一部叙事详细完整的历史著述，春秋时鲁国史官左丘明所作。它虽为史书，但在文学和语言上的成就也很大，为后世史家和文人所崇慕。作者在写作上，既善于突出事物本质，用简括的语句写出复杂纷繁的事物，也善于用极少的笔墨，刻画人物的细微动作与内心活动，使其形象跃然纸上，栩栩如生。

小钱秉镫也为《左传》而着迷。它不仅把他带进古代那风云变幻的历史中，令他为许许多多的人物遭遇和命运，情不自禁地感动叹息；也让他在一回回地阅读学习中，受到了作者写作方法风格的影响启发，悟出一个道理：文章首先是要让人看得懂，明白意思，才会对之有兴趣，若说了一大堆废话，别人还不知道讲什么，就不是好文章。

悟到了这点，先前舅舅怎么讲他也不太明白的作文之要，这时却豁然开朗起来。他十分高兴，去告诉母亲："母亲，我读书有所悟，以后可以作文章了。"

龙氏听阿舅说秉镫不会作文，原也替他着急，这时听儿子这般说，欢喜道："伢子，快告诉妈怎么回事？"

钱秉镫道："孩儿近日读《左传》，字字句句，都很明白易晓，怪不得这书传了几千年，人都喜欢看。所以孩儿想，我今后作文，就要学习《左传》，让人明白易懂，不写那些啰里啰唆，让人搞不清楚的话。"

龙氏看着儿子，欣慰地笑了。她识字不多，不擅为文，但正因如此，对儿子的想法却极赞成，道："我伢说得对！作文章本就是给人看的，如果别人看了不懂，那又有什么用？从今以后，伢就写自己想说的话，作别人看得懂的文章。"

得到母亲的肯定，少年钱秉镫遂从此立了"期使人解"的为文原则。后来他渐渐长大，了解了文坛的风尚动态，对自己写明白文字的主张就更加坚持。

大明开国之初，文学之士师友讲贯，学有本原，宋濂、王祎、方孝孺等雄于文，高启、刘基、袁凯等著于诗，文风蔚然称盛。但后来随着科举制度兴起，天下士人为名利所趋，毕生竭才尽力于八股文创作，风气日趋虚华颓弱。内容陈腐平庸充满道学味、形式刻板陈语相因的作品，充斥于文坛。为改变这种不良的文学风气，明中期以后，有前后七子倡言复古，公安竟陵派主张抒写性灵，归有光等号召"以古文为时文"。近年又有复社几社"尊经复古""崇雅黜浮"，对空疏靡丽之风进行批判。这些复古的主张，对于克服八股文风之弊，起到了一定的作用——然其既不能完全脱离八股的影响，同时又在刻意模仿古人的过程中，表现出堆砌词藻典故奥涩难懂的倾向，读来仍令人眼累意茫。

钱秉镫反对八股的空洞干瘪，也厌恶文章做得臃肿浮华。他认为弊病的根源在于注重形式，忽视情感的表达。所以他愈发坚定自己的主张：在“期为人解”的原则下，词必己出，说自己想说的话，做别人看得懂的文章。

不为文而文，真实地表达自己的思想情感，如此文字，自是简洁畅达，爽朗上口而又富有气韵。故他的文章，人多爱读，考场试卷，常被当作范文，而他评论的文章优劣，也能切近事实，使人佩服。如此手笔，这次选文由他评定，也是自然而然了。

因为忙碌分神，钱秉镫渐渐从巨大的丧亲之痛中挣脱出来。到年底，与左国棅谈论，便相约明年同去南京就馆，边授徒边温艺，等待下科考试。

做出这个决定，也与他此时的心情相关，经历了亲丧及水灾的双重困苦，他更希望尽快地获得改变家庭境遇的功名。但深层次的思想里，还是目睹时艰世乱，出仕报国的心志，越来越急切。

庚辰年带着许多的艰难困苦，终于过去。对于才从一场大水患中挣扎出来的乡民来说，他们是多么企望这接下来的年份，能风调雨顺，世事平安，让被饥馑折磨的伢子们不再挨饿，让沉重的债务减轻一些，让家人亲友被忧患浸泡得苦涩苍白的心，好过点。为此，从正月元日的焚香拜祀神祇，到社日的祈祀活动，三月三日的上巳，人们都以极虔诚庄敬的态度事奉。而在清明这日，县城和枞阳，还分别举行了规模盛大的鬼神公祭。

枞阳是古城，后来虽废，但作为城市标志建筑的城隍庙，仍一直保存着，成为市民祭祀的重要场所。清明这日，乡绅市民聚集，摆着壮观的卤簿仪仗，抬着城隍神主并牛头马面出巡，镇驱妖魔伥鬼，祈望氛祲清除，世间太平。

而县城里，则于城北郭举行厉坛大祭，官绅士民数百人参与。在香馨缭绕和哀告中，祈祷鬼神依人而血食，人畏鬼神而守礼，厉鬼慊慊不作祟，神佑善人保平安。

然而到了夏秋里，人们的希望又一次落空。在遭受头年的大水灾后，是年夏秋间，先是干旱无雨，接着便从江南飞过千千万万的蝗虫，几天几夜之间，便把沿江圩田里的绿禾庄稼嚼个干净，然后一路向北，一片片吃光，只给欲哭无泪的农人，留下了半截禾桩和无限的伤心！

而灾难尚未休止。当蝗虫肆虐大地之际，以潜山为根据地的流民军，也将桐城紧紧包围，境内民团堡寨多被攻破，百姓不是投顺造反，就是携家避进城中，到处可见饿死战死的尸骸，一些村庄已寂无人烟。县城中因逃难的流民增加，食粮日匮，饿死者尸积如山，井水皆污。城内外，多有饥饿杀人而食者，同时疫病也在传播，成为悲惨恐怖的人间炼狱。

当此年景世情，再恋土重乡之人，也不能不起奔亡之心。桐乡山区关卡严密欲遁无门，沿江一带士民则借着大江舟楫之便，抵隙乘间纷纷逃往江南。

可这当儿的麦园钱家，却因为钱秉镫远出迟归及卜葬镜水殡梓，滞至初冬后，尚惶惶于江村之中。

年初，钱秉镫依约同左国棅一道东下，去了南京。他本约定坐馆凤阳人戴功甫家，因左国棅一时未找到去处，便让其坐了戴馆，他则暂居流寓城北的乡友方畿家，为其三个儿子授经。

方畿性情沉静，加上功名心重，日常在家只键户读书，潜心制义。

此时得钱秉镫来，可伴共学，甚是高兴。无奈钱秉镫虽也有温课之意，性情志趣却颇相异，不单豪放嗜酒，且忧切时事纷乱与己志不售，静不下心来学习。

“我抱湖海才，胡为久沉沦？”

在赠《吴子远三十》诗中，他对同年月出生的友人吴道凝这样宣称，反映出他此时的心境，因抱才屈志而抑郁不甘，焦躁不宁。

就在这时，传来故乡兵灾之讯，他忧念家人安危及父亲灵柩尚未归山，遂辞馆匆匆赶回故里。兄弟几人仓皇之中，起父殡归葬宅后家山，与亡母合穴。

这时已是十月底。百多里外的县城，数为流民军所围，侦骑遍出，四乡惊悸，大户人家奔逃一空。葬完父亲的钱家兄弟，眼见形势危急，也不由得着慌。

夜晚，兄弟五个聚在一起商议。户外寒风呜呜，不住从房屋隙缝间钻进屋来。摇曳昏暗的灯光，照着各人那冥明不定的面容，显得异样的忧惶凝重。

老四钱秉镐把打听来的情况告诉大家：“这两天，有从北面贼军中逃出的人讲，他听见贼一头领酒后透露，其所在营伍不日就要向南来。原是贼人久掠北境，大户十室九空，饷马军资已无可筹措，故分兵南哨以掠。枞阳市上的人也说，如县城不破，那么贼兵南来取食则是无疑！故我们须早作避计，以免临时仓皇。”

钱秉镡道：“我们是贫儒，家里除几本书，找不出值钱的东西，又手无缚鸡之力，不能拉去打仗。所以，那贼来就来，也用不着怎样害怕。况我们尚在衰服中，须庐墓尽哀，怎能离去？”

老二钱秉锜表示赞成：“三弟说得对，怕他个鸟！那些贼人讲理便詈，不讲理，吾便与他斗上一斗！就斗不过，也骂死他！”

老大钱秉铉虽也是负性不羁好激动之人，但他毕竟年长，顾虑多些。听后道：“自古兵火无情，不可轻忽。我们虽不知北面贼兵情形究竟如何，是否暴虐凶肆，总还是要有所提防，不可大意。”

钱秉镫道：“大哥说的是。虽说我们清贫，不怕贼人搜掠，却如何能防得妇女不被辱，伢子不受伤害？就说我们自己，也有为贼人强留军中服务之虞。若贼人逼我等为其文书效力，那时做是不做？做了辱节，不做会有杀身之祸。以前大大在时，也就是提防这些才躲到江南去的。所以小弟觉得，还是避走为上。”

钱秉铉颔首道：“老五看事最清楚，无论如何是不能留在家中等贼来的。”蹙眉看着诸弟，想起实际问题，不由得又忧沮而叹，“只是躲到哪里去呢？过去避难对江，都是大大的面子情谊，人家才肯容留。如今这一大家子逃出去，却何处栖寓安身？”

这确是个关键难题。钱家上下，动辄数十口人，非一般人家所能接纳得了。父亲昔日的关系，他们不好意思再去打搅，而眼下手中又没有安家之资——近年连续的天灾人祸，饥荒逃难，已耗尽家中的微薄积蓄，老父亲的丧葬费用，还是东挪西借才解决的。这时再举家逃难，老大固愁叹不知所措，几个弟弟听了，也面面相觑，焦愁无计。

呆了一会，还是平日善于打理生计的钱秉镐有些主意：“这逃难不是一天两天的事，又无银资可恃，若还想一大家子聚在一起，实是不能。为今之计，只有分散去投故旧，借寓栖身，渡过眼前危险再说。”

诸兄弟听了，想想也只能那样，分散开来的小家庭，投靠别人，麻烦小些，即使后来不稳妥，去离也容易，不似大家庭人多累赘难以安置。

钱秉镐又道：“贼人久据潜、太间，凭大山之险，结寨连营，官军难以剿灭，又不时出山犯桐。这情形非短期能改变，故兄弟们不单此时须分散以避，即掠乱过后，也不宜全聚于里中，尤其是老五，不如就此移家去南京。虽在服中，但形势所逼，客旅心丧，不为逆情。”

钱秉镫虽早有移家金陵的念头，然眼前正值战乱凶险，情事难测，他却不愿远离，便道：“南京离家远，不方便讯问联系，小弟还是去江南近处。”

但他的兄长们早有共识，钱秉镫的前途安危，事关钱家的荣辱兴衰。涉及这个问题，他们既不会让步，意见也高度一致。

鬓须已灰的老大道：“老五，按你四哥所说的办吧。你素抱大志，不说眼前兵荒马乱，寇氛险急，就是太平时节，也不宜长期蜗居乡里。明年是大比年，你先去南京，也可早做些准备。你但能登科出仕，报国建功，为吾家争光，便是对哥哥们的最大顾念安慰！”

老三钱秉镡没有劝说，但凄然而讽：

骨肉缘枝叶，结交亦相因。四海皆兄弟，谁为行路人？况我连理枝，与子同一身。昔为鸳与鸯，今为参与辰。昔者长相近，邈若胡与秦。惟念当离别，恩情日以新。鹿鸣思野草，可以喻嘉宾。我有一樽酒，欲以赠远人……

冬夜里，这首送别兄弟的古诗，和着袭户的寒风，在室内久久萦荡。钱秉镫默默听着，不由得满怀伤悲，泪湿双睛。他的兄长们也莫不惨然欲泪，为着荒乱岁月的伤别和危难，心中发出一声声沉重的叹息，浮溢着无限的恓惶。

轻若羽絮的雪花，随风漫舞在夜空中，然后无声无息地飘落在屋面、树枝和大地上，渐渐厚实凝结，形成一个巨大无比的素软胸怀，把金陵城密密地拥于其中。

这是岁末除夕之夜的雪事。瑞雪兆丰年，又下在辞旧迎新的除夕，这样的场景若换在乡村，几年来一直为旱虫之灾所苦的农人，定会为之欢欣不已。然而对于金陵这样大都市里的人们来说，纷飞的雪花，白皑皑的雪地，除了给他们带来一些不同的视觉感受外，并没有太多的意义。相反，因为雪夜的寒冷，许多人家在焚香祷告拜过天地君亲，吃过年饭后，便已关门歇息，只留下那守岁不灭的灯烛，照着一片浮泛香氲的静寂。

但在城北一处府宅里，却人语喧闹，那被四下灯火照得通明的大厅中，仍摆着酒席，围坐着数十位年纪打扮不一的士子儒生，觥筹交错中，高谈低论不已。

主人是个风神俊朗的人物。面容白净，长眉斜飞，与人对饮，总是杯到酒干，言语举止透着一股抑制不住的狂放之态。他这种率性，令席间的气氛活跃不少。佳酿美酒，因也一杯杯地溢着香气，不断流进宴者的口腹中，转化成醉人的温暖。

然而今夕何夕？在这雪花飘飘的大年之夜，不能随着尊长亲人虔心拜祷平安，不能与一家老小亲亲热热地团聚守岁，虽膏脂美酒当前，友朋乡党相聚，毕竟情有所憾而不能尽欢，隐隐淡淡的丝丝忧郁，仍不时挂在人们的心头眉间，难以拂去。

这情形自在主人预料之中。几天前，当他决定要把这一群寄寓金陵的乡党请来除夕聚会时，便想到了这一层，想到了如何让这大年夜的聚宴气氛尽量活跃，使与宴者能宾至如归放开忧怀，所以他除准备丰盛酒席外，还不惜费赀约请了一个时下旧院最红的名角儿来起兴。

此时，那名角儿就带着一身艳光，坐在他旁边。那是一个很美的女子，鬓发如云，桃花满面，无论在哪里，都会紧紧吸引男人们的眼光。

今日之宴，因了她的出现，雪夜寒厅如春暖生辉，漂泊异乡的男人们俱不觉多饮了些情兴之酒——当然，那也不全是为着秀色可餐，还因为这美人极善烹厨，今日宴中美食多承其指导而制，让与宴者于欣赏美色的同时，也尝到了平日难得的可口佳肴。但艳绝一时的美人，其倾迷无数才子佳客之能又仅止于斯？故这时主人为调动宾客情绪，又向其央道："媚娘歌艺无双，今日玉趾践临，敢请一展柔喉妙嗓，为我等助兴一曲？"

宾客大都听闻过这号称秦淮第一的名伎顾媚多擅技艺，惜憾无缘见识，此刻听了主人之语，立时响应叫好。

但顾媚却未接受是请，咬着红唇想了一下，起身给众人道个万福，说："前日风寒，坏了嗓子，不敢败众相公清听。这样吧，若瞿庵公子及诸位宥怜，奴家不怕献丑，愿草写兰图，为众相公贺岁，愿众相公来年折桂佩兰，闱战得捷，载得美人归！"

嗓子不好是托词，其实是南曲旧院的名伎仙娃自矜身价，若非是知音密席，一般不愿轻展歌喉。但她又不愿抹了主人面子，这贵公子出身的方应乾，其父乃桐城名宦方大美，官至太仆少卿，有两兄弟方象乾、方拱乾俱已出仕为官。作为恩贡生的方应乾，为人放逸不羁，流寓金陵后以豪华好事闻名，是秦淮名伎心中出身高贵又出手阔绰的人物，多愿奉承而不敢得罪。故这时她虽未承主人之命，却自告作画以替代——原来，这美人通文史而善于画兰，是个风雅的薛校书。

今夜这一班宾客，为寄寓金陵而被方瞿庵请来的桐城乡党，虽多贫寒之士，却皆是斯文书生，其中如方畿、方文、吴道凝、吴道约、吴德操、周歧、孙临及左氏兄弟等，更是才艺文学突出之辈，对书画之类的技艺莫不尊崇喜爱，此时听说美人愿逞技画兰，虽憾不能闻听妙声，却可得睹另一番雅趣，自是欢然以待，且因之而各动风雅之兴。

于是从这时起，大家各据情怀逸兴，或亲自操觚执管为文诗画，或为作壁观摩替人助兴，或幽然独思而吟赋，或三、两讨论以辩质，盎然一派文人聚会之情氛。随着夜深更频，众人也渐渐地分成了两拨，一拨人围看那顾校书作画不倦，另一拨人则观论钱秉镫赋为长诗。

钱秉镫举家仓皇南逃，近日刚至白门，赁住在城西一寡妇家破屋中，身无分文，米炭俱尽，靠着二三友人凑钱接济，一家人才未困绝于冻馁之中。此时虽与乡友相聚，勉强为欢，然心中凄惶伤感，何尝一刻去诸于怀？饮酬之际，一会儿想到破屋中的妻儿，度岁凄凉，一会儿又忧念故里分散的诸兄亲人，不知他们的生死安危。当后来顾媚作画，众人纷为诗文以纪时，他胸中的积郁伤悲为酒劲所催，益发泛滥汹涌，原拟也与大家一样作点应景之辞，谁知思量之际，眼前脑海翻翻腾腾的，竟全是之前携妻挈子逃难的一幕幕惨景，以及对乱离之中境遇命运的感叹忧惶。这般心境，如何还能去做那应景虚文？遂干脆因着翻涌难抑的情思，将自己举家逃难前后的经历感慨，述为长诗。引得乡友们纷纷围观，评论不已。到得夜深，那作画的美人倦笔，为诗文的罢手，大家便齐来观钱秉镫赋那纪事之诗。

纪实叙事之章，本就难赋，而泱泱长篇更考校人的才情功力。钱秉镫能诗，诸乡友大都知道，然即场长赋却第一次得睹，眼见他哼吟之间，挥洒不住，不由得敬服。许多人也是此刻观诗，方知其前些时经历，随着钱秉镫铺叙，众人的眼前，也似出现了一幅幅鲜活的逃难情景，品味着那乱难中的仓皇惊险、凄苦困绝和悲怆悱恻，俱为之惊心伤嗟不已。

寒夜在不知不觉中过去，当晨曦在元旦的召唤中出现时，一篇几近百韵的五古，也在众人的赞叹中完成。它让众人进一步认识了眼前这个正在崭露头角的年青诗人，也为忧患深重的世间，奉献了一幅以史笔诗语描绘的乱世流离图画——不久，它即为钱秉镫的乡友孙临赞梓刊出，流传南都：

移家白门纪事

皇帝十四载，仲冬月上弦。逆寇众奄至，烽照大江边。
客子在秋浦，遥见光烛天。踉跄渡江返，举家涕泗涟。
开门守灯坐，望我眼欲穿。我至未束装，两儿争我肩。
提携两儿走，短衣妻还牵。坌坌大堤上，崎岖陌与阡。
僮仆暗相失，遥闻多蹶颠。儿饥不敢啼，辛苦怀中眠。
既苦妻孥累，复念僮仆孱。跋涉到江岸，欲渡江无船。
多谢故人义，赠我买舟钱。登舟望贼燧，只在前山巅。
对面数里遥，须眉势欲燃。哭声谁家妇，使我心悁悁。
清晨舣舟楫，欲发未能遄。白马掣电来，篙橹纷纠缠。
甫能捩柁转，矢石及我舷。嗟嗟五步内，几以颈血溅。
妻儿惊卧病，战悸欲成癫。腐儒手足乱，至今一指挛。
暮宿清溪口，水落声潺湲。仰看太白星，旄头直北悬。
言念兄弟辈，纷如散宾筵。繄我独南征，凄然堕风鸢。
哀音中夜发，隔船鸣商弦。听之耿不寐，展转百忧煎。
盎无三日粮，八口何以全？沿江多果蓏，冰腹不可搴。
经霜有菱芡，烂死黑如铅。采之充朝餐，隔宿乃一饘。
中州有贤主，见客开门延。厨中设粳饭，肴以肥且鲜。
众雏尽一饱，起视腹便便。病妻苦呕泄，入门忽以痊。
贤母为节饰，满头赠花钿。诘朝勉留我，临别情拳拳。
苦辞土俗薄，不能谋一廛。感念夫子德，高谊肝脾镌。
数日江上行，回首时流连。濡溪风波恶，停舶将及千。
中有同乡舟，早晚发枞川。试问故乡难，来期在我先。

采石月初望，郁郁金盘圆。榜人自沽饮，有鱼缩项鳊。
借汝榜人杯，临江吊谪仙。我如有斗酒，亦能诗百篇。
信宿抵石城，入城何迍邅。平生贵交游，深居门巷阒。
叩门欲有诉，趑趄足不前。果然投以刺，阍吏不肯传。
四顾日惨淡，风吹双鬓卷。道逢贫贱交，惊我仅存颧。
执手叙从来，泪下如流泉。荷此二三子，竭力相周旋。
奔走城西隅，僦居仅有椽。虽无门与扉，次第竹可编。
入门乏床褥，烂熳睡一毡。朝寒不能起，坐拥衾中緜。
客至无榻施，席地草绵芊。汲井缺瓶绠，日午未炊烟。
小儿叫索饭，苦遭严母鞭。大儿强解事，忍饥剧可怜。
朝出过屠门，入眼空垂涎。尔急但粗粝，宁复望腥膻。
昨日中都友，饷我肉一筵。久不识此味，不辨羊与豣。
相视忽大笑，胡至此寒朘？仆婢语深夜，怨我轻南迁。
声声思故乡，似欲相背捐。尔辈勿我怨，兹非我罪愆。
尔见江北将，赳赳有几员？元戎总骄贵，虚檄阃外权。
所赐尚方剑，诛杀徒自专。比来尽闭门，曾不张空拳。
天津运梗塞，都城空复坚。山东数千里，满目森戈铤。
比岁蝗旱仍，一望畲田。追呼吏如虎，逋负宁望蠲。
牛种贼烧尽，有田谁复佃。夙号中原地，非复昔幅员。
海内皆鼎沸，幸此江南偏。尔谓江南远，我意适闽滇。
仰视天南鹄，翻飞何翩翩。从汝聒耳噪，一如听秋蝉。
闭户暂冥心，悄然坐深渊。今夏初学卜，焚香设筵篿。
为卜江以北，天怒正不悛。江南不可居，江北不可还。
且偷旦暮生，衣食自有缘。作诗述所怀，琐琐遂盈笺。

第三章　东南交游

崇祯十五年暮春，素来熙怡优雍的南京城，却忽然显出骚动紧张之状。

那是因为烽燃在江北多年的战火，此刻已烧到了留都的对岸。

二三月里，在北方的大清兵攻克松山、明帅洪承畴被俘投降的同时，中原李自成部义军大破官兵于襄城，杀三边总督汪乔年，旋又攻陷陈州、睢州、归德等处。眼见官军处处失利，据掠江北的张献忠也于春季趁势麾师，于占领亳州后，进而攻陷含山、和州，那隆隆的炮声隔江远传，秣陵关都隐隐听见。

兵锋威胁之下的南京，宣布戒严。

戒严自有必要，但大多数人也都明白，有长江天堑的阻隔，那张献忠再厉害，一时也打不过来。故南都人虽心悸慌张一阵，流言蜚语一阵，但各人百样的事还是照做，该进行的活动依然进行。

像近年声势日增的复社，这时即为去世的原宰辅何如宠，举行了一场颇有规模影响的公祭。

何如宠宦历四朝，崇祯二年以礼部尚书兼东阁大学士，入阁辅政，四年因病致仕。他在宰辅位时间虽不长，但因素来行政清明忠心体国，在朝野士大夫中很有声望。致仕以后，他也一直关注国事和南部政务，不时上疏朝廷建言献策，对地方官员的政问也不厌其详，竭力维护东南大局的稳定。近因农民军势力壮大，中原江北危急，忧愤而卒。

这样的忠国元老逝世，在南都引起的震动和影响，比江对岸和州失陷的事件也差不了多少。当南京六部九卿的官员纷然前往吊唁时，复社则聚集百余之众，为他们素所敬重的东林前辈举行公祭。

当年东林党人同魏忠贤阉党激烈斗争时，与左光斗关系密切的何如宠，也立场鲜明地参与活动，为阉党所忌恨。在左光斗等殉难后，何如宠也被罢官，并差点为锦衣卫所害。接武东林的复社，此时为何如宠举行公祭，不单是伤挽一代忠良硕辅的离世，更为着痛悼前辈清流人物以激励世人。这般用心诣意，在祭文中即有清楚体现。那篇千百字的公祭文，在颂扬伟人生平风节之际，就明白地叙了一段朝局变化与阉党为害至今，海内当惕然为警，奋志激浊扬清的话语。

这样的公祭，当然引起关注。此后人们去何府吊唁，也必去阅览那悬在堂中的公祭文。其中那段关于朝局变化与阉党危害的言论落入眼中，不仅令许多人当时会心咀嚼，归后也必与人笑谈复论。

你道为何有这种情形？原来巧不巧地，文中所指的阉党，此时正有一个就在现场，那是几年前曾被复社公揭事件吓得躲到牛首山中的阮大铖。

阮家的祖居地在枞江之畔的凼山，与青山何家相距不远，是同里而皆宦达的两个世家，相互不免有通婚戚谊。故阮大铖于治丧中亦来何府帮忙，接待吊客。每当客人观览那段关于阉党的文字时，往往阮大铖就在身侧，有些不齿其为人者，便故意大声朗读，弄得阮大铖极是尴尬难堪，又无法发作。这般凑巧痛快之事，人们自然会当作笑料传谈了。

挨了闷棍，吃了哑巴亏的阮大铖，恼恨不已，恨公祭的复社，恨当众羞辱他的人，当然也恨那祭文的作者。回头一打听，操管之人乃是老对头钱秉镫，想起以往之事，旧仇之上添新恨，发誓不共戴天。

但南都许多仕宦，却因之对已故宰相的这个年青同乡刮目相看，很是赞佩其气节才识。一些颇有声誉的显宦大僚，像原南大司马范景文、通政使冯元飙等，皆折节下交，与钱秉镫结下友谊。

在南京活动数年，钱秉镫的才情早已有所传扬，此时复又以气节智识获誉，声名益增，俨然已是位有影响的江左名士。这在给他一种成名的满足同时，也进一步刺激了他干世建功、救时报国的心志。在方畿家授课的他，中夜徘徊之际，情不自禁，发出了这样的呐喊宣告：

> 中原方震动，狐鼠盈朝廷。天生我辈才，安事终沉冥。
> 胡为方壮盛，终岁守一经？努力策奇勋，上勒燕然铭。

东汉时，窦宪率师大破北匈奴，勒石燕然山，令班固作铭以纪，成为历史上豪杰建功的著名故事。钱秉镫以之自期，不仅表现了他的志向，同时也表明：面对世危兵乱的形势，他此时颇有弃文从军沙场建功之意。以他之才能，这样的志向打算也并非不切实际。问题是：一介布衣的他，能否谋得效力朝廷军事的机会？

眼下的钱秉镫，似乎看到了这方面的希望，并为之所鼓舞。他近期交往结识的冯元飙、范景文，俱为有影响的大僚名宦，冯是东林党人，而范景文素有爱才惜才之德名，又原任南京兵部尚书，若得到他们的保荐，参军效力沙场报国的抱负便不难实现，因为现在朝廷官员大多不愿任职边危之地，而思“勒燕然铭”的他，却是有赴危蹈险之决心的。

这大概就是他此时思想精神昂奋的主要原因。遗憾的是，事情变化却未能如他之所愿——这年夏秋之时，冯范二人先后陛职去了京师，分任兵部侍郎与刑部尚书。不知是交道尚短认识不够，还是钱秉镫未及表明心志，那俩人进京前后并没有向钱秉镫伸出提携之手，向朝廷举荐。而其他方面或也曾有过的允诺，也没有兑现。

这对他无疑是个打击。结果，人虽未灰心，思想又发生了一百八十度的转弯——先前慨然宣称“胡为方壮盛，终岁守一经”的他，不久又重新回到“一经”旁，准备参加当年乡试。

这种变化，看似矛盾，实际很自然。对于素怀经世大志，亟欲出仕报国的他来说，既然沙场建功不能成为现实，他便必然要回到科举这条路上来。

但如此选择，思想矛盾愁苦不说，现实的困难也很大，移家南都后，一家数口的生活，主要是靠他卖文佣食支撑。这年又逢旱蝗之灾，米价涨至每斗五百文，他家中常常是吃了上顿没下顿，大人孩子个个都饿得面黄肌瘦，有气无力。这种景况下，再全力准备应试，他自己倍加辛苦不必说，家中的艰难，也必越发严重。

可为了能尽快步入仕途，救时报国，实现他建功立业的英雄梦想，他已顾不了这些。

挨到三场考完，妻子方氏抱着幼女等候在舍前，迎着问道：“夫子辛苦了。夫子觉得……今年能必中么?”语气和婉，却透着掩抑不住的忧切。

她出身枞阳黄华里望族，赋性明慧，知书达礼。自十五岁嫁入钱家，夫妻甚为恩爱。公婆去世后家道衰困，大家闺秀的她，亲习家务操作，相夫教子，任劳任怨。眼下为着家中生活困难，她一个秀才娘子，甚至给人缝衣挣点家用补贴。家中大多数时候，她做点米饭给丈夫和孩子吃，自己则同仆婢啮食糠粃。艰苦的环境与子女之累，已过早掠去了她的青春，才过三十的人已发稀肤皱，容颜衰退。

看着妻子，钱秉镫心里禁不住有些酸楚。他清楚在贫困中煎熬而苦苦企盼着的她，此刻是怎样的心情，强笑着道："结果如何还难说，但我已经竭力。若还不中，此生再不入场屋！"

虽不肯定，语气中却有一定的自信，是为着安慰妻子，也是自觉考得不差，中举有希望。

话虽这样说，可家里的窘境他也一刻不敢忘。询问妻子后，知盎中之米尚能支撑十日，心中盘算能挨到榜发之期，这才放了心——若中了举，那时能得到外界资助，家人生活便不愁。

因为希望的鼓舞，在艰难中苦苦煎熬的这个家庭，于发榜前那段日子，难得有了些生气和欢欣。尤其是孩子们，看大人情绪好，脸上有少有的愉容悦色，他们也兴奋快乐起来。

钱秉镫夫妇有三个孩子，二子一女。长子法祖，今年十二岁，因生来孱弱，幼时又被认为星命合凶格，家中长辈多不喜爱。近年因奔窜失学，性情愈发抑郁内向，寡言少语。但比他小六岁的弟弟孺祺却正相反，不但聪明活泼，且乖巧伶俐，晓得看大人的脸色行事。

他这时感受家中气氛，便放心大胆地，或带着妹妹瑶池，或自己单独来寻缠平日有些畏怕的父亲，依偎在膝前怀中撒娇邀宠，问一些他不明白的问题，提一些平常不敢提的要求。

"大大，人为什么老是要去考试呢？不考不行吗？"

"考试呀，是为了看自己学习好不好，也为了获取功名，去治国安民。《三字经》上不是说'幼习业，壮致身，上匡国，下利民'吗，就是这意思。"

"母亲说，大大只要考了举人，我们就不会饿肚子了，真的那样吗？"

"是真的，到时候哇，顿顿都让我伢吃得饱饱的。"

"呀，那太好了！不过呢，我见街上有卖好吃的果食，我都没吃过，到时候，大大买点吧，一点点就行。”

“大大……我也要。”

瑶池也见过人家孩子吃那些东西，同哥哥一样馋羡。

钱秉镫听了，鼻中不觉有些发酸。想着中了举，一定要满足孩子们这小小的要求。

可是，贫困中这些企盼心愿，终究未能实现。不久榜发，他又一次被阻隔在幸运的门外。

人在生活中，往往是先前希望越迫切强烈，则其后希望破灭时的痛苦也就越深。钱秉镫及其家人正是这样，当落榜的消息确证后，伴随着深深的失望难过，合家伤心啼哭成一团。彼时家中已无米断炊，次日大小数口在伤悲和饥饿中，皆卧不能起。

方以智的父亲闻知钱秉镫家情形，忙命人送来一石米救急，才使这处于伤悲饥饿中的一家人，不致陷于绝境。

饥寒逢世难，盎罄向谁呼？
有骨空能傲，为谋日见愚。
饔飧多子女，耕织懒妻孥。
估船帆如马，生涯悔作儒。

面对一再失望的打击和生计现实，一身傲骨满腹才学的钱秉镫，竟发出了慕估客而悔作儒的悲叹！虽是一时激愤之语，却可见钱秉镫此时对现实遭际的悲愤，科举的绝望！

有国不能报，有家不能养，当此之际，能慰藉他的，也唯有交游酬唱，诗酒山水了。

自戊寅年随方以智来南京至今，他在这个四方人物聚集的都市结交了一批人。大致为三类：一是复社诸同志；二是一些官僚，如南京国子监丞何楷、名宦黄道周等；三是游寓金陵的外省人士，如陕人刘湘客、福建诗人林古度等，以及同避乱至此的乡人，如有文名的戴宏烈、戴研兄弟，文思洒脱豪迈的丁倬，颖慧绝伦的臧天格，道义自任的齐维岳，为人骏爽和易的刘汉等。

新交之外，昔日一班旧友吴德操、孙临、周歧、吴道凝、左氏兄弟等，此时也俱寓居于南都。这些新交故旧，虽身份性情有殊，却莫不是是称誉一时的才华品节之士。频趋于与这些人的交游酬唱中，征歌览胜，品文论学，悲慨国事，诗酒谈心，对于此时的钱秉镫，有一种忘却痛苦的刺激兴奋，一种麻痹悲郁的慰藉欢欣，还有一份感触难忘的友情温暖。

诗酒酬唱外，那一段时间里，素来洁身自爱的他，还单独出入秦淮的狭邪场所，有时甚至还表现出相当的浪荡色情。

一日晌午后，在家百无聊赖的他，径直去了珠市，想去会一位当垆女子。

那女子是他不久前与人吃酒时发现的，正值花开放艳的青春年华，体态婀娜，语音甜美可人，竟是一位令人着迷的卓文君。钱秉镫自从见了，不觉动情难忘，眼前总是那佳人的身影。这日欲再去一会，盼能与之亲近。

然而遗憾，去后并没有见到那女郎——也不知是有事外出，还是为人看中已携娶去。对着佳人不再、珠帘空闭的秋庭，他甚是怅惘，心中空落落的若有所失。呆了一会，在一种莫名而冲动的情绪支配下，他踅入挨次相接的珠市曲巷，走进了一户户门前红灯高挑的娼家，会见了一个又一个浓妆淡抹的师师小小、瘦燕肥环。

冬天里，因为有项活动的进行，才令任情放逸之中的钱秉镫收敛了些行迹。

那是续修乡党同学社事，选刊《过江偶集》及《过江诗略》。

自甲戌民变之后，桐城陆续流寓白门的儒生学子不少，其中一部分态度倾向接近者，在方以智的主持下仍继续着在邑中就已党派分明的社事。

前年，三左在方以智的授意下，组织选刊《桐山汇业》，有着明显的党派倾向，则又是文社选文在特定形势下的另一层意义。但自那次之后，移寓南京的同社乡党，大家除了偶尔聚会，做点限韵古体诗外，其余的社事活动大都罢废。这年乡试后，众人心思转闲，便又思再选社中诗文。议定首集名《过江偶集》，次则《过江诗略》，纪念乡党们背井离乡避乱江南。而汇选的重责，则交给了文学才华最突出的钱秉镫。

肩负重托的钱秉镫，此后一个冬季，不得不把精力放在过江集的编选上，日夕忙碌。期间只偶尔去访访二三友人，其中有新结识的同宗、南京吏部文选司官员钱棅。

钱棅，字仲驭，嘉善武塘人，原大学士钱士升次子，为人刚直豪爽。他授职出都时，方以智曾以同社诸子郑重相托，请他关照。钱秉镫知道后，遂去拜访。

也许是宿世的缘分，二人一见如故，很快就成了无所不谈的好友，情感日增。钱棅于仲冬时已获消息，将擢任广东盐道，但他对这升迁并不感兴趣。他是性情淡泊的好学之人，几次与钱秉镫酣畅论学，令他对这个接触不久的同宗大是钦佩，产生了欲与其一道读书治学的愿望。在钱秉镫社选事毕后相约，他拟请终养告假回乡，聘钱秉镫随去坐馆，若是其请不遂，则邀钱秉镫一道入广东署中。

钱秉镫感其热忱，又思前途茫茫效国无门，家中情形困窘，遂同意了。

碧水连天的太湖，浩渺荡漾于苏、常、嘉、湖四府之境，南面分流出一条著名的江水，滔滔滚滚东入大海，这就是吴淞江，亦曰松陵江或松江。

春日天气渐暖之时，一只画艇悠悠驶入松江。艇上人不多，一个俊俏的书童加上二三主宾而已。画艇虽不大，却比一般简陋的船只舒适体面，显是豪贵人家出行。

确实如此，这艇便是前年除夕之夜大集桐城乡友度岁的方应乾出游所雇。他是一个多事喜闹不爱静闲之人，近来居家郁闷，便携了这艘画艇去游吴越之地，身旁有一个庶子方授随侍，并约了从子方畿及钱秉镫同行。

方授，字子留，因才敏过人，弱冠已名动天下。虽是庶出，但瞿庵怜其才慧，待如嫡子。这次出游，又令其随侍——然这中间也有钱秉镫的因素。

前年冬天，钱秉镫第一次见到子留，人前人后极是赞赏其才情。其时子留授业于宣城唐祖，刚补了邑诸生，奉师命将自己的文章求教于钱秉镫。钱秉镫用心看了，圈评了一番，使子留颇受启发。回头高兴地禀告乃父："儿得钱先生之教，不下于老师！"方应乾听了，自此对钱秉镫益加敬重，举凡招待宾客，必令子留侍从钱秉镫参与，是虽未拜师而实已尊为先生。先生此次践约附瞿庵舟东下，子留侍游也是自然。

几人一路观览风物，谈诗论文，并在松江华亭拜见几社的夏允彝、徐孚远等人后，折道西南入浙。到了嘉善，方应乾父子叔侄别往武林，钱秉镫则留魏塘。

万历四十三年冬，一个才学举子离开魏塘，北上京师应试。当时欢送他入京的人很多，虽然说了不少"折桂占鳌""鹏程远大"的溢美赞颂之词，但其实很少有人真的料到，那个举子转年便成了荣耀一时的新科状元，而十数载后更是以礼部尚书兼东阁大学士、太子太保文渊阁大学士致仕归养。这人便是钱棅之父钱士升。

钱秉镫应钱棅之约来魏塘，不料到魏府后，钱棅却咯血卧病在床，令他甚感意外难过。

钱棅安慰他："大约近来劳累所致，无甚大碍，吾弟放心。"

等候钱棅病好期间，钱秉镫结识了魏塘十友的钱尔玉、钱尔斐、钱旃、钱仲芳等以及往昔东林著名人物魏大中的子侄魏学洙、魏学渠一批新友。后来，这些人在他的生活中都有很大影响。

暮春时，因钱棅之病未能痊愈，尚需时间疗养。钱秉镫挽留，乃由武康、昌化折道临安入杭州，去与方畿等人会合。

这样的行程，是向西绕着杭州转了一个大圈。不晓得他内心想法的人不理解，武康县令朱白石送别他时就说："君去武林，南下一日即至，却为何还要西向昌化，绕天目远行呢？"

钱秉镫微笑道："没有什么，不过是学生的一个夙愿。"

这个夙愿他没有对朱知县说，怕对方误会自己是炫耀家世。他要去祖宗先人发脉的故里、吴越钱王龙兴之地，巡览礼敬一遭。

大自然的造山运动，为天地间铸就了一些钟灵毓秀的山水所在，杭州府临安西北边的天目山即是其杰作之一。天目山如蛟龙腾展而分东西，因东西两峰之巅各有一称为"天池"之水，左右相对，宛如巨目仰望蓝天，故得名天目。其山势巍峨峻拔，云雾缭绕，植被茂盛，森林深密，产有世所罕见的大柳杉、银杏、铁木、金钱松等植物，满山遍处的高耸大树有如冲天冠伞，荫翳遮日，山中奇花异草飞禽走兽随处可见，的确是一座飞祥呈瑞造福人世的灵慧之山！

八百年前，吴越钱氏的一世祖、吴越国王钱镠即诞生于山下临安的人家。其后嗣瓜瓞绵延，播迁海内，融于四方。然怀终慎远，细理源头，这天目临安总是一氏之根，血脉故里。

钱秉镫自少时了解家族历史，便常常神驰遐想，盼能至临安故里瞻敬一番。无奈山水迢迢千里阻隔，心愿难了。这次既入吴越，自不肯放过机会。虽一个人单行独往，却一路跋山涉水兴致很高。所经羊肠鸟道，峰岭山冈，野地田畴，清溪朴老，茅店人家，在他眼中无不是悦目赏心之情景。而临安旧里、馀杭古镇、钱塘堤坝、西湖风景、武林山色、杭城市街的繁华美丽，更茬茬令他激动感奋。

这样难得的情绪，对于长期处在困苦忧患状态中的他来说，实是一次重要有益的心境影响和调整，使他于前路迷茫怅惘之际，因感怀先祖乱世称雄，抚定吴越，保境安民的事迹雄风，而振作起自己颇有些沮靡的精神。

与方应乾等乡友会合后，精神昂奋的他，拜访结识了聚集武林杭城的许多贤达名士，包括以陆圻为首的"西泠十子"及沈兰先、范骧和徐世臣等人，并见到了素有豪杰之称的陈子龙。

云间诸子中，陈子龙最是豪放。钱秉镫与他初次见面，对此就有深刻感受，见了钱秉镫，寒暄了几句，陈子龙就邀来一个同乡陆子玄作陪，拉着钱秉镫去喝酒。

席间，他对钱秉镫道："十一年前，我与方密之也是在此订交，那时才气纵横的他，高吟着大雅黄钟，倾倒吴越；今日，我又有缘与君在此相逢。我相信，美丽的西子湖会因为一个优秀诗人的到来，情态依依更增媚色。"

钱秉镫道："卧子当前，人岂敢称优秀？弟闻卧子来，而湖上诗唱大作，山水为之欢跃！"

陈子龙号卧子，成名后文坛中人只以其号相称，以示尊敬。

陈子龙哈哈大笑道："幼光不必谦逊。你的《移家白门纪事》我拜读过，朴实沉郁，苦境如画，能于浅处见深，以微事见真情，悱恻动人，比起那些泛滥诗坛的矫情平庸之作，不知高明多少，又如何当不得一个优秀？”

陈子龙是文坛领军人物，诗也很有名，雅丽精工与慷慨激昂兼而有之，得他这般称许，钱秉镫颇觉荣幸感动。

三人谈了会诗，也豪饮了不少酒。此后叙及陈子龙近来所务军备事，陈子龙因问钱秉镫：

“幼光，你生长在江北，熟悉各方情况。依你看，江北官民士气人心如何？究竟能否抵御得住贼寇日益嚣勇之攻掠？”

钱秉镫如实相告：“近年因朝廷剿抚不定，征伐不力，以致贼势坐大，中原、荆襄和江淮腹心之地，烽火不断，惊讯频传。江东各郡府，兵力分散薄弱，军务防备荒疏，给养困乏，士气萎靡不振，将领官吏又心思不一，多为各自私利地盘考虑，不肯同心协力戮贼，甚至见死不救。稍为怂恿激诱，即有哗变之害。而民间因连年征饷，课税有增无减，又战火不断，百姓时遭掠诱杀戮，民怨沸腾，人心混乱，乡野贫民常有铤而走险聚伙为盗或从贼以反者。以此乱危情势，欲敌悍不畏死之强贼而靖宁地方，实在很难。”

陈子龙听了，惊忧不已：“若如此，江南亦堪忧矣。可这儿许多官吏，每日里尚在粉饰太平，醉生梦死一般，叫他去听一曲丝竹评弹，看一场艺伎歌舞，兴头十足，若叫他去修台筑堡，巡视防务，训练兵勇，个个噘着嘴巴耷着脑袋不肯向前，委实令人忧愤！”

他同乡陆子玄道：“这两年连着饥荒，官府赈济不力，郡城也饿死了不少人。市民颇有微词，有士子改古诗以讥诮郡守，卧子你可曾听闻？”

陈子龙看着他，叹口气道：“前日我在城门外，确见有饥殍舁出，甚为凄惨。你听见人传说什么了？”

陆子玄道："因刘太守是汴梁人，人遂将宋人林升题临安的那首名诗，改来讥刺他：'山不青山楼不楼，西湖歌舞一时休。暖风吹得死人臭，还把杭州送汴州！'"

陈子龙摇摇头，半晌无语。之后凄声忿语道："杭州富庶之邦，百姓竟为饿殍，实在令人痛心！'德惟善政，政在养民'，置民于水火而不救，莫说民怨讥讽，恐怕更严重的事都有可能发生！'与治同道，罔不兴；与乱同事，罔不亡'嗜！"

一声沉重的叹息，传达出他心中那难以言状的颓丧与悲观。

陆子玄为之所感染，喃喃道："朝政颠舛，国家元气大丧，而外侵内乱日益危急……难道我大明数百年根基，真的会被动摇倾陷？"

没有人回答他。

陈子龙仰天嘘口长气，转语道："不说这些吧。今日相聚是缘，当如李太白所唱：'会须一饮三百杯，与尔同销万古愁！'然对酒须当歌，幼光，能否为歌一曲？"

吞咽着杯杯催动情思的烈酒，感染着席间浮漫的忧氛，钱秉镫早已伤怀愁绪难抑，听陈子龙邀请，遂怆然而歌：

> 对酒叙平生，涕下何纵横。拔剑欲有诉，四坐起立悲莫听：生不幸，家世江以北，中夜为赤眉所驱，跳身旧京。盎无升斗储，谷价踊贵，糠粃不给，佣书活其妻孥。兄嫂死无棺衾，孤儿虮虱伶仃，伤我心。不能俯首事贵人，又不能坐视人不平。醉后大言，为乡里指名。会须渡江杀此贼，何能郁郁，久居贱贫！

这诗是他离南都前与友人聚宴时即席所赋，抒发个人乱世不遇中的苦难凄惶与激愤不甘。一曲歌罢，陆子玄伤然欲泪，而陈子龙则拍桌奋然："'会须渡江杀此贼'，好，歌得痛快！我辈之人正应如此励志向前！"

可究竟如何励志杀贼呢？他们指筹灰画，谈论了一会，却终觉实际希望渺渺，不免为之嘘叹。

陈子龙不久又去县中督导防务，未能再与钱秉镫盘桓。而陆子玄则成了钱秉镫文友之一，与西泠十子、海宁范骧、钱塘沈兰先、馀杭严沆等人，时与钱秉镫聚游。

但此际与钱秉镫聚游最频繁的，还是方畿、方授等一干也在此处的乡友。而在钱秉镫至杭州后不久，他的乡友队伍里又增加了一个关系亲密之人，那是风流俊爽的孙临。

孙临是天气始热时离开南都东下的，表面上的理由是觅地避暑，其实真正的原因是心情郁闷，希冀远游以排解。

他东下的路线与钱秉镫等人差不多，由吴入越。只是中间钱秉镫等折往松江，而他则是去常熟拜访原礼部侍郎钱谦益，之后舟楫南下吴江。

他原也没有确定计划，行止不过随兴而定，遇上熟识之人，或喜欢某地景物，就逗留一段时间。这吴地多属江南水乡，风物清秀宜人，尤其是那些年轻女子个个生得细嫩水灵，讲话娇软甜媚，别有一番风韵情致，令这位风流孙郎耳目一新，有时不免也有些心猿意马。但因一怀愁绪壅塞，郁郁闷闷，终难提起兴致。又兼只身孤旅，一路上但觉寂寥凄清不已，愈形感伤。

大约正因心情郁结过甚，加上舟旅疲劳天气暑热，刚一到杭州就病了，让一干乡亲甚为担忧。亏得他平时注重练武，身体底子好，入秋后天气日渐凉爽，慢慢好了起来。

然身体虽康复，可心病仍在，甚至因身体痛苦不适的影响，变得更加愁郁不堪，酒后悲歌不禁，而与人深谈，则往往欷歔泣下。在不了解的外人眼里，以为他这是文人异士的特立独行或乖僻任情。只他的好友们知道，孙临的悲伤，实是源于一个热血志士对于时事的深切关注和忧虑。

孙临资质明惠，文武双修，风流儒雅而又有英雄气概。曾以指燃烛以誓杀敌灭贼，自号“武公”以明志。数年前期望建功报国，随岳父方孔炤镇抚荆楚，常跃马军中，奋勇当先，为众将士所钦服。不承想岳父因全力主战而为主抚的阁部杨嗣昌所忌恨，被其借机弹劾逮下诏狱。

这件事给孙临思想打击很大，他对朝廷的忠庸不辨极为激愤，也为自己失去为国效命的机会而难过沮丧。他的二哥、以兵部侍郎督师宣大的孙晋，数次在家信中谈到边事孔棘，形势日坏，更增添了他对国事危急的忧虑。情思纷乱，意气郁结之际，行为遂益加放逸不羁，一度沉溺于风花雪月之中。

但风月温柔之乡，虽能在一定程度上麻痹精神，却终不能解除其心灵的混乱痛苦。最后，他不得不希冀藉远游以释减那一怀悲苦。然这种方法，也不过是以行旅交游分散精神注意，暂时忘却烦恼。待曲终人散，夜静孤寂之时，那盘踞心底的忧愁又会悄然涌上，壅塞胸中，让他甚至感觉无法呼吸，须得任情纵性地地悲鸣宣泄，才能舒缓。

孙临这状态，这种心境的曲折表现，一般人是难明白理解的。连此时在杭州的乡党、浙江巡按御史左光先，对之也有诧议。

左光先是左光斗的七弟，以福建建宁令而擢御史，在台正直敢言，有光斗之遗风，此时他在浙江巡按任上期满，离开前夕召孙临、钱秉镫、方畿等在杭州的乡党于署中一聚。

这些人同左家的关系都很亲密，孙临的二嫂是左光先的侄女，方家与左家亦是亲戚，钱秉镫则与左光先的子侄关系很好。

因此，这日聚会的气氛很是随和亲切，主客间也少顾忌谨饰，有什么事儿都谈。左光先因也晓得了孙临常常中夜悲歌泣下之事。

他向孙临道：“闻武公豪情干云，曾上马横槊，下马赋诗，英雄气概，令人感佩！然阮籍嗜酒，王子猷啸歌自若，裴休披衲院中，白乐天泣下浔江，虽名士风流任情，终失之于放逸而劳神玷誉，是当重之戒之，不可溺陷。”

话里虽充满作为乡亲长辈的关怀，然不理解不赞成孙临的行为表现，也显而易见。

钱秉镫不愿孙临被曲误，为其分辩道：“观武公之悲泣，若屈子之忧思幽怨，贾生叹逢时不祥，其情也深刻，其伤也可怜！”

从孙临投过来的眼神中，他看到了一种被理解的会心与感激。从左光先处回来后，他仍在想着这件事，很想对孙临有所劝喻。可思来想去，终还是觉得劝无可劝——其实孙临之悲，岂不也是他自己之悲？只不过俩人的外在表现有所差异而已。

既无所劝，在这风景如画的西湖边上，他唯一能做而有一定作用的是——当无其他聚会唱酬之际，便伴着孙临四处游览释闷。

一日早起，虽天色阴沉不大好，但二人仍按计划结伴出门，往西湖西路而去，欲作天竺之游。

离湖行了不远，便见一峰飞峙眼前，山体不太高，却棱层剔透，嵌空玲珑，在古木翠树的装点下，耸然于溪水之畔，甚是引人注目，原来那便是武林著名的飞来峰。

俩人议论感叹一会，复往上行至半山腰，远远看见了山径旁边耸立的一座古亭，不由得精神振奋起来。你道为何？原来那亭是南宋抗金名将韩世忠为纪念岳飞而建，名唤翠微。

翠微亭翼临山腰，在苍翠树木的掩映下，显透着历经沧桑的古朴凝重，令接近它的钱秉镫、孙临感受到一股穿越历史扑面而来的英雄气概和悲凉氛围。而当他们置身亭中，追思当年岳飞率领岳家军大破金兵，金戈铁马欲捣黄龙，各人的心中，无不随着翻涌的历史风云，激荡起强烈的抵抗外侮的爱国民族精神，以及对英雄的深深崇敬与呼唤，因为眼前现实与五百年前的南宋一样，危乱的大明也在经受着日益严重的边患外侵，而敌人正是当年那个蹂躏中原的金人后代！

孙临望着远际，沉痛地道："长期以来，北虏觊觎中原之心不死，边患日急。当此之际，令人叹恨不能起武穆于地下，驱敌镇关，扬我华夏之神威！"

钱秉镫道："我中华泱泱大国，人才无数，非没有驱敌良将，靖边英雄，只是朝廷昏蒙腐败，人心不齐，又加权奸当道，主上不明，致使将帅事权不一多被掣肘，破敌良策不能实施，以致北虏日渐坐大而成今日之大患。"

孙临手拍凭栏，恨声不绝："你说的也是！当年袁崇焕督师辽东，重创努尔哈赤而金人丧胆，朝廷却中离间之计而杀督师，自毁长城，与南宋奸臣昏君冤杀岳武穆，大同小异。即我岳父中丞公，畅晓军事，镇抚荆楚八战八捷，人心振奋，却只为部下擅进一役失利，就被谗下狱，几丧性命。朝廷如此昏昏，又怎能攘外安内，靖宁兵氛？"

俩人谈论一番，怅恨一番，徘徊亭旁，满腔的忧愤，除了他们自己和拂然而过的山风，终也无人知晓，正是：把吴钩看了，栏杆拍遍，无人会，登临意。

下峰来时，已近中午。早上出门时便不好的天气，此时更阴晦下来，寒凉的风中不时还飘着些雨丝。带他们去游览的舆人见状，说："天色不好，二位相公不如在此寻个地方等候一会，再决定是否继续往天竺去。"征得同意，遂将他们导入路旁一酒家之中。

这酒家虽是山间小店，室内却颇宽敞洁净，又临水流潺潺之溪畔，有高树修篁掩映，环境幽雅宜人。而其最令客人悦目欢意处，是酒台后还坐着一个美丽可人的当垆女娘。

那女娘年纪不大，肌肤雪白，姿容秀美，一头乌云盘挽成面侧单髻，上插着香艳的黄菊花朵，动人中透着活泼青春的俏丽，却是位少见的美妇娇娃。

孙临二人不意在这山间小店中，竟有如此美丽可人的当垆女子，俱为之心动。自从汉时司马相如琴挑当垆美女卓文君，二人私奔而成一对神仙眷侣，此后的中国文人与风流雅士，莫不对之羡慕不已，有一种普遍的当垆情结存在：凡见到美丽风情的当垆女，心中总会情波荡漾，想起司马相如那一番情场艳遇。这孙临、钱秉镫二人本是多情才子，自然也不例外，原拟在此小歇，此刻竟不舍离去。于是尽杖头之钱而为酒资，欢然畅饮。

店家见有生意，甚是高兴，跑前跑后十分殷勤。孙、钱二人见其是个胡须满腮的粗俗汉子，闻听是那女子之夫，不由得为那美女娘抱屈，不知眼前这粗俗朴鲁的男人，怎么就娶到了这花朵一般的美人？想着民间有“美妇伴着拙汉眠”的俗语，真正不假，翻恨月老红丝漫系，乱点鸳鸯。

这怜香惜玉心思一动，再看那女娘愈觉姿色妩媚，无处不动人，因愈加爱怜。情兴高炽际，便请那美少妇歌唱一曲。那女子因这两客大方，又是文雅相公，且往时也被客人要求过，便未推辞。孙临平时喜爱吹箫度曲，一支玉箫儿随身带着，这时取出呜呜吹了起来，按曲为她伴奏。那女娘遂悠悠而唱：

黄金榜上，偶失龙头望。明代暂遗贤，如何向？未遂风云便，争不恣狂荡。何须论得失，才子词人，自是白衣卿相。

烟花巷陌，依约丹青屏障。幸有意中人，堪寻访。且恁偎红依翠，风流事、平生畅。青春都一饷。忍把浮名，换了浅斟低唱。

声音柔媚动听，内容却是柳永的一首《鹤冲天》词。柳永是北宋的著名词人，当时影响很大：“凡有井水处，即能歌柳词。”后代都市里巷与坊间也一直流传。眼前这女娘大约见二人是读书相公，或向来也是拿这词儿奉承“白衣卿相”们，故特意唱出。

不想这两位却真是不得志的白衣卿相，听了自是分外触怀。又见那女娘唱曲时眉眼含情，益发迷人，都不由得痴了。此情此际，那是越不舍得离开了。而老天也多情凑趣，秋风中的一线雨丝也变成了蒙蒙细雨，留住了一双多情司马。

当年的司马相如，用一曲《凤求凰》，挑动文君芳心。而今这两才子，虽才技胆色不输司马，心中也把这当垆美人呼了多遍，然毕竟罗敷有夫，不敢太过造次。不过胸膛里一腔热情，却随着一杯杯酒的下肚在不断燃烧。

当那份酒意随着屋外滴滴答答的雨声，越来越浓而近酣醉时，二人心中的热情也膨胀到了不泄不快的地步。于是磨墨濡笔，各自在那厅壁上，挥写下了律诗两首。

飞来峰前当垆甚可人意，同幼光醉饮喜雨留行

一天阴雨滞云阿，桥上魂消奈若何。
翡翠绣衾随犊鼻，凤凰孤管咽蛮歌。
石郎隔水呼溪女，灵鹫移峰换苎萝。
不动琴心人亦解，欲将襆被近湘娥。

巫山巫峡路崎岖，携得朝云晚渡湖。
醉醒去关孤客恨，笑颦自画美人图。
瑶姬魂易归秋草，灶妾情痴代旅厨。
五马曾过桑陌上，罗敷不爱大秦珠。

饮飞来峰下同克咸醉后限韵壁上

飞来峰下酒家多，为爱秋花冒雨过。

陌上联吟邀并马，垆头泥客有双蛾。
含情试唱清溪曲，薄命微闻子夜歌。
羞煞六朝红粉伴，青楼唤出不如他。

陌头来往看罗敷，夫婿鬑鬑大有须。
绣被许谁偎翡翠，宝鞭先我坠珊瑚。
应乘紫燕巢金屋，且化青丝系玉壶。
旧是酒徒能涤器，肯将犊鼻让庸奴。

题罢诗句，暮色已起。俩人大笑着，出门呼舆归去。次日尚未起床，却有湖上友人来叩门。原来他们二人离去后，有友人得知二人在彼处醉饮题诗消息，随即赶去观览，不料已被店家铲削殆尽。那人大怒，责骂道：“你这店家好不瞽目蠢愚！那题诗者乃江北名士游历至此，人欲求其半句诗文而不易得，白白送你不知宝贵，却给轻易铲了，真是可恼！”

店家听这一说，也不由得懊悔。他哪里晓得那是名士所题，以为不过是风流浪子贪他老婆美色，狂言作戏，故心中悻恼，二人前脚离开，他后脚就将其铲掉，既怕别人看了讽笑，也怕他娘子看了动情，弄出什么事来，因他看出自己年轻的妻子对那两位雅客颇有好感。这时听说是很有名头的人物，自然懊悔不已，这飞来峰下酒家有几处，生意有竞争。若有名士题诗之招牌，当然会引来更多的游客光顾，不想却让自己孟浪毁掉了！

责者见状，乃为补救之计：“这样吧，你赶紧将这墙壁重新粉刷白了，备好酒桌，吾去挽其回来重题。”店家忙应允谢过。友人遂来相告。

钱秉镫二人听说了这插曲，复再至那酒家。店主热情迎入，果然墙壁已重新粉垩一新。那女娘靓妆出来侍客劝酒，愈显得美丽妩媚，光艳动人。酒过几巡，店主捧出笔砚，请两位才子名士题壁。

正准备题写，一旁有戴方巾者上前道："写录昨日旧作，不足以显名士高才。请更作新诗再题，使佳事更佳。不才斗胆建议。二位尊驾限以'重游飞来峰'五韵，各作七言近体五篇，如何？"

这是本地一文士，赶来瞧热闹的，此刻建议再作新诗，实含有考校之意。大约是对这两个被武林钱塘文人们推崇的名士，尚不大服气，欲借机刁难，令二人困窘。

他这建议一出，立有人大声叫好，且让酒家取来巨觥筛满热酒，每篇需饮一觥——显然，那是与文士同来者，早就商量好的。不仅要考校二人急就之才，还要考量二人的酒量及酒后文思。

有这一番变化，本来简单的题壁一下子变成了文会考场，这令现场气氛更加热烈，且不时有人闻讯赶来，瞧名士如何临场作诗。不少人神情中，颇露着些疑虑。

但那疑虑很快被证明多余，眼见着两位诗人不过略略思索，便提笔挥洒，瞬时七言八句已得，然后捧巨醽一饮而尽——那烫热的酒，彼时还是温的。如斯五醽毕而五篇诗成。那种才思，实也不下于曹植七步成诗；而那般豪情，也堪比关云长温酒斩华雄。瞧得观热闹者一个个啧嘴吐舌，不住声地叫好。

只是五觥下去，两位豪情诗人也已烂醉，再提不得笔了。店家只得另央人代书于壁上。这一段故事佳话，自此长留于酒家，传于西湖之畔。后来游人经过飞来峰，多有特意光临这酒家观览者，于那壁上诗句中寻觅当日作者的才思豪情。

至于两位诗人自己，当时大醉而归，此后也未再经过彼处，所以各人对那几首诗，既无甚印象，也不重视——那不过是一时游戏之作，又当得什么？——他们诗集中的位置，是留给拜岳墓这类诗的。

孙临《拜岳墓》:

百万南人带血戈，朱仙一击战功多。蒙恬举众能除赵，宗泽知君续渡河。

自有绣旗归太尉，却将金节走休哥。不还三帝身犹恨，尝驾阴风逐白波。

钱秉镫《九日吊岳坟》:

裸铸奸臣搏击频，风雷劈桧怒犹新。渡江本不期兴盛，卖国何须只恨秦?

枉有书生能叩马，自无天子念蒙尘。蕲王策蹇山前过，可向荒烟哭故人?

而这样的作品，不用说在湖上流传更广。如钱秉镫之诗，感愤之际矛头直指高宗皇帝，不为那卖国偷安的昏君掩恶，大胆尖锐，暗勾起人们对当今最高统治者，一样信用权奸不断杀戮忠直臣下的不满和忧愤，让人读来痛快舒畅，启警良深，不禁要为之击节慨叹。

落叶纷飞时，寓居湖上的一干桐城乡党分手握别，钱秉镫与从闽中辗转过来的吴德操结伴，转去嘉善。

近年来，钱秉镫和几个要好的乡党周岐、吴德操等，其状况可用一个“游”字概而括之。所以为游，意在求荐——即希望被人举荐，或被朝廷征辟出仕，或作为藩镇大员的幕僚，通过谋赞事务求得功封授职，逞志效国。此外，对于他们这些清寒士子来说，游也还有经济方面的考虑：期望在游的过程中获得一定资助，凭以维持家庭生计。癸卯这年，周岐便在京都得大司马冯元飚特荐，参军于兵部侍郎、宣督孙晋帐下效力。吴德操则于二月游闽，临行前曾诗别钱秉镫：

君才在汉代，亦是马卿流。辛苦成吾党，凄凉悔远游。

故人当李杜，痴婢识钱刘。白日江波恶，渔竿莫浪投。

他知道钱秉镫亦将游吴越，以诗郑重相嘱。他自己这次闽游，仍无收获，中途且被家奴挈资逃去，弄得甚是狼狈，只得来杭州与钱秉镫相聚，以便同归。钱秉镫遂与他一道去嘉善，再赴钱棅之约。

钱棅病已好，得钱秉镫重至，又添了个吴德操同来做伴，甚是欢喜。三人在钱棅所居南园中，早晚读书研学，间或与钱尔玉、钱尔斐等唱酬游玩，颇感惬意。

对于钱棅而言，这样清静友伴的读书生活，甚是难能可贵，故他期望明年仍继续下去。钱秉镫顾念好友，愿分一半馆金与吴德操，以求三人一道共学。

钱士升老相国对他们相伴读书，也很赞成。道："如今朝政世事颠舛危乱，海内动荡不宁，你们年轻人不能建功立业，不如在这尚还安静的江南多读点书充实自己，以后形势若好转，那时再图发展也不迟。"

后面那句话，是为了安慰这几个年轻人。作为一个曾经跻身权力高层，了解朝政情势的政治人物，他其实对目前国家现状形势的认识是相当悲观的，已隐有一种大厦欲倾的忧惧。

有一些对朝政国事认识不深的士大夫，平常谈起国家形势，往往对朝廷和皇帝尚抱着幻想，企望有朝一日会出现好的变化。而钱士升则十分清楚朝廷的昏乱腐败到了什么程度，清楚紫禁城中那个因国事不断恶化而越来越暴戾焦躁的皇帝，早已昏蔽了心智，忠奸不辨真伪不分，无可指望。时危世乱，再摊上这样一个皇帝，国家形势只会越来越糟糕，又岂会有好转？

有见如此，他也就不欲儿子再滞身官场，宁可让其在家读书。而对于颇有豪杰之志的钱秉镫，他也未给予举荐之助——钱秉镫来此，无疑是抱有这方面希望的——作为同宗长辈，只是鼓励其与儿子一道治学，用心可谓良善。

有老相国的支持，钱棅计划之事便定了下来。这时已是朔风凛冽的岁寒时节，钱秉镫、吴德操眼见将至年底，思念家中，遂于十一月中作别，搭船回金陵。

冬至这日傍晚，行舟忽遇大风雨，泊在吴江城郊的荒浦中。半夜时风雨转急，且下起冰雹，打得篷窗“嗵嗵”作响，那冥晦如墨的夜空中，伴随着诡异飞舞的闪电，更炸响了一声声震耳欲聋的惊雷。

睹闻着电闪雷鸣，船上所有的人，惊栗中俱觉惶恐不安。向来传说，冬天雷鸣兆凶，是上苍对人世的某种警示。

钱秉镫精《易》，会占卜之技。向船家要了把粟米起占，结果显示，其征主来年大旱与兵事。

这令众人惊惧益甚。近年天灾人祸不断，连素来富庶的吴越也爆发饥荒，饿死许多人，最近甚至引发了丹阳许都聚集饥民万余人造反的事件。明岁倘再有灾荒兵乱，却教百姓如何喘息？

有人解说：“雷震百里，示本区之灾祸。”按这个说法，则来年或有灾异，也仅限这吴江地区，不及他处。众人都接受了这个说法，即尚有些疑惑，也宁肯相信就是那样，小区域的灾乱，毕竟危害小些。

但钱秉镫他们还有所忧：吴越是国家财赋重地，这吴江所属的苏州一府，税收便占全国十分之一，若此处有严重灾乱，致输饷匮断，朝廷拿什么去支撑兵马钱粮所需，应付越来越严重的四方战乱危局？

所以，雷震过去很久，他们躺在船舱里，还为那凶兆忧不能眠。一边念念“此地震动何时平”，一边想着这些年战乱灾祸频仍，四方动荡不宁，人民水深火热苦不堪言，可谓是海内鼎沸、天怒人怨……如此下去，怎么得了？

第四章　党祸逃亡

小阁经时下，床头万卷尊。官为闲刺史，客是旧王孙。

病起童知药，人来鹤护门。南村堪卜宅，期我伴朝昏。

一个眉清目秀的书童，手中拎着盛物的竹篮，从一条竹径中露出身来，向前面不远的花厅走去，边走边哼哼地诵着上面这首诗。

花厅建在这座别墅东面的空敞之地，里面置放着蓬蓬簇簇的花草，现正绽放着一些时令的花儿，与厅外那些桃李芳华相互衬映，竞艳斗芳。

书童一路哼哼着——因为喜爱，把那几句诗反复念叨着——进得厅来，瞥见了花草间几个俯身石桌旁认真读书的身影，眼中露出钦敬之色，走进来一个个热情招呼：

“老爷好！”“钱先生好！”“吴先生好！”

一边从竹篮里逐个取出所盛的东西：茶水点心和一杯煎好的药汤。茶水点心是大家共用的，汤药却端在了主人面前。

脸色有些苍白的主人光顾着看书，一时没动那汤药。书童一旁忍了一会，最后还是出声提醒：“老爷，侬先服药吧。大夫说，这药对侬将养身子有好处，每日必须要服的。”

主人嘴中哼了声，身子未动，眼睛还在书上。

书童见状，不由得嘟起了嘴。想了想，转向去搬救兵：“钱先生，侬劝劝老爷。昨日也是这样，后来竟没喝呢。”

他最敬佩钱秉镫先生，先生不仅很有学问，且把他这微不足道的小书童儿，也写进了诗里（即之前他所诵念的），令他激动了好些天都睡不着觉，常向他人极其荣耀地宣诵。而且，自去年先生初来府中他便晓得，老爷对这年长几岁的同宗先生极是敬重，伊讲的话是一定肯听的。

这救兵果然搬对了。但听得钱先生说声：“仲驭，把药喝了吧，身体要紧呢。”主人就放下了手中书，口中说着：“你们来后，我的身体一日好似一日，哪里还需喝这东西？”却还是端起杯来，把那杯煎得浓浓的药汁喝了。喝完抹下嘴，对书童道：“你去吧，别在这儿打搅我们了！”

书童目的达到，高兴离去，临走还不忘嘱咐：“钱先生，吴先生，趁这茶热，吃两块点心吧。这日头越来越长，侬一下午会饿呢。”

客人望着书童儿蹦跳跳地离去，不禁向其主人夸道：“你这书童儿既有趣，又很懂事知礼，委实不错！”

主人道：“这小厮人还算机灵，就是话多烦人。不过呢，他刚刚说的倒没错，来，幼光、鉴在，我们且歇会，吃些点心再看书，省得那小厮来了看见，又要说道了。”

几人想象书童的言语神情，不禁都哈哈笑了起来。他们就着茶水吃着点心，一边交谈着各自的读书体会感受，虽不时有问难辩驳，气氛却和洽愉悦。

初夏午后的阳光，暖暖地从厅外投射进来，照亮了这几个学海泛舟者脸上那不懈探索的神情。周围的花草景物，皆安闲静谧着，仿佛也在聆听那些智慧的言论。偶尔，微风中送来一阵簌簌声响，或一两声鸟鸣，却益发增添了宁谧中那一份怡情与和谐。

他们，钱棅与他的两位客人钱秉镫和吴德操，都很久没有这样安宁地读书写作，如此愉悦地与学友进行辩难问学的研讨了。

年纪轻轻就出仕了的钱棅，这几年忙于公务没时间治学。而钱秉镫和吴德操，也因避乱和应付生计，又加上应试，也无心思读书——有时社中同学一起课文，除了吟咏诗赋，也多是为了应试研究八股时文，极少正经地研读经史。即使偶尔为之，也因人多嘴杂，尤其是总有人争强好胜而不能心平气和地讨论。所以他们去年一经合议，要静心读点史书，各人都悠然向往，并于今春付诸实施。

为了让这一难得的治学活动扎实进行，有所收获，几人制定了日课诗一首，分部研读二十一史，每逢三六九作杂文一篇的具体计划，且离开嘉善城内的相府大宅，住到城南这环境幽静的别墅来，以求专心致志不受干扰。

入园后，这一段时日的学习生活，过得紧张而充实，每一天都如眼前这般沉浸在读书治学的兴奋愉悦中，常常不觉时间逝去，回回用餐吃饭都是书童秋烟来提醒才想得起来。

这时，钱棅看完一篇文章，拍手赞叹道："好文章，见识超群，是为千古人物翻案之妙论！鉴在，你来看看幼光此篇文字。"

吴德操从他手中接过几页文稿，却是钱秉镫刚撰作成的一篇短文《三国论》，评曹、刘、孙的：

世之论三国者，皆喜备而恶操，而恶权次之，此甚非平论也。

夫世之恶操者，指操为奸雄、为汉贼。其指为汉贼者，谓其挟天子而令诸侯也。当董卓乱后，天下尺寸皆非汉有，操之天下，皆取诸强梁之手，非取诸汉也。操迎天子都许昌，奉为共主，存炎灰于既烬，本以为义也，而以操挟天子。操百战以取天下，未尝以天子令号召天下而有之也；即号召之，当时谁奉天子令者？操使天子拥虚位，不犹愈于天下之弃天子如弁髦乎？

夫辅天子兴汉室之说，毋论权所不欲，即备亦岂真有心耶？是三人者，亦各自欲王耳。设使操当日不迎乘舆，委天子于群凶之手，汉之亡久矣。以垂亡之孱主，衣租食税数十年，得保首领以殁，操之罪，固未可与后世篡逆者同日语也。使操不迎而归诸孙刘，此两雄者能一一请天子命而奉行惟谨乎？一不谨，天下必以今之所以罪操者罪两雄矣，即操亦岂不能指两雄为汉贼而兴问罪之师乎？吾尝谓：操之迎天子，是荀彧诸臣之乃心于汉，而实非有利于操也。至于杀僇妃后屠灭大臣，操罪无可逭，要亦相逼使然，彼所谓骑虎之势，不得复下，盖实读耳。吾恐欲问操罪者，当此之际，为人所图，亦未肯束手以就死也。

孙权奸狡，操且畏之。若夫备，世所称为宽仁忠信者也。备之言曰："今与吾为水火者操也。操以急，吾以宽；操以暴，吾以仁；操以谲，吾以忠。每与操反，事乃可成。"然则备之宽仁忠信，特以图反操而济事耳，岂其本志哉？备不忍负信而取刘琮之荆州，何以负义而取刘璋之益州耶？且孙权尝欲取蜀，备以大义责之云："当被发入山，不失信于天下！"吾不知备此日之信安在？权谓其猾卤狭诈，非虚辞矣。

操之用诈，变诡百出，至其取人之国，皆师出有名，未有因媾为寇，如备之取璋之负心也。即以两人始终迹之：操之遇备，可谓厚矣；备屡负操，操未尝负备也。吾不知备何以谓操为谲，而谓己为忠？

大抵世之喜备者，徒以备汉室之裔；而恶操者，则以天子在操之所。使操不拥天子，世即恶之，不过与孙权等耳，何至罪浮于权哉！

看罢，也由衷赞道："真知灼见，犀利而平允。这才是史家之慧眼公心，发前人所未发之正论，佩服！来来，当敬尔一杯为贺！"以茶代酒，与钱秉镫干了一下。

钱秉镫放下杯盏，道：“二位过奖。只是弟读《晋书》，于曹、刘、孙之事迹，颇有感触，如鲠在喉，不吐不快！是以作此小文。不过是实话实说，不带偏向成见而已。”

钱棅道：“有此一篇文章，便不枉你此次治《晋书》，也胜过古今无数学者士人徒劳无益之读史治史。自陈寿作《三国志》，其后习凿齿、孙盛、裴松之作注，再到后来房玄龄奉诏编《晋书》，以至之后千数百载，学者文人研究三国，在对曹操刘备的评价上，多失其公允。尤其是宋代以后，总是贬曹颂刘。那个罗贯中作《三国演义》，推波助澜，更使一般被蒙蔽的百姓，唾骂曹操是个挟天子以令诸侯的枭雄奸贼，而把那刘备则崇视为大仁大义的豪杰英雄。今日你这文章，还原历史的本来，替曹操说了公道话，也让世人晓得了刘备的伪善和猾卤狭诈，揭穿了其真实嘴脸！那二人若地下有灵，怕不乐坏了阿瞒，气歪了那皇叔，要爬起来与尔拼命？”

吴德操道：“吾以往读《三国志》，见刘璋迎刘备以击张鲁，而备不与鲁战却先灭成都，也颇疑其假仁虚伪。只是惑于他当刘表新丧之时，不听孔明攻琮而取荆州之言，未悉心深究。现在想来，古今许多人之所以认不清刘备真面目，以为其宽仁忠信，可能也是这般原因。”

钱秉镫道：“故研评历史人物，人云亦云固不可取，而只听其言不观其行，也必不能有客观公允之结论。这便是治史讲求严谨而重史实之缘故。譬如说武侯，古今评论极高，溢美之辞无处不在，无论是史家还是一般百姓，都把他当作极了不起的伟人加以崇拜，而讳言其过失。陈寿还算是个比较严谨重实之人，他评诸葛亮‘可谓识治之良才，管、萧之亚匹。’‘然连年动众，未能成功，盖应变将略，非其所长欤？’可《晋书》却认为他是私心作祟，将孔明贬低了。其实，人谁能无过？陈寿谓其将略非长，吾以为并没有错：其最显明重大过失，即是听先主取成都而不速取汉中。使先于曹操击张鲁而早定汉中，徐图成都，东向一面以制荆州，虽权计百出而应之有余。然后北向以争中原，霸业或可能图。却终狃于三分之势而深喜得蜀，置汉中及荆州于度外，以致蜀汉困囿一隅，虽后来长期劳乏努力，而形势难改终为魏所亡。从这个角度而言，汉祚之不继，也与亮之将略不足、用兵先后失宜，有一定关系。”

钱棅道：“我素来崇服诸葛才智风节，然吾兄所言也不无道理。读史抚今，亦令人感叹，当逆闯始问兵三晋时，若我朝中文武大僚尤其是那些执掌枢机的重臣，不是与武侯一般地应变将略不足，而能洞察先机，早兴勤王之师，也不似现在这般，让人为京师的安全担心了。”

他由钱秉镫的议论武侯，联想到史可法。史可法以南京兵部尚书，参赞机务，统帅着南方数十万官军。当大西北的李自成造反军，自去年十月后连续击溃各处官军，兵锋横扫陕晋大地时，史可法对其局势变化的险恶认识不足，未早做驰援北边的准备，直到本月朔，才誓师勤王。而据消息，李自成已自陕入晋，连破蒲、汾，下太原、代州，兵锋东指，京畿已受威胁了。

钱秉镫与吴德操听他这样议论，亦有同感。而钱秉镫因为钱棅这一番议论，遂又有了一个想法，过后要另写一篇《武侯论》。

时间在几人的讨论中不觉逝去。当日头越来越偏西时，匆匆复至的书童终止了他们这天下午的研学：“老爷，老太爷来了！在厅堂等候侬与两位先生呢。”

钱阁老致仕后，在县城东门外的景德讲寺的大悲阁西边，造了一座“放下庵”供佛参修。放下者，意思是要把世俗之事统统抛开。又建了一所小小的别业称为“息园”，作为自己的居住之所，一个“息”字，也表明了他从此隐居不出，隔绝尘俗的态度。平时他隐居息园看经研《易》，很少外出，家里人要见他，也是到息园去。现在他却亲来南园，显得不寻常。

果然，神情异常严肃凝重的阁老带来的是一个令他们深为惊恐不安的消息判断："邸报一月未通，只怕京师有大变发生！"

邸报是由通政司负责，汇录皇帝谕旨、政事活动、官员奏议及人事任免等朝政情况，定期转发各地的文件。为使在外官员及时了解，隔不数日就有一期，像钱士升这样的致仕阁臣，也仍由地方送阅以备顾问。他知道京师月前就因李闯挥师侵逼而告急，朝廷下旨征天下兵勤王，现在一月不见邸报，不容他不惶然测其有变。

钱棅三人听了，惊惶不已。阁老去后，大家在忐忑不安中议论着一些设想，不过是寻求一点当下的安慰，借以驱除心中那沉甸甸让人害怕的感觉而已。实际各人心底，大半已相信，不知消息的京师，凶多吉少。

不几日，噩耗传来。京师于三月十九日失陷，崇祯帝在万岁山死烈殉国。

大明的天塌了。

嘉善城中，一片哀氛。士绅悲愤相告，遥拜北方痛哭不已。官宦之家如相国府，按礼素服举哀三日，且设香案以哭临，以尽臣子之分。

哭罢惨死的皇帝，剩下来的忧惶，便聚焦在巨变之后的国家前途命运上。

京师陷落后，虽然全国大部分区域仍在明朝的控制之下，南京也还有一个六部九卿俱全的留守机构，掌握着数十万军队，但由于事变的冲击，尤其是崇祯帝死国，太子及诸王于乱中失踪，明朝的各级政权及其军民，已陷入巨大的惊恐之中。这种情形若得不到改变，即便李自成的大顺军不打过来，明政权自己也会在群龙无首的慌乱中，引发各种内乱，分崩离析。

这样的危险，一般的士民未必能认识得到。但识见睿智如钱士升这样的政治人物，如何不清楚？

应当迅速稳定局势，安抚人心！而要如此，则必须尽快建立新的中央政权，使藩王监国，以号令天下，北伐讨贼，御侮定难！如是庶几天下社稷可保，大明中兴有望。

在与嘉善吴中一些有影响的士宦乡绅紧急磋商后，钱士升等人很快有了一个应对当前局势的拥立意见，并请作客府中的钱秉镫、吴德操，立即赶回金陵，将他们的意见及书函，面致此时南都权势影响最大的史可法，希望他早定拥立之策，以安定局势人心。所以请钱秉镫二人充当联系，那是因为史可法的恩师左光斗是桐城人，史可法自己又长期任职皖地，皖桐的知名仕宦包括钱秉镫、吴德操，俱与他有一定交谊。

从钱阁老口中，钱秉镫二人得知了吴中人士关于拥立藩王的具体意见。

皇室嗣统，历代多是立君以亲，即以与先皇帝关系最亲者承继嗣统。明朝也继承了这种制度。但眼下在崇祯遇难、诸王子下落不明的情况下，只能从其他藩王中选择嗣统对象。从伦序上说，现存诸藩王中与崇祯关系最亲近的有两位。桂王朱常瀛，为崇祯之七叔；福王朱由崧，是崇祯的堂兄弟。若根据礼制，此时应在这二人中选择一人嗣统。桂王远居梧州，其年岁既大而又迎接费时，局势不容等候。福王避乱于距南京不远的淮安，最是合适。但吴中人士却不愿遵礼制拥立福王，而是主张立君以贤，由崇祯的远房叔父，这时也避居于淮安的潞王朱常淓监国嗣统。之所以这样考虑，是因为朱由崧其人昏庸，沉溺于酒色声伎。又因往昔朝中清流反对郑贵妃母子谋位，迫使企图干政的郑贵妃屈辱移宫。福王若监国，记恨当年祖母父亲之遭遇，如天启时阉党那样拿来做文章，则东林党人今后在朝中的日子不好过。而那潞王不仅性格仁慈，也还关心国家之事，由这样的人主宰朝廷，让人比较放心且有希望。

四月下旬，钱秉镫带着吴中诸公的信函，与吴德操一道赶赴南都。肩负重任，他们不敢耽搁延迟，一路上不顾天热，催促船家快行。但盼早一日赶到南都，见到史可法等重要人物。

可世事迅变难料。当他们赶至丹阳时，从一个刚从南都来的熟人口中得知，庐、凤总督马士英等，已迎福王于五月朔日至南京谒陵，越二日宣称监国。

钱秉镫二人听到这消息，不由得沮丧。既为拥潞派的谋划流产感到可惜，也对史可法等在关键时刻，不能控制时局有所作为而颇感失望。吴中带来的信函，自此秘藏不示人。

数日后，丁忧卸任的武德道兵备佥事雷縯祚来访回到南京的钱秉镫。

雷縯祚是安庆太湖人，昔日与钱秉镫熟识。他是南京翰林掌院姜曰广的门人，知道姜曰广颇器重钱秉镫才识。听说钱秉镫从吴中回来，特邀一谈，希望了解吴会人士关于时局尤其是监国政权的想法主张，然后报告给老师。

钱秉镫详细相告，雷縯祚听了，有些激动，又有些遗憾：“幼光你不知道，我恩师其实也是主张拥立潞藩的呢。不光是他，还有吕大器侍郎、右都御史张慎言以及史大司马这几位政要大僚，也俱赞同。”

钱秉镫不免惊讶：“既然诸位大人意见相同，却为何后来拥立了福藩呢?”

雷縯祚叹了口气，想起之前种种，一脸的失望怨恼：

“说来还是犹豫不决，谋而不断误了事。自北边的消息确证后，南都就在议论拥立监国之事。这也很自然，国不可一日无君嘛。只是开始群僚思想既混乱，主张又不同，立桂、立潞、立福的都有。而一些关键人物，如史大司马，矢忠效国，一心只想着如何召集各地人马，北伐雪恨，收复失地，对拥立之事根本不热心。岂料别人暗地里早在策划，那马士英要争拥戴之功，来个先下手为强，伙同四总兵将福王护送至仪真，迫使南京群僚只得接受既成事实。”

钱秉镫叹惜道：“我们前在吴中还议论史公，英勇刚正有余，应变将略不足。真个是这样，唉！”

二人感叹了一会，雷縯祚又道：“我恩师领袖词林，清望悠远，早晚要入阁办事。因身边缺乏办事有力之同志，久慕你与鉴在才干，特嘱我致意二位，望得其一为幕佐。请你和吴君考虑。”

能得到姜曰广这样的大臣青睐，工作于其身边，对于久欲入仕干政的钱秉镫来说，无疑是一个施展才干报效国家的机遇。他甚为感念兴奋，当下应允与吴德操商量后回话。

武定桥东闹市之后的深巷里，有一些年代久远的古旧宅院。其中多数都已破败不堪，剩下部分尚能勉强可作居所的，寄寓着一些流寓金陵的寒士。

因奉养年迈老母而不愿出仕做官的贡生方撝谦（字君则），便赁了这里的一幢房屋居住。房子有前后两进，后面是主人一家妻儿老小的卧息之处，前面则是日常活动的厅堂、书室、厨炊及客佣杂房。

上午，当五月的太阳逐渐升高时，被日头照射着的屋里越来越有一种热烘烘的感觉。在书房读书的方撝谦和钱秉锜，只觉身上一阵阵地闷燥出汗，甚是难受，只得丢下书卷，去堂门前闲话乘凉。

就在这时，家仆领着一个大胡子从前门进来。堂门前的二人看清是阮大铖，俱不由得心中疑惑：“他怎么来了？”

方撝谦道：“原来是阮光禄，不知到此何干？”

“方贡生哪，阮某不请自来，多有打扰，尚祈原谅。我听说幼光住你这里，特来寻他。咳咳，咳咳。”阮大铖脸上堆着挤出来的假笑，作揖打躬，态度谦卑。

钱秉锜冷冷地道：“我五弟不在，你寻他做甚？”

“哎呀，二老表哇，见到你真是高兴！哦，幼光表弟呢？怎么不见他？难道做了官，成了贵人，就不搭理我们这些穷亲戚了？”

钱、方二人闻言暗惊，这奸人像是闻到了什么风。钱秉锜本懒得理他，这时捺住性子道：“什么做官贵人的，你胡扯些什么！老五不在家里，有什么事你跟我说吧。”

阮大铖道：“二老表啊，何必掩瞒呢？听说幼光已为史相公荐为职方郎中了，这是我们两家的大喜事呀！愚兄特来道贺，恭喜！”

方撝谦道：“阮光禄弄错了，那都是空穴来风，根本没有的事！我五舅也不谙军事，如何能任职方呢？”

阮大铖将头摇得如货郎鼓一样，脸上更现出一片诚惶诚恐的表情，“二位也不必隐瞒了。幼光高才，世所罕见，不说区区职方，就是卿佐侍贰也当得去！只是他年轻气盛，又受他人挑唆，近年与我颇多误解，视如仇雠，吾深为惶恐。请你二位代为传语，乞求他掌权得势之日，能放我一条生路，免除一死，吾便感戴不尽！感戴不尽！”

言罢，又做作着发出数声长叹，随即告辞而去。撇下方、钱二人在那里猜疑不定，直到钱秉镫回来，他们还在议论不止。

钱秉镫听了叙述，联想最近朝局变化，感觉到阮大铖这奸人，可能很快就要复出。

方撝谦道：“怪不得了！我说那厮自被复社公揭声讨一向不敢见人，今日怎敢公然找上门来？原来是有恃无恐。却不知彼从哪里得知了你的事情，又说成是史阁部荐为职方？”

钱秉镫道：“我适才到前面何府中去坐了会，听亮工兄弟说，前数日有俩乡人去拜访，他们因同里不好冷淡，与之谈论了一会。提到我时不慎露了口风，言可能出为朝廷效力，那俩人便追着问详情。他们懊悔之下，只好以史阁部之荐搪塞。那两个人素来忌妒我，定是他们去向阮大铖报告的。”

钱秉锜听了骂道：“无耻小人！他就报告了又怎样？那阮大铖不还是要来向老五讨好求饶？”

钱秉镫道：“二哥，你错了！阮大铖向与马士英交好，据说马士英拥福王监国，还是他在山中献的计。有马士英一伙撑腰，他岂会怕我这样无权势之人？他今日云‘要我饶他一命’，其实意思正相反，那是向我及所有他仇恨的人示威宣告，不久我要你们这些人，个个都要向我乞求饶命！”

他哥哥尚不大相信：“那阮某当真敢公然报复？就算他会报复别人，可我们两家是亲戚，难道他会丧心病狂到连你也要害？”

钱秉镫道：“二哥，你平日只知埋头读书，不知人心险恶。阮贼何其人也？当年左光斗一番好意招他进京，只因没有帮上忙，就被他怨恨加害，惨死狱中。这些年，复社清议诸君，对阮大铖痛打落水狗，以彼心性，怎会不衔恨报复？你说我们两家亲戚，不过有点怨隙，可你忘了父亲去世，那种情景之下，他也不忘在祭文中诋毁我，可见他对我敌恨之深。他若得势再出，怎会放过我？”

隔天，钱秉镫又与若干关系亲密者议论此事，众人看法不一。看得深刻的，还是从北边刚逃回来的方以智：

“阮贼怪我们与他异行对立，早已恨之入骨。此时但有机会，必加报复！时下朝局混乱不堪，乌烟瘴气如市井，那些悍将宵小除了争拥戴之功，便是结党营私排斥清望，君父之仇、北伐讨贼，早已置诸膜外。如此形势，不要对今后再抱幻想。我此时身不由己，你却是自由之身，不必自陷危局中。当急速作避远去，以防那奸贼寻机加害。”

得了这意见，钱秉镫不再犹豫。好在这时妻儿不在身边——自听说京城失陷，方氏便一直很担心。后见南都诸生檄讨在北边接受大顺政权之职的缙绅，一些奸人无赖趁机焚烧抢掠，益觉金陵是个是非之地，遂携子女归了故乡——他少了顾虑，遂让二哥返乡，以防不测，又请方撝谦在都中留意朝中动态消息，他则离开金陵重至嘉善。

钱棅见他去而复回，欢喜之余不免惊讶。听了叙述，方知缘故。但他对阮大铖的复出为害，也同南都不少坚持逆案不能翻的人一样，不大肯相信。

钱秉镫却坚信自己的看法。既知危险，为怕日后牵累钱棅，他接受了嘉定县令钱默的邀请，入其幕中暂为栖身。这钱默是“魏塘十友”中的钱旃之子，钱秉镫与钱旃颇有交往，其与钱棅又是堂兄弟，自忖以此关系，有事或能得钱默之庇护。谁知他并不了解钱默其人品性，差一点就走不出那扇县衙大门——数月后党祸起，钱默欲将被官方捉拿的钱秉镫扣于县衙，还是钱棅等友人用计将钱秉镫赚出，脱离险境。

苏州是江南一等繁华富庶之地，也是除留都之外的另一个文化中心，聚集在这里的四方文人绅宦众多。一个数十万人的大城市，人物异处，鱼龙混杂，人若藏匿在此，很难被发现。当弘光党祸发生，马士英、阮大铖一伙疯狂迫害东林复社人氏之时，苏州便成了一些避党祸者的择隐之地。

钱秉镫从嘉定县衙逃出后，也避隐于此。事实证明，他在这里比较安全，一直没有出现意外麻烦。

不过，偶尔也会发生一些让他受惊的插曲。有一天，他有事出城西门，在河边突然被人拦住。那人表情严肃，衣着打扮像官府中人。钱秉镫以为被缉捕者发现，一时间也颇惊慌。

但那只是一场虚惊。询问之下，却是黄道周请他去舟中一会。钱秉镫由惊转喜，意外遇到了一个素来敬重之人。遂相随登舟，黄道周已在那里微笑等候。

黄道周是福建漳浦人，自幼刻苦读书，年轻时便以为文典奥、原本经术而闻名远近，在家乡授徒讲学。天启壬午成进士，改庶吉士，历编修。崇祯二年擢右中允。袁崇焕下狱时，他不惮危险，三疏救大学士钱龙锡于死，从此以文章风节名重天下。

崇祯九年，黄道周一日之内，三疏弹劾没有终服而入阁的杨嗣昌、总督宣大的陈新甲以及辽抚方一藻，惹恼了崇祯，寻了结党营私的罪名将其赶出朝廷，发至江西按察司照磨所，从正四品的大员降为八品照磨小吏，连贬六秩。两年后，江西巡抚解学龙在推荐部属时，又说了黄道周不少好话。皇帝勾起余恨，大发雷霆，将解学龙和黄道周削籍，逮下刑部大狱，直到十五年，才被复故官。南京弘光政权成立后，黄道周为马士英所逼，任礼部尚书，掌詹事府事。

钱秉镫不意此刻得见黄道周，甚是激动。他以前在南都与黄道周相识，对这位学行名满天下的石斋先生，十分钦敬。而黄道周也爱惜人才，对他勉励有加。此刻钱秉镫身在难中，黄道周使人相召，既显同志之情，更有师长般关怀，令钱秉镫惊喜之际亦感受到别样的亲切温暖。

黄道周也很高兴。二人船中叙谈，话题自然离不开时下的党祸。

听钱秉镫诉说了与阮大铖结怨原委，黄道周道："阮大铖为人胸襟狭窄心性歹毒，昔日不过为了一个官职，就投靠魏阉为虎作伥，残害东林。你们一班复社后生公开与他作对，折他的颜面，他如何不生仇记恨？如今他得势复出，自然要行报复。"

钱秉镫道："先生说的是。可为了气类分别和朝野清议，学生也并不后悔——不过，有时静心思量，我们复社同仁抓住阮大铖不放，痛打落水狗，确也义气偏激，不过徒剧矛盾而于大局无益。”

黄道周道：“你有这种认识，倒也难得。近年老夫同你一样，也在反省往昔一些事。我想先皇当初为何那样恶恼我？我逆了圣意固是重要原因，然最主要的，当是先皇鉴于万历后期以来党争不歇朝无宁日，深恨臣下植党。十数年中，世人见大臣官员被废黜罪戳不断，只谓皇帝猜忌残忍，戾待臣下，却鲜有人议论批判，党派争扰于君臣关系、朝廷团结及用人决策的严重危害。故直至先朝终了，党争之风也未得到有效遏制，以致南渡干戈未息失地未收，朝廷内外便为着拥福拥路、南臣北臣、清流阉党，吵斗不休，终致党祸爆发，海内清流君子被难……细思原委，阉党跋扈报复，奸佞乱政祸国，固罪不容移，而东林复社积习不改，忘了历史教训，重蹈东汉君子之过，实也难辞其咎！”

东汉桓灵间，政治黑暗，外戚与宦官轮流把持朝政。士人阶层羞于为伍，奋起抗争。他们以清流相誉，品评公卿，裁量执政。又以宦官为害，与之势不两立，百计欲除。不想却被宦官矫诏捕杀李膺、范滂等百多名清流人士。各地与宦官勾结或与党人有怨隙者，趁机陷害泄愤，致使受到死、徙、废、禁等各种处分的，不下六七百之众，造成了著名于史的“钩党之狱”。

千余载后的现在，东林复社与阉党纠缠不休的斗争及所酿成的党祸，正与之相仿佛。

在南渡政权创立之初，东林党人即以前朝原因，极力反对拥福，丧失了政治上的主动。而在弘光朝廷建立后，又抵死不允起用阉党，终日分别门户邪正，与马、阮一伙形成有你无我的尖锐对立。结果在奸党的排挤打击之下，首先史可法被迫外出督师，继而高弘图、姜曰广、张慎言、吕大器、刘宗周、徐石麟等一班清流君子立身不稳，先后被逐罢。

而其他东林复社的知名之士及素为马、阮一伙所忌恨者，如雷縯祚、陈贞慧、吴应箕、黄宗羲、顾杲、左光先、孙晋、袁彭年、姜垓等，皆以各种诬陷罪名，被逮捕缉拿。从北边逃回包括周锺、光时亨、方以智、陈名夏、龚鼎孳、方拱乾等在内的近百名官员，则以从逆之罪被纠劾勘问判刑。还有更多的人因种种牵连，或被惩处，或被监视管制，或被投进狱中，南中国大地，笼罩在一片杀气腾腾的恐怖中。

黄道周这一番话，对钱秉镫震撼很大。这之前，他还未听到过有人像黄道周这样，从本朝党争的实际，总结党祸的成因，犀利地指出东林复社的“东汉君子之过”！

黄道周意犹未尽，接着又道：“我们许多清流正派人士，直至现在也未认识这点，只知一味指责奸人邪行祸国，却不反省自身过失不智。在这个问题上，牧斋（钱谦益字）是少数明白人之一。他毕竟是文坛领袖大家，多读了些书，胸襟见识非一般人可比。”

但钱秉镫听了，却不认同他后面的看法。轻蔑地道：“钱牧斋作为东林党魁，却阿颂马士英之功，为逆案中人说好话立场尽丧，气节全无。如此读书，还不如不读！”

前些时，当东林诸臣因逆案之事与马士英闹得很僵时，马士英为了能起用逆案中的蔡奕琛、杨维垣二人，遂请在东林党中颇有人望影响的钱谦益出面说话。钱谦益于是上疏称马士英有严内治、定庙算、振经纲、惜人才四功，同时表达了破除党见、逆案中人也可使其自新效力的看法。因此，东林复社人士包括钱秉镫在内，俱认为钱谦益没有操守逢迎奸党，对他很鄙视。

黄道周见钱秉镫如此，沉颜责道：“尔后生晚辈，不知就里，不明机略，岂能这样乱议？大臣谋国，须审时度势，权经并行，要在大局。你可知道监国之初，党隙虽存而合作机会亦在？马士英曾云‘我非畔东林，东林拒我耳’。可见他本是有合作意愿的。奈何东林诸君不知权变，死死抓住逆案不放，明知马士英与阮大铖等人关系密切，却硬以先帝钦定逆案不能翻，把马士英逼得彻底站在阉党一边，也益发激怒逆案中人，致朝廷上双方势同水火。牧斋所以顺马士英之意而颂其功，乃是为着朝廷大局，曲意以求和解。其词谀阮大铖，意亦在此。至于他为逆案中人好言，使其自新效国，用心更是清楚明白……你且看他的疏词，是如何说的？”

转身从书匣中翻出钱谦益之疏，念了一段：

蔡奕琛曾以复社抗疏攻臣，臣心知其误，固已释然置之矣。天下多事，将伯助予，中流遇风，吴越相济，果有嫌隙，固当先国家之急而后私仇，况臣本无仇于奕琛乎！臣亲见门户诸臣，植党营私，断送社稷，断送君父，何忍复师其故智，且他日独不思见先帝于九原乎？

念毕，手拍其疏对钱秉镫道：“破除门户，捐弃前嫌，一切以国事为重，这样的胸襟见识，那些迂腐顽固者不理解，你怎么也人云亦云，跟着指责？我告诉你，钱牧斋才是当世真正值得我们敬佩敬重的卓越不凡人物！朝廷里如果多几个钱牧斋，今日之形势，就不会败坏到如此不可拾收之地步！”

这一顿教训，义正词严，令钱秉镫不禁汗流浃背，满脸愧赧之色，为自己识短轻浮而羞惭不已。

黄道周见状，缓了语气道：“你不知情况，也还年轻，不应苛责。但你须记住，大丈夫处世行事，要的是心存忠义，俯仰无愧，而不仅在皎皎名节。刚直不阿，宁折不弯，固令人钦敬，而进退有节，藏用知时，亦是风标可慕。至为天下国家而屈曲自己，甚至不惜粉污身名，其行更难，其心尤苦，非特大仁大义者而不能为之，也非世间一般腐儒庸人所能明白理解。”

钱秉镫虽才识不凡，但因近世风气迂伪，世人多虚慕声名而昧忽人生家国之大义，他也不自觉地受到了一些不良影响，加上身边一班东林复社志友又成天在那里分辨气类，主持清议，排斥一切所谓清流之外的人事，使他思想上也把皎皎名节作为人生的最重要原则，并将一切不合和违碍名节的行为，俱视作污谬邪非而加以否定反对。这种思想及思维模式，于他的成长成熟诸多不益。所幸此时得人正言相谏，又幸而谏者是他素所敬重的黄道周，使他能听得进斯言，明白那才是人生志节之真义。当下敬领其教，起身恭谢：“先生教诲，醒人昏愚，学生当铭记不忘！”

黄道周看着他，眼中露出满意之色。道：“我知你素来名节自重，志向高远，为士君子所称道。但如今世道混乱，奸邪猖獗，仅靠持身以正，抱经守常，不足以应处复杂环境，不说于危难中建立功名，稍或不注意还会招灾致祸。汝今后尚须于历练之际，注意学问修养，提高洞察世事变幻能力。听你说年来浸淫于史，史固可为今日之鉴，却不若《易》能助汝开启慧眼，知权达变，远害全身，于世于己皆有益处，望汝此后努力习之。吾学《易》数十载，微有心得，有《象正》一书，可济你参研。”

他名重天下，贵为大宗伯，此时却谆谆教诲渊源不深的钱秉镫，还殷殷嘱其学《易》而授之以著，足见他的重视关爱，虽未明言，实已视为门下弟子。

钱秉镫十分感动，自此师事之，并将其学《易》嘱咐，牢记心里，努力践行，对日后的人生经历和治学，俱产生了很大的影响……

岁杪时，方氏带着儿女，由仲伯钱秉锜护送着，千里迢迢也来到嘉善。

当党祸发作，钱秉镫被官府通缉捉拿，方氏母子在里中也东躲西藏，不能安身。有一段时间，曾隐匿于城南方以智家的泽园，因是乡绅居宅，捕快们也不敢轻易去搜查。但不久阮大铖复出，作了兵部侍郎，严命地方捕拿逃犯及其家属，麦园钱氏的族长钱志达也被抓进了府牢。方氏自度难以再躲下去，抱着一家人死也要在一起的悲慨，携了儿女下江南来寻丈夫。

钱秉镫前不久在苏州又碰到了一个从南京来的熟识官员，其密告钱秉镫："阮某不肯放过你，且似知避在吴越，正向各处施压，定要捕获。君须早自为计，免遭危险。"

钱秉镫得知这情形，遂潜回嘉善。与钱棅、吴德操商量，欲远避他方。钱棅却坚决不同意，不顾亲族忧虑株连，将他藏于南园中。后来钱棅因去南京接受官员例行考察，钱阁老又将他接去郊外息园隐匿。故年底方氏母子一行到时，流亡分离的一家人，终得相聚。患难之际，当真是悲喜交集，说不尽的忧痛感伤！

开春后，官府索捕愈急。那个欲害钱秉镫的钱旃，这些年喜欢谈兵，以陈子龙之荐，被弘光朝授了个职方郎中。这时从南都带信给伯父说"仲驭藏匿龙眠钱某，已中考功法。"

朝廷定期考察官员的政绩品行，稽其功过以行黜陟，谓之考功。若钱棅庇匿朝廷通缉罪犯，依考功法不但会被黜逐，甚至会获愆入罪，这即是钱旃所言之"中考功法"。朝廷是否真的知道了钱棅匿藏钱秉镫，而拟以考功法黜罪之，真伪只有钱旃清楚。但钱阁老见了那几个字，忧惧也就难免。

眼见父亲忧虑不安，钱棅只得将钱秉镫一家转移至郊外一个名叫堰兜的村中隐居。村子虽荒僻，但路途不远，宅前有溪水经过。钱棅操小艇时至慰问，话语相伴。为着好友的处境，时常坐对夕阳，怆然落泪。

得知官方追捕甚急，不少友人同志多劝钱秉镫入闽远避。复社领袖之一的杨廷枢，更建议他入幕八闽最有势力的郑芝龙。

郑芝龙海盗出身，拥有富可敌国的财富及颇有规模的武装，后被当局招安，功迁都督总兵官。明室南渡后，为了笼络郑家，朝廷不仅封郑芝龙为南安伯，总镇福建，且让其弟郑鸿逵率六千人入卫，现为守御镇江总兵官，其他子侄辈也多为军中副佐。这样的家族，比雄霸一方的诸侯还要厉害，任何势力都不敢轻易招惹得罪。

杨廷枢在筹划钱秉镫去作郑芝龙幕僚时，便这样说：

“眼下朝廷对郑氏正多有仰仗，平时拉拢安抚尚恐不遂其意，岂会为一个无关大局的流亡者与之龃龉生隙，闹不愉快？所以那些奸小仇家就是明知你在彼处，也眼睁睁无可奈何，绝不敢去向郑芝龙要人！你在郑氏幕中，安全固无可虞，且可以才智谋划影响佐助郑氏，为拯济时危出力建功，一举两得。”

钱秉镫对此也很动心。如杨廷枢所言，入幕郑氏，确于当前今后俱有意义，是个不错的选择。只是他之前与郑氏既不相识，而对其人品出身又有顾忌——既考虑给这样海盗出身的军阀做幕僚有损声名，也怕与这样的人相处不来。踌躇再三，未能决定下来。

入闽既未定，他仍只能如惊鸟困兽一般，继续躲匿在嘉善乡间，每日里对着惊悸不安的妻儿，对着门前呜咽的溪水和荒旷的乡野，而悲愤痛苦焦忧不堪。

他不知道，后面等待他和家人的将会是什么？他们能否躲得过日益紧厉的追捕？即一时逃过，这担惊受怕困凄不堪的亡命日子，又何时才得结束？哪一天他才能洗脱诬屈，不再被不明真相的世人所指责鄙诟，昂首做人，投身救亡光复的事业，热血报国？

他也不知道，那些构害党人的奸佞，会猖狂涂毒天下到何时？昏昧混乱的弘光朝廷，何时才能扫除浮云妖氛，驱除奸党宵小而廓清政治？倘或不能，偏安享乐危机四伏的南渡政权，在内外交患尤其是清虏南侵日逼的形势中，又还能支撑多久？

在这种种痛苦愤忧的煎熬中，他写下了大量的咏史咏怀诗篇，借众多著名历史人物的事迹，隐寓自己的遭际情志，抒泄心中的沉痛与悲愤，在历史与诗歌中寻求现实中不见希望的精神慰藉，鼓舞意志的力量。这样的写作，对支撑他在困危之境中坚强地生存下去，很是重要。

但他的诗肠，也并不仅为个人的遭际所牵动。身外的现实世界，那些激荡变幻的时局风云，纷呈异态的乱世景象，感系人心的忠义奸恶、真善美丑、平凡伟大、壮烈卑微……也不时触动着他的情思，涌至他的笔下，日益丰盈着他的诗囊。

随着他的吟讽，视线笔触所至，一种别树一帜、刻意反映当世真实、以诗为史的创作特征与诗风，正日渐明显，趋于形成。

明代中期以后，桐城诗风昌盛，诗人层出不穷，成为闻名遐迩的诗歌之乡。因其兴蔚于发达的仕宦阶层，复受到枞阳理学倡扬求实精神的影响，故而普遍表现出关注现实的倾向，视野较阔，题材较广。到了崇祯时期，日益严重的危乱状况，促使一些忧国忧民的诗人更加重视文学的现实反映，钱秉镫正是其中的代表人物。

他的诗歌，除了少量的应酬之赋，其余俱是抒发真实思想情感的咏怀托志之作，反映世事情景的写实篇章——而后面这部分，诸凡乱世景象、兵燹饥荒、时局讯闻、世故人情等等，渡江以后更越来越成为他的诗歌主题，其所表现的现实主义的创作精神与诗风，颇类于他很推崇的唐代诗人杜甫。甲申国变，天崩地坼的社会大动荡和激荡变幻的时代风云，于他的思想心灵以强烈地冲击震撼，作为一个优秀而有责任感的现实主义诗人，他敏感地意识到，在以诗歌反映大动荡的时代风云的同时，他的诗笔尚可具体记叙当时有影响的著名事件人物，以诗为史，为后世的人们留存一些真实宝贵的资料。

于是，南渡之后一些时事传闻与风云人物的事迹，以不同的诗歌体裁，开始剪影般地陆续出现在他的笔下。例如传疑诗《假亲王》《假后》《假太子》三篇，所记叙描写的便是先后轰动弘光朝廷，闹得朝野上下为之沸沸腾腾的亲王案、童妃案和太子案。

传疑诗这类作品，直接具体记叙当时之事件，是典型的以诗为史的做法。他另有一些诗作，虽面目不同，形式殊异，看上去如普通的诗赋，然仔细嚼读，其兴发之际，简曲之间，诗史精神仍在，诗笔指向仍是某些重要的时事人物。令人诵来如睹之眼前，感慨不已。

息园中的钱阁老，前些时便阅评过这类诗。

如他读钱秉镫《春兴》之一：

忆昨烽尘暗斗杓，朱衣此夜尚临朝。
九门肃肃金吾静，三殿沉沉玉漏遥。
手诏勤王兵不至，廷争巡幸气何骄。
先皇御榻焦劳地，想见炉香满眼飘。

这诗忆叙去年北京形势危急时朝廷上的情形，勾起了阁老的悲恨。讽至五、六联，老人情绪便不由得激动起来，手拍着诗稿道："当时廷争南巡及太子抚军，正扼于这'气何骄'三字！只可惜气骄的，是那参责南巡为邪说的狂人光时亨，而盈廷朝臣却因惜死，没有一个敢如这般气骄而争！那陈演、魏藻德辈枉为阁臣，却庸碌无魄，不能为朝廷天下分担。可怜先皇等不来救兵，欲南迁群臣不附议，以致甲申死社稷而国事溃坏至今，真正令人痛煞恨煞！食君之禄，不能分君之忧，你这两联正骂尽当日若辈负君庸臣！骂得好，让人泄愤解气！”

甲申二月，李自成军陷山西而逼京畿。左都御史李邦华见形势危急，密疏请皇帝固守京师，仿永乐朝故事，太子监国南都。又请以定、永二王分封太平、宁国二府，拱护南京。崇祯帝颇赞同此议，准备采纳施行。次日召对群臣征求意见时，这时有个人站了出来强烈反对，那是桐城人给事中光时亨。他不仅指责南迁是邪说，以倡言泄密参纠提议南迁的李明睿，还对那些赞成奉太子抚军江南的大臣嚷道：“诸位大人要奉太子往南，意欲何为？难道是想仿效唐肃宗灵武故事吗？”

唐代安禄山叛变，一些大臣请太子抚军，结果在灵武扶其即位当了皇帝，把唐玄宗遥尊为太上皇。这是历史上著名的子夺父位的故事，光时亨将这个典故抖了出来，把他们比作欲奉太子在灵武登基的唐臣。这一比附攻击，李邦华等便箝口噤声，不敢再多说一个字——若再坚持太子去南京监国，便是光时亨所论的图谋效仿灵武立新君了。那可是为皇帝深所忌讳之事，弄不好大祸立刻临头！不仅如此，甚至后面皇帝问战守之策时，众臣也皆装聋作哑，默不作声。

崇祯帝见状无奈，只得说：“事若不支，国君死社稷，义之正也，朕志决矣！”末了看着群臣，愤叹道：“朕非亡国之君，诸臣亡国之臣耳！”然后拂袖而去，连太子抚军监国之事也弃之未议，以致甲申变后南都无主而引发出诸多复杂的矛盾，贻害于南渡政权。这是本朝后期言官权重而误害国事的典型事例，钱秉镫春日思之，于诗中痛然以斥，引发了钱阁老一通愤慨。

三月里，阁老又从儿子那里，读到了钱秉镫另一篇诗：

君不见上林苑里花落时，春光澹荡任风吹。长信宫中落不尽，昭阳殿里逐人飞。昭阳飞燕正歌舞，落花片片增娇妩。君王亲起卷罗幕，举酒临风看花落。捉得飞花赐金丸，宫女阶前珠舄错。玉环纤手捧来娆，春风又向手中飘。铜墀露重霑红袖，金井床横失翠翘。君王对此欢无极，满宫妃嫔承颜色。独有长信不知春，忽见落花长叹息。长信深宫久不开，飞花何意拂妆台？帘旌网合偏劳驻，辇路苔荒更遣堆。落花处处飞如雪，昭阳长信自分别。长信昭阳色尽妍，只在君王怜不怜。

这首古歌行，表面上看，只是一般的讽咏帝王纵情声色与后宫宠疏情景，实则是钱秉镫根据传闻，针对南京城里弘光帝放荡后宫之事，忧愤讥刺而作。

朱由崧自藩王时便以好色贪淫闻名，当了皇帝后，益发放纵无忌。初入南京城，即令内官在金陵大肆搜寻美女以充后宫，同时将秦淮的名伎如卞玉京、李香、李十娘等，轮流押入宫中侍娱。但金陵一地可搜求的美人毕竟有限，不能满足他。于是请太后老娘下懿旨，以遴选中宫的名义，广征天下美女入宫。

江南多美女，越女更有名。宫中太监带着旨令，大张旗鼓赴杭州选美。杭州合城人氏，凡家有待字闺中的女儿，都必须报官，听候征选，若有隐瞒藏匿的，连邻人一同坐罪。一时间全城骚乱，那些不愿女儿入宫去的人家，情急之下，也顾不得什么贫富良贱，老少妍媸，紧托着媒婆寻配，昼夜拉郎嫁娶。嫁不出去和自愿入宫的美女们，则被赶羊似地让太监们挥着鞭子驱进了宫中。拥围着那一大群水灵鲜嫩的越女娇娃，弘光帝纵情享乐，欢快无限。只烦恼那一个个娇媚的“昭阳”“长信”爱怜不过来，浑忘了宫外还有一个待整的山河、危乱的世界……

钱阁老也闻知弘光这些事，读了《落花叹》后，叹息不已，评论说：“自古君王纵欲荒嬉，沉溺声色，有几人能守得其位，保得其鼎？由此一曲落花叹，似闻南渡明朝之悲音，教人怎不怆然而欲泪下！”

第五章　震泽罹难

乙酉四月上旬，荆襄风云突起，左良玉八十万大军沿江东下，宣布奉太子密诏以清君侧，讨伐奸贼马士英。

飞檄至处，四方震撼。南京城里的马士英惊恐万分，也不顾北边清军尽取河南，威逼淮、泗，徐州孤危，逼着弘光帝诏史可法督诸军渡江入援，又征靖南、广昌、东平三镇兵入卫。

一些官员反对马士英如此处措，于朝堂上建议："上游左兵不过欲除君侧之奸，未敢与君父为难，北兵一至则宗社可虞。应敕我军兵备淮、扬，坚守不动，以保江北。江北稳，南京方有屏障。"

一贯唯马士英意见是从的皇帝，此刻也不赞成。说："左良玉虽不应兴兵，然看他本上原不曾反，今宜守淮、扬。"

马士英听了，大骂那些反对的官员是左良玉的死党，为左良玉游说，咬着牙对皇帝道："我君臣宁死于清，不可死于良玉之手！"又向群僚瞋目咆哮："有议守淮者，斩！"

慑其淫威，反对者于是不敢再言。向来不做主的弘光帝也拿马士英无可奈何，随他命令四方军队弃守汛地援卫南京。于是，风雨飘摇中的南中国，一幕幕可恨可笑的闹剧自此上演。

一方面，随着左兵一路下九江，陷湖口，攻建德，取东流，侵铜陵，占安庆，与地方守军及援卫之旅激战不休，相互残杀；另一方面，南下的清兵攻颍州，掠太和，趋亳州，陷徐州，取泗州而渡淮，所经之处，明军不是望风而降，就是一触即溃，弃地而逃，让清兵几无阻挡地带着血腥杀气直扑江北。

而南京城里，马、阮一伙奸人此刻尚不忘报仇泄愤，下令将早已系狱的光时亨、周锺、武愫、周镳、雷縯祚等人残杀，其他一些被逮的北归之臣与东林党人则远戍云南广西边卫，又将“东林嫡派”“复社渠魁”的兵科给事中吴适下狱。而皇宫里的弘光帝，则一面龙颜大悦地在元晖殿亲选淑女，以充后宫；一面命将在杭州的潞王常淓移居湖州，周王恭枵、鲁王以海移驻江西、广东，怕诸藩夺其王位。

在左兵东下不久，地方上因惶然于局势纷乱，又恨马、阮一伙奸人害国，无人再去理会先前朝廷对党人的通缉。钱秉镫不再掩迹，一家人回到了嘉善城里。

孩子们知道此后无须躲躲藏藏，不用害怕，甚是开心。

但他们的父亲有更深的忧虑，对妻子感叹道：“左良玉东下檄讨，胜固权奸可除，挫则权奸气焰更盛，朝中诸君子且将有屠杀之祸。然此祸福，不过关涉朝廷政治兴废及个人荣辱存亡。让人极忧虑者，是北面的清国乘我军内斗火拼，防守空虚，挥师南下，陷江北而渡江南。若真出现那样的情形，将不知有多少人民和家庭，要抱丧亡之痛而流离失所，与我夫妻儿女一样，望断乡关不能归！”

方氏虽不清楚时下形势，但年来世事混乱不堪和家庭遭际，也使她时刻忧患在怀，害怕来日还有更大的危难。此时听了丈夫的话，自然愈加惊惶。心里一边想着不论情况如何，生死危难一家人都要在一起，一边暗自祈祷丈夫所言危局，不过是忧切过虑，不会成真。

实际钱秉镫自己也是这般心情，既不能不有此忧虑，又巴望时局变化或不至于如此。与钱棅、吴德操等人谈论推测时，总是有这样的矛盾。而友人们的思想亦与他差不多，虽晓得清军已犯徐、淮，而江北汛防四镇素来不和，不肯协力对敌，又值左良玉挑起内战，什么样的险恶局面都可能出现，却又痴望或者清军眼下无力南下攻略，形势乱而不危。或即来犯争锋，有我数十万大军抵御，江北亦可保得平安。

他们这般往好处想，可现实偏是那样的悲哀残酷。不到一个月，清军铁马渡江，南京空城迎降。这消息震惊了所有的人，谁也不敢相信这竟会是事实——古今数千载，有这样的丧疆失国，如此的耻辱败亡么？

是谁令国家和人民，遭受这样的败亡耻辱？

是那荒淫愚懦，闻敌讯就丢下臣民自己逃跑的昏君！是那只为私欲私愤，擅权乱政肆毒朝廷的马、阮奸贼！是那卖国求荣无耻乞降的悍将匹夫！还有那不顾大局称兵启衅的左良玉、御侮无策只争门户的东林诸辈，也难辞愆尤！他们应该受到历史的唾骂和谴责！

充塞在人们心中的这些悲愤和痛恨，他日成为钱秉镫《南渡论》伐罪祸国失国的弘光君臣的檄鼓。而他的笔下，也抒发着人们对死国殉难的忠义烈士的悲痛感伤：

史公将略本非长，半壁南朝一死偿。庭议只知除异己，庙谋宁复顾危疆？

上江斗罢扬州破，北府屯空建业亡。二竖至今还兔脱，槛车独见送君王！靖南勇气冠诸勋，报主精忠独数君。鹰饱只教防兔窟，虎痴何意入狐群。

上流问罪偏劳拒，北道求援未许闻。国运可怜亡一矢，江城遗恨失将军！

史可法精忠为国，虽遭排挤外出督师，刻刻不忘北伐雪耻，图复中原。惜乎奸佞柄国阻碍，藩镇骄横不用命，自身又疏于谋断，以致恢复愿望付之东流，最终血洒扬州！

而靖南侯黄得功，骁勇善战，忠于朝廷。只可惜粗猛少识，被马、阮一伙奸人所蒙蔽利用，未能在抵抗清军时发挥力量，而于左兵东下时，受诏自庐州援卫。最后在护送弘光帝的途中遇袭身亡。

这两人有让人为之扼腕伤叹的悲剧性一面。但不容置疑的是他们俱是值得敬重的忠国英雄、志节烈士！他们的牺牲殉难，固令人悲痛，却也激励着更多的爱国志士，誓死救亡抗清，浴血保卫家园！

素来崇尚节义的三吴地区，许多人心头发出抵抗的吼声，在紧密的串联磋商中做着抗清救亡的准备。钱棅、钱秉镫、吴德操等早已走出南园，奔走各处。在这个过程当中，他们感触到了一种政治动态骚动于吴越。

一日，他们在嘉兴府城听说前使北副使陈洪範驻节秀水，昔日复社的成员刘渔仲也在。因钱秉镫与陈、刘二人俱相识，便齐去拜访，欲从前副使那里多了解些关于清人的情况，同去的还有那个从南京潜回的钱旃。

去后谈了一会，他们才知此时陈洪範所以经过嘉兴，乃因马士英挟着太后逃到杭州，浙江巡抚等官绅欲再以马士英为首，拥立潞王监国，希望与清人划江而治，并派陈洪範去南京议和。

众人听了，惊诧不已。

钱棅愤然道："拥立潞藩，号召东南，固是大计，但那马士英勾结一伙奸佞悍贼，专权乱政，涂毒朝廷，致有今日亡国之惨祸，天下人恨不食其肉寝其皮，今却如何又欲奉他来拥立新君？难道还想让那奸贼继续害人误国？真是糊涂荒谬之至！可嗔可恨！"

陈洪範被他说得脸上颇有点挂不住，却也知马士英不得人心，遂遮掩道："拥立潞藩并非马公事，本是太后及杭城官绅之意，潞藩也尚未答允。今后如何，总待和议之后才能决定。"

不想一旁钱秉镫笑道："现在这样去议和，未免一厢情愿，那北虏定然不允！"

陈洪範望着他，很不高兴："依你的意思，要怎样才可议和呢？"

钱秉镫道："我南部中国，财赋富足，兵甲百万，如何竟不敌十数万虏敌进犯，不数月便致江北尽失而江南危急？其祸根罪源乃是因群小乱政，奸佞害国，导致人心严重分离混乱，力量内耗殆尽。今欲阻敌南下兵锋，沮其意志，必杀马、阮二竖子以谢罪国人，抚慰士民之心，然后号召江南广大军民同仇敌忾，坚壁以守。敌知我众志成城，不可轻犯，或才肯坐下和谈。"

此时不单马士英在杭州，连阮大铖也逃到了金华。而太监高起潜所率舟师，正在嘉兴，若借此兵力返旆以擒，则二奸必可授首。

但那陈洪範听了却甚是不悦，斥责道："君如此建议，是不是要趁机报复，以泄个人怨恨呢？"

众人见他如此态度，显非同志之人，便未再谈下去。回去的路上，钱秉镫说陈洪範自诩忠节，我看未必是实，这样的人去议和，真假不说，肯定不会有好的结果。

钱旃不信他的话，以为是因责生忿。过了些天，他还央求钱秉镫、吴德操，去杭州为他向陈洪範送人情谋差事。为了在将建立的政权中谋得一个他看中的职务——舟山参将，遂相烦钱秉镫和吴德操去杭州，欲通过与他们关系较好的刘渔仲，以重金打通眼下似颇有影响的陈洪範这个关节，助自己达到目的。

被央求的二人，并不肯相信狼子野心已昭然若揭的清廷，会有意容存一个偏安的明室政权。但他们对于拥立在杭州的潞王监国，领导江南军民抗清救亡，还是与此时许多人一样，抱有很大的期望。故此时对钱旃求为赴杭谋职，虽鄙夷其贿赂做法，不大情愿，却思量可以趁机了解一下有关潞王监国的情况，遂应允了。

于是，他们随着刘渔仲的一个家人，搭船动身去省城。刘渔仲曾在广西任过县令，因是复社中人，大家熟识很早。他对钱秉镫也颇敬重友好，前些时钱秉镫在苏州，他曾赠给钱秉镫一把致黄道周的诗扇，并建议入闽避难。故此时钱秉镫二人随其家人入杭办事，也比较放心，并无疑虑。

舟距杭州不远时，钱秉镫忽然瞥见那刘府家人身上，不知何时已换了件衣服，后背上写着一个大大的“清”字。他心中不由得“咯噔”了一下，定了定神，忙追问其故。

那家人的回答，让他吓了一跳。

“先生，你不晓得呀？不穿这样的衣服，是进不得城的。”

“你是说……省城，已有北兵？”

“是的哦。”

“这是什么时间的事？”

“就是这两天。”

“这么大事，你如何知晓？”

“哦，是我家老爷讲的，说就这几天，北兵就要进城，连这身上番衣，也是老爷吩咐小的事先准备的。”

“……那你可知那潞王，如今怎样？”

“那个藩王呀，听说早被拘在衙门里，没得自由了。”

钱秉镫听了，大惊失色，他们消息闭塞，不知杭州已落敌手，尚紧赶着往那儿奔。他急去告知吴德操。吴德操却不相信：“一路上也没听说杭州有战事，就算北寇将至，那刘渔仲也不能事先知晓？怕不是那家人故弄玄虚吧？抑或是道听途说？”

钱秉镫道：“我看那人不像说谎乱言，他也没理由骗我们。刘渔仲前些日与我接触，倍感亡乱，灰心不再出仕，不至于降敌，但他或者知道杭城要献城投降的阴谋。如是则陈洪範定有通敌之嫌，而杭城当道之人，包括我们的那位乡党，也必参与其中！”

乡党者，浙江巡抚张秉贞也。

吴德操越发不信，道：“幼光，你太猜疑了！那陈洪範欲降清，何必等到现在？张巡抚一方大员，怎能负国恩而为汉贼？况其兄长一门为北寇所逼而死烈，他就是不为之报仇，又岂会奴颜事敌？”

崇祯十二年正月，清兵破济南。张秉贞的长兄张秉文，时为山东左布政使，遗书家中：“身为大臣，当死封疆。老母八旬，诸弟善事之矣。”擐甲与清兵巷战，被箭身亡。夫人方孟式率妾陈氏等，投大明湖自沉。名门世家，又有长兄的死烈大仇在前，说作为弟弟的巡抚张秉贞降清，确难让人置信。

钱秉镫道：“陈洪範三人使北，独他一个人归来，本就令人生疑。此时他又与清人来往，名为议和，究竟干了什么，谁人知道？刘渔仲之所以这样嘱咐家人，必是从他那里闻到了些风声。至于张秉贞，那陈洪範说得清清楚楚，他去议和便是张秉贞等指使的。杭州若献降，他脱不了便是主谋者之一！若说他因其兄之故，便不会投敌叛国，未免太牵强——这些以后再说。眼前情势不对，不可冒险，我们赶紧回去！”

但吴德操固执己见，仍坚持前往。钱秉镫劝不了，焦虑之际适有一只小舟从旁经过，遂果断跃上，连行装也来不及拿。夜晚至杭州城下悄悄打听，果然杭州已为张秉贞等所献，潞王成了清人的阶下囚。伤愤之下返棹嘉善，路上替吴德操担心不已。

过了数日，吴德操踉跄奔回。钱秉镫等人见他一脸悲愤之色，情绪异常激动。细问后才知杭州阖城强行剃发，他虽侥幸躲过，却亲眼看见了那些野蛮残暴的行径：“……大街上，到处都是骄兵押着剃头师，挨家挨户薙发髡头。倘不遵令，立时便砍脑袋！一人不剃，全家被杀；一家不剃，全巷之人统统被斩……这哪里是变移风俗，简直是恣意践踏我汉人尊严，凶残屠戮汉人性命！可痛啊！可恨！我中华数千年的衣冠文明，竟遭此野蛮摧残！千万同胞，竟被此暴虐戕害！”

众人闻听，无不惊悚愤怒。

钱旃道：“鞑子野蛮残暴，早有传闻。而今人为刀俎，我为鱼肉，彼更是肆虐无忌了。只是剃发一节，因遭反对，一向并不勉强推行。上月虏酋多铎尚颁告示说：‘剃头一事，本国相沿成俗。今大兵所到，剃武不剃文，剃兵不剃民，尔等毋得不遵法度，自行剃之。前有无耻官员先剃求见，本国已经唾骂。特示。’这怎么才逾月就变了？莫不是彼杭城酋帅，为求功治而自行措施？”

清朝昔日攻掠明地，即以剃发为臣服满人的标志。去岁占领北京后，要求“投诚官吏军民皆着剃发，衣冠悉遵本朝制度”，随即招致各地强烈反对。清廷被迫收回成命，顺治元年五月二十日下谕旨：“予前因归顺之民无所分别，故令其剃发以别顺逆。今闻甚拂民愿，反非予以文教定民心之本心矣。自兹以后，天下臣民照旧束发，悉从其便。”多铎在进南京后下达的命令，虽有所变化，但只针对投降的明朝官兵，对一般市民并不勉强，甚至不准自行剃发，其基本精神与去年的上谕还是一致的。不久前尚在南京的钱旃，知道这些情况，此刻闻杭城强行剃发，不由得惊异疑惑。

“不是，是满夷的政策变了。”吴德操摇摇头，强抑着悲愤对众人叙道：

“听说清江南当局接到彼摄政多尔衮的严令，要‘各处文武军民尽令剃发，倘有不从，以军法从事！’其后又有礼部转发清廷上谕：‘向来剃发之制，不即令画一，姑令自便者，欲俟天下大定始行此制耳。今中外一家，君犹父也，民犹子也，父子一体，岂可违异？若不画一，终属二心。’所以发生这种态度转变，与形势变化清军节节胜利分不开，而具体起因，却与一个汉族败类有关联……天下事，就坏在这些汉奸身上！”

“有一个降臣，叫孙之獬，最是奴颜无耻，投降后早早就剃了头，为京人所不齿。最初上朝时，虏廷自然形成满、汉分班。那孙之獬因自己剃了发，也拖了个辫子，列班时便想站到满臣那边去，却被满臣斥推了出来。他尴尬无奈，欲归汉班，汉臣们嫌他无耻，又把他挤了出来，不让他入列，羞得那厮有地隙都能钻进去！这汉奸羞恼之下，遂向虏廷上书，要求全面推行剃发，使全体汉人都成为清朝顺民。不想正合了摄政多尔衮欲彻底征服汉人的心意。在收到占领南京的捷报后，立即下令各地强行剃发，十日内不剃者，立即砍头。之后各地便有了‘留发不留头，留头不留发’，‘一人不剃全家斩，一家不剃全村斩’等命令，所以杭城的清兵方敢那样强制剃发，肆无忌惮杀人。”

众人听他细说原委，这才明白清朝廷已把剃发作为征服和奴役汉人的政策，强制地全面施行，不由得个个气愤填膺，怒火满腔！

华夏人民，首重孝道，而“身体发肤，受之父母，不敢毁伤，孝之始也”。清人强制剃发，不仅践踏了中华衣冠文明，侮伤汉人情感自尊，更令剃发毁形者重违孝道，生被不孝之耻罪，死后无颜见先人。亡国固已哀哀，生存复加辱罪，如此情形，有血性者谁甘忍受？有志气者谁不痛恨？要救亡免辱，唯有坚决反抗，把野蛮残暴的胡虏赶走！

这是剃发令在人们心中激起的必然反应，眼前的钱棅、钱秉镫等人是如此，嘉善，吴中，乃至整个江南和更广大的地区，也必会如此！

面对清朝的侵略和南渡政权的灭亡，之前由于种种原因尚在忠国与不节的十字路口上，犹豫不决徘徊观望的汉人士民，此刻随着剃发的强制推行，无数人便在一个“孝”字逼出的愤怒中，做出了殊死反抗的抉择。而清人甫才入侵政局未定的江南地区，反抗的呼声更日益高涨，各处的抵抗起事此起彼伏，其英勇激烈，可歌可泣，悲壮感人！

数日后，正在南湖的钱秉镫接到钱阁老急信，嘱他立即回去，代作报答清军杭州统帅贝勒之书。

原来清贝勒、大将军博洛，为了达到降抚浙江各地的目的，致书币于本省一些有声望影响的明室大僚刘宗周、商周祚、徐石麟、钱士升等，邀其出仕效清。这些人自不肯应允，但报书这类应付文章还是要做。钱阁老向来赏重钱秉镫的才识文字，便请他代作答书。

钱秉镫得信后，即返棹往回赶。路上一边阅读贝勒的致书，一边在肚中斟酌腹稿。

那贝勒的书信，意思分两层：先是为清人的攻城略地、灭明社稷的侵略行为作诡横之辩，大意说清军所得天下，乃取之于李闯之大顺政权，而非夺明江山。继而假惺惺地以礼贤之态表示仰慕邀请，趣其入省。同时又以一种胜利者的骄狂，对抗命拒绝加以威胁恐吓。

面对敌人的骄狂、荒谬、虚伪与威胁，既要鲜明表达自己的态度意见，义正词严地驳斥拒绝对方，毫不示弱；又须把握分寸，不以一时的口舌之快而无谓地激怒敌人，招致危险祸害。因此，这样的报书并不好做。

钱秉镫平时关注时事，于清人的舆论并不陌生，很清楚博洛为侵略行为的辩解，都是称自己代明雪耻，所取天下乃是从被驱逐的寇凶手中得之，而非明朝的。所以明人不但不能说他是侵略，且应对他感恩戴德，从此归顺，不然即是不义。

钱秉镫既了情此情，心中便有了驳对之论，又恃才智，故于报书并不如何费脑筋。等回到了钱府，阁老打算与他商量时，他却递上已作好了的书稿。

钱士升甚是惊喜。仔细阅过，兴奋地道："不错，写得很好。只是略嫌强倨。"取出族人钱棻所作，让钱秉镫看。

钱棻是崇祯十五年的举人，嘉善有名的才学之士。钱阁老对作复书很慎重，也令其写了一篇，打算与钱秉镫之作相参照，之后再决定取舍。钱棻之修书，态度甚婉弱，阁老不满意，然受其影响，又觉秉镫之作过于强硬，想酌合二者为用。待钱秉镫阅后，他便说了这意思。

可钱秉镫却不同意修改，建议阁老看看徐石麟的答书再决定。徐家离不远，很快也便索来了。一看其数千言，态度更加刚硬，倔强几于怒骂。钱阁老遂不再犹豫，乃以钱秉镫作书回复那杭州城的清国贝勒：

伏惟贝勒元帅麾下：功高杖钺，位极分珪，跃马而定中原，卷旆以收江左，不遗一矢，直下三吴，威德所加，颂声布道。忽承钧谕远颁，侑以礼币，煌煌礼贤之盛典，俨然施诸亡国之孤臣，且欲召赴省会，面承尊旨。惶惧无端，席藁待命，敢摅鄙志，兼效微忱，上冒虎威，仰祈睿听。

来论云：大清取天下，取之于闯贼，非取之于本朝也。诚哉所言。某且据此以答明谕：

伏以本朝二百八十年之德泽，先帝十七载之忧勤，一朝不戒，遂使金堤溃于蚍蚁，天柱摧于蜻蛉。帝后同时身殉庙社，古今惨异，薄海哀号。为臣子者，不能号召义旅，沥血报仇，剸王莽之秽尸，啗侯景之腐骨，而贵朝念先世之旧德，弃今日之小嫌，因蓟国之请援，开关延入，长驱京邑，滌荡逆氛。凡我臣民，谁不北望瞻呼，称仁诵义，谓贵朝必随访太子、二王，继我正统，抚定人民，奠安城阙，而后成盟而退，永为邻好。则是贵朝再有造于我宗社也，载之史传，名美千秋。不谓贼去而遂奄为己有，使向之企踵者空悲失望，而称说者自悔失言也。春秋狄人灭卫，齐侯驱狄而存卫；吴师灭楚，秦伯破吴而兴楚。君子义之。未闻狄遯而齐遂有卫，吴败而秦遂据楚也。惜乎贵朝以义始，不以义终也。譬如大盗入室，戕其主人，窃踞其第。有干仆力恐不敌，求救于壮士，壮士毅然许为同仇，奋臂助斗，大盗授首，仇以报矣，而主人所有尽归壮士。则是幹仆有功而无功，壮士有义而无义也。

然犹有辞曰："吾所取者，已非主人之有，直取诸盗也。主人之后不可复觅，吾虽无义名，不得加以不义。"如今日来谕之所云是也。至于东南半壁，闯贼未尝有也，神宗之子孙，于先帝为同祖，兄终弟及，北废南兴，神器不容久虚，邻与讵宜请命？擅立之罪，所据何典？日进之兵，所执何言？恐非古王者所以取天下之道也。而今者，旌麾所指，开城以待，未有一旅敢抗戎行，传闻贵朝仗义，闻南都失道，问罪贼臣，改建潞藩，比诸赵宋。黜昏立明，古容有之，以是望风归附，冀贵朝之仍存我宗社、还我疆土也。此望既虚，能无愤叹？窃观周汉唐宋以来，历世既久，其后未有不再兴者，人心天意，自古已然，天不可违，人不可逆。麾下上考往事，下察舆情，急宜以存亡继绝之义，力请于朝，画疆分国，以慰东南之思。即今天气炎暑，戎帐未堪久驻，地势沮洳，弓马非所骋长，思如向者控铁骑以凌波，遣偏师而略地，恐未易言也。是则区区之所欲劝效微忱于麾下者。

至于某，谬以谫才，忝窃上第，先帝察其朴谨，擢致政府，一无展布。归老山林，今年七十一矣，一闻国变，分应从死，靦颜至今，宁望久活？文信公之矢志报国，力所不能；留梦炎之反面事人，义有不可。

衰妻已殡，儿病垂亡，朝露余生，惟视日晷。倘因触讳之语，加以逆命之诛，则浩浩清流，慺慺白首，指汨罗以自誓，追鼎湖而非遥，固不用膏麾下之齐斧矣。谨布腹心，早晚惟命，不胜悚息之至！

这样的复信，博洛看了自不会有好心情，口中骂骂咧咧的，很生了一阵子气。如果此时对方在场的话，他铁定会赏一顿皮鞭子。他很想派人去将包括这个钱士升在内的那几个又臭又硬的“老南蛮子”抓来，折辱一番以泄心中之怒——自从他领军南下攻略，还没有人敢这样的对他说“不”！可想归想，无奈此时形势大大变化，到处都在举义反抗，与他初进入吴越时的情形迥然不同，他不敢因之招致更多的敌意与麻烦。

六月初，他奉多铎之令率部取吴越。所到之处不是望风而降，就是官吏事先逃跑，留下无人防守的城市等着他派人接收。如常州在清兵到达之前便竖起了顺民旗。无锡官吏跑了，派个贡士押着肉一百担、面一百担、羊三头相迎，三百余骑清兵先锋穿城而过，观者如市而无一人相犯。省会苏州，清安抚使捧檄至时，巡抚霍达、巡按周元泰以下皆逃走。其后虽有明副使杨文骢领五百兵路过，杀了安抚使，但大队清兵到时，杨文骢不敌奔处州，偌大的苏州城也是未战而取。至于浙省的省城杭州，更是早早地就有降臣联系投降。一路之上，清军士兵丝毫不用打仗，不过敲着征鼓扬着刀戟显威，或者觑机快活地抢占财物和妇女。他这个统帅，除了任命一些降臣去各地接收管理，能做的也就是和将领们喝酒听戏，欣赏那些听不懂却软绵绵的弹唱。那一段威风快活的时日，是他和士兵们根本意想不到的，令他们嚼之味浓而思之难忘。

然而好景不长。自从奉命在汉人中强制推行剃发令后，情形陡然大变。先前虽不太友好却未抗拒的汉人，不仅表现出了明显的敌对情绪，不愿意做新政权的顺民，更可怕的是，都处都有人或杀掉他派去的安抚官员拒守，或组织义勇夺回被占郡邑。从六月下旬开始，他就不断接到这样的起事反抗的报告——

吴县生员陆士轮、沈自炳、沈自駉，当剃发令下，乡民骇愕而汹汹思乱之际，集众千余，造集渔船千艘，联络原本屯于湖中的一部分明军，杀清委吏胥起事。

明职方主事吴易、举人孙兆奎起兵长白荡，出没于五湖三泖间。又有部郎王期昇、吴景亶起兵西山，与吴易部汇合，军势甚壮。

长兴县民金有鉴奉通城王盛澂起兵，一战而复湖州，进攻长兴。

江阴诸生许用倡言于明伦堂："头可断，发不可剃"，士民响应。明江阴典吏阎应元、陈明遇乃率众哭拜明太祖高皇帝像起事，囚知县杀守备，远近趋应者数万人。同时，又有江阴贡生黄毓祺、生员徐趋起兵行塘。

明臣顾宪成之孙、无锡生员顾杲谋起兵，不克身死。又有常州生员张龙文起兵谋复府城败死。

明九江佥事孙嘉绩、吏科都给事中熊汝霖于余姚斩令以徇，起兵拒守。

明前兵部右侍郎沈犹龙、兵科给事中陈子龙、中书舍人李待问、罗源知县章简，于松江起兵拒守。

会稽生员郑遵谦集众号义兴军，杀山阴知县彭万里、署绍兴知府张愫以及招抚使，表迎明鲁王监国。

明分巡宁、绍、台道于颖，起兵复富阳，扼军江上。

鄞县六诸生邀明刑部员外郎钱肃乐起兵宁波，又有明兵部尚书张国维起兵东阳。

明昆山总兵王佐才、参将陈宏勋、游击孙志尹、知县杨永言、举人周室瑜、贡生朱集璜、诸生顾炎武、归庄等，各起兵拒守。

明左通政侯峒曾、进士黄淳耀等，于嘉定起兵拒守。又有太仓生员王湛，起兵谋复州城。

……

各地消息雪片似的飞来，堆满了他的几案。懊悔而又有些惊惶的他，一边忍不住咒骂那个下令剃发的多尔衮，一边不得不和谋士们日夜分析情况，商讨应对之策，把前阶段威风快活的士兵驱往各地去镇压征讨，奔驰于腥风血雨中，屠杀汉人也为汉人所杀。

闰六月的一天，下面又送来一则斥候新探到的紧急情报：嘉兴民众揭竿而起者数千人，杀了清政权委派的秀水知县胡之臣及嘉善县令吴佩，婴城以守，且不时出击附近各县，诛杀清兵。主事者明翰林屠象美、吏部郎中钱棅、职方郎中钱旃等。

嘉兴位于杭州、苏州、松江这个三角形的中心，这个府反抗不宁，对周边三府威胁很大。博洛不敢掉以轻心，忙找来谋臣及熟悉嘉兴情况的降官咨询商量。弄清了情况，知是一班不会知兵打仗的明臣文官集众起事，博洛大致放心，着一名裨将率数百骑旗人精兵，前往嘉兴镇剿。

那裨将得令，领兵到了嘉兴。距城数里外，远远地便吹响了觱角，呜呜地直送入城中。城中听号角不断，不知清军来了多少人马，不由得惊悸。骚乱了一阵，未见敌人攻来，方慢慢安定下来，派了几人出城去侦探军情。

过了半晌，打探的人回来报告，敌人来的不多，不过数百众。这消息，令人宽心不少。主持起事的几个首脑人物，觉得嘉兴全城的民众加上已武装的数千义勇，对付来侵犯的几百敌人，没有问题，遂采纳武将陈梧的意见，出击迎敌消灭敌人。

之后不久，城中队伍倾巢而出，开赴至三塔湾，与迎面而来的清军正式对阵。

当数千混乱的义军尚未完全整好队伍，布好阵势，对面的清军已发动了攻击。战鼓擂擂中，几百匹铁骑足踏轰鸣，狂飚一般向义军直卷了过来，瞬间便冲入惊慌失措的义军之中，白刃闪闪中，首落肢抛，喷扬的鲜血伴着瘆人的痛嚎惨叫，飞溅四洒。

才凑在一起不久的乡勇船夫们，何曾见过这样惊魂摄魄的可怕场面？大多数人几乎在接触的刹那间便失去了对抗的勇气，惊骇之际发一声喊，作鸟兽散四处逃开。只有少数勇烈之士尚在愤怒的呐喊中，与敌人拼死搏战，也戮翻了一些敌骑，杀得浑身是血。但他们毕竟只是些没受过训练也无战斗经验的乡民，在久经征战的对手面前，浴血奋战的他们，虽显示出一种可敬的精神勇气，却也只能为这场战斗增添更多些的惨烈牺牲，无法改变那已注定命运的结局。

很快地，一场力量悬殊的较量便结束了。当呐喊声终于停止时，乘胜追击的清骑在扬起的尘埃中远去，留在沉寂下来的三塔湾原野上的，只有遍仆的尸体，乱弃的甲仗器械，以及随风飘散的血腥……

仲秋时，参与起事兵败后逃至汾湖的钱棅、钱秉镫、吴德操，遇见在松江抗清败携眷西来的徐孚远、孙临。八月十六日，众人并船至震泽镇，于河畔渡过了一个难得的相聚之夜。

男人们在一起，自是围绕着各地抗清的话题，谈着这样那样的人和事，为着失败和胜利、生存和死亡、形势和前途，发出种种的感慨叹息。而女眷们也围在一处，相互诉说着各自的遭遇和心事，为丈夫子女的安危忧心忡忡，为变乱的世景和难测的前途呀嗟伤感。

一轮圆润光洁的月亮，俯视着这一群战乱中的男女，倾听着他们的谈论，把无限的怜惜感叹化作如水的柔光，轻轻洒向他们。或许正因了这月光的抚爱，坐在船面上的人们，久久不肯散去，就连那些小孩子们，也偎在大人怀中，半睁着眼睛，听长辈们在那里有一搭没一搭地说话。大点的孩子则挤在一起，耳鬓厮磨地说些悄悄话，或指点着碧空上的星月，讲些嫦娥吴刚之类的神话故事，背诵些“月出皎兮，佼人僚兮”的诗句，夜深父母催了，尚不肯去睡觉。

次日早起，天色已变，天空灰蒙蒙的一片阴晦，像要下雨的样子。几人男人过船商议，留钱棅和吴德操在船上看守，徐孚远、孙临和钱秉镫三人则怀刺上岸，去拜访与新安起义者有联系的熊明遇，联系去投奔那里的义军。

才行了不过里许，忽闻后面河中传来隆隆的炮声，那正是他们的泊船之处。三人大惊失色，情知有变，转身往回急奔。返至停泊处，入眼已是一副令他们永生难忘的悲惨景象。袭击的敌人已在鼓噪中吹角收兵，而河面上先前所泊之船尽被烧毁，散冒着一股股黑色的浓烟。血红的水中，漂浮着一河的男女老少尸体，有的是炮击之下血肉模糊的残躯，有的身上插着没杆的箭羽，显是侥幸躲过炮火轰击后却又被射杀……片刻前还是人语喧朗生命鲜活的世界，转眼已成了惨不忍睹的人间炼狱！

愤怒在血管内奔涌欲裂，脏腑在抽颤中阵阵刺痛，他们很想去与那凶残的敌人理论，为何要屠戮这些手无寸铁的人群？他们更有强烈的冲动，要为死难者去找那些冷血的刽子手报仇雪恨，哪怕打不过也要咬上几口！然而，对亲友同志生死下落的关注，阻止了这些悲愤仇恨的心情发泄。几人分散开来，在河边呼唤寻找，辨认那些尸体，祈望亲友中，尚有躲过劫难的幸存者。

随着他们凄厉的声声呼唤，果见有人从水中冒出，浑身血污地挣扎上岸来，却是留守船上的吴德操。向着踉跄奔至钱秉镫，悲痛哽噎：“仲驭……死了，汝家也都……沉于水中。”

钱秉镫闻听，肝肠寸断。这时他家的舟子现身过来，追问之下，也指着水中说："当时小的惶急躲避，未见夫人与孩子上岸，定是船毁沉水中了。"

钱秉镫大恸。欲待再寻，河中尚未远去的清兵发觉，又放快舟来拿人。他只得与吴德操仓皇避去，寻着孙临、徐孚远等人，投于八都沈圣符家中暂栖。沈圣符早年是复社的首创者之一，与徐孚远熟悉，见众人遇难甚是同情，食宿以供，又令家人去震泽打听各人家眷存亡情况。

天刚黑之时，在外寻觅的徐孚远带口信给钱秉镫，说方夫人尚活着，现被市人送在一倪姓大户宅中。钱秉镫急忙觅舟赶至倪宅，相看时却非自己妻子，而是徐孚远的夫人。

原来早上难发时，那些清兵炮轰烧船打死了大部分人，剩下活着的女眷皆被掳去，准备带回去作仆婢。舟船穿镇西去时，遭到市民夹岸邀截，清兵本是小股游勇，敌不过镇众，载着被虏者的船也被截了下来，徐夫人因躲过一难。

问及钱秉镫妻子，徐夫人说但见某某同舟，未曾见方氏。钱秉镫先前听吴德操和舟子之言，已情知妻子凶多吉少，只是不肯死心，盼有奇迹出现。此时闻方氏不在被虏中，不由得吞泣绝望，知无生还可能。

正悲痛际，有老者送一孩子来到。钱秉镫拭眼一看，竟是他的长子法祖。本以为也不在了，不想仍还活着！悲喜交集中，抱着儿子热泪纵横。

钱法祖才十四岁，生性本又懦弱，忽然遭际惊魂丧魄之大难，精神受到打击而恍恍惚惚。钱秉镫问了他半天，才得知日间妻儿遇难的具体情形。

早晨清兵来袭之际，方氏临危不乱，从容处置，先给两个儿子换上了破旧衣裳以掩蔽身份，让兄弟俩遥拜关帝，求其保佑父子无难。接着叫过舟子，将囊中之物尽赠，求其将两兄弟视为己子，予以保护。做罢这些，敌已登船，她便抱着幼女瑶池，转身奔向船柁后。那舟子见清兵凶横，不敢去护法祖兄弟，任清兵抓上岸去。法祖途中挣脱逃走，也无法顾及弟弟，不知其生死。

是夜，罹难众人共宿于沈家。身虽枕榻，何能入眠？不过各自悲痛，吞声涕零而已。日间劫难，除吴德操孤身一人外，其他人皆有丧亲之痛。孙临失去一子；徐孚远唯妻子生还，膝下骨肉皆亡；钱秉镫尤惨，妻儿三口俱枕藉波涛，宛转刀俎。旦夕之间，已隔阴阳！

或者上苍也为此人间悲剧而落泪，中夜之后，大雨倾盆而下，轰鸣不止。凄凄风雨，更增众人伤悲。又忧雨水冲走亲友遗体，天方微明，便分头冒雨去河边寻找。

此时，半夜的雨水已灌溢平岸，浑浊的河水中，到处可见已浮起的尸体，多为撑柱之状，直立如生。

钱秉镫父子寻找之际，瞥见岸上一处地方有芦席覆尸，发委数尺。近前相看，雨色昏蒙不能辨识面目。钱法祖蹲下检翻了一下衣服，顿时便哭喊起妈妈来。

钱秉镫问儿子如何认得，钱法祖抽泣着说："前日妈妈在舟中，将内外衣都密密缝纫，说'一旦遇兵即赴水死，决不能令人剥衣露体！'故儿识得。"

钱秉镫伏身查看，果觉尸体衣服内外皆密针缝死，情知无错，悲痛不已。父子俩哀泣一阵，又继续沿着河边去寻找。此刻对钱秉镫来说，一双儿女倒在其次，最让他忧急伤痛的，是尚未寻到生死好友钱棅的遗体。

但河水宽阔奔流，而雨色又昏暗不清，无法仔细搜寻，钱秉镫只得一路恸号召唤："仲驭，一夜不见，吾知你死矣。吾在此收汝尸也！英灵不远，望你现身！"

冥冥中似有通灵感应，悲号不久，忽见河中一尸从波心突起，随着呼唤渐渐漂浮近岸，截流之下也直立如生。其形态眉目，正是情同手足的钱棅。

钱秉镫痛心之际，急挽住其冠发，却因已抱病身软，拽不起来。又不敢放，只有让儿子在背后拉着他的衣裾，稳住待援。少顷天亮，得人之助终于将钱棅的尸体拉上岸来——这时方发觉，先前所以提不动，不全是力弱之故，原是钱棅身下还挂着一尸，却是其书童秋烟不舍主人，牵其衣裾同死。河干上的人们看了这一幕，无不为这生死相随的主仆嘘唏伤叹。

午后，钱秉镫又寻得次子孺祺之尸，只幼女瑶池未获。那孺祺身上却有创口，显是死于刀锋之下，大约是抓人的清兵既恼法祖逃走，而孺祺又不听话，遂将其杀死，丢入水中。钱秉镫抱着尸体，望着爱子脸上尚可辨识的惊痛表情，心在滴血，也在燃烧，家仇国恨，自此镌刻心底！

当日，徐孚远殡殓其子后，闻清兵将来搜捕，遂将妻子托付于钱秉镫，觅舟使之回家，自己同孙临一家仓皇入太湖奔新安。吴德操则闻唐王监国于福州，毅然奔闽中投效。独钱秉镫既病且需处置诸后事，与儿子法祖留下来。患难时刻，众人悲痛挥别，无语凝咽，有血无泪。

待钱棅主仆殓毕扶回嘉善，徐夫人返乡，钱秉镫妻子的遗体，尚因无钱买棺，停于岸畔普济寺中不能成殓。饶是钱秉镫性格坚强，当此之际，也不禁抚尸号泣，哀伤欲绝。亏得松江起义兵败的沈犹龙经过，赠银二两，钱秉镫又将家中小婢质与八都沈君佐，购得棺木。沈君佐复恳请当地人帮忙，终于将方氏母子藁殓成梓。

这时，追捕的清兵又至，挨家挨户搜查。钱秉镫在普济寺中闻得消息，只得留下身边仅剩的一个童仆守柩，自己带着儿子躲入乡村。

一月后，东躲西藏的钱秉镫父子，辗转又回到了普济寺中。此时，追捕的清兵在地方上搜查一遍后，已收队归去，震泽附近暂时恢复了平静。只是市镇路口，不时尚可见小队盘查的军卒身影。

普济寺，孤寂地耸立于河岸高地之上。这寺建筑年代久远，近因香火不盛无有修缮，已然多有颓倾。寺中只有两个年老的僧人居修，平日里香客甚少，倒是一些流浪者无处栖身，将此作了不花钱的客栈。此刻，寺中虽无浪人入住，却多了一大一小两口棺材，那是钱秉镫的妻子棺柩暂殡于此。

钱秉镫父子所以复回荒寺，是担心灵柩安全，亦因尚有一家童留守其侧。然而入得寺来，未看见家童身影，倒是灵柩旁边多了一摊凝固的血迹。问了寺僧，方知是清兵进寺搜查时被杀。询问尸体，已被僧人在寺后埋了。父子俩伤感唏嘘了一阵，偎依于棺柩之侧，哀哀默想心事。

他们已嘱托僧人代为照顾棺梓，打算明日即离开此地。至于去哪里，父子二人的想法却不一样。

钱法祖十几岁的少年，正是任性气盛之时。震泽之难，亲眼看见了清兵的残暴，母与弟妹皆惨死于难，这给他的思想心灵以极大冲击。当最初的恐惧过去，少年的心里除了丧亲的巨大悲痛，燃烧着的全是复仇的烈火。因此，他希望能像先走的孙临等人那样，去新安参加义军杀敌。

但他父亲的思想，却是倾向去投奔新的明室政权。

六月间，浙闽两地分别建立了新的明室政权。浙地是以前兵部尚书张国维为首，联络熊汝霖、孙嘉绩、方国安等人，拥立在台州的鲁王朱由海监国，张国维、方逢年、朱大典、宋之普等为大学士，移行在于绍兴。闽中则是前镇江总兵官郑鸿达、福建巡抚张肯堂、礼部尚书黄道周、南安伯郑芝龙等共议，奉唐王朱聿键即皇帝位于福州，改元隆武。

这两处消息，皆在钱秉镫父子困厄在震泽这一带时传来。对于久欲为国家效力且抱有于危乱中建立功名想法的钱秉镫来说，自得知消息后，便很想去闽中隆武朝效力，因为他的老师黄道周正在那里。

但不管去哪里，再回此地已是难期。一想到此后不能守护灵柩的安全，让长眠的亲人孤栖异乡荒寺，父子二人俱悲忧不已。与此同时，亲人的音容笑貌，还有过往事迹与罹难情景，也不断闪现眼前，在心头激荡起种种强烈的情感。钱法祖少年人还好些，他的父亲则伤痛无比，心头翻涌着无限的悔恨……

妻儿若非因党祸迫害，也不会随他流浪于此，则妻儿之死，固丧命于清寇之暴残，而实肇亡于马、阮之奸恶！

是的，是那一伙奸佞乱政丧国，造成了他与家人的苦难和悲剧，造成了千万家庭和人民流离失所，家毁人亡！他们才是眼前所有灾难悲剧的罪恶渊薮！可时至今日，他们却未受到应有的审判和罪惩，依然招摇于世……

越想越痛，越痛越愤。罹难以来因寻找亲友下落、殓殡丧事以及躲避搜捕，一直被哀伤惊惧压抑着的悲恨愤怒的钱秉镫，此时再也控制不住地爆发，在胸膛中如波涛般激荡，似烈火般燃烧。泪水横流的他，神情悲愤凄厉，长号如枭似哭，起身挥笔涂画于墙壁之上——

南渡失国柄，二竖覆皇都。武昌兴甲兵，传檄诛奸徒。
烽火照河北，四镇还相图。撤兵防上游，坐视扬州屠。
所虑楚师下，宁忧胡马驱？胡马渡江来，奸臣弃主逋。
可怜佳丽地，士女成炭涂。我友报韩切，义旗倡三吴。
磨盾草檄文，鬼神泣通衢。一战不得当，诸将人人殊。
书生愤所激，攘臂愿执殳。兵力虽不敌，志已无完躯。

遇难震泽滨，事败志匆渝。我友赴深渊，我生聊须臾。

宛转娇儿女，枕藉江与湖。哀号浮水出，漳涕通市俱。

抚尸哭一声，痛绝还复苏。烈士死不悔，妻孥何罪辜？

首祸者谁子？至今犹未诛。椎心问苍天，苍天安足呼！

写罢，他仰天大恸。钱法祖见父亲伤心，也呜咽不止。

正悲痛之际，荒寺中进来一人，却是之前帮助过他们的沈圣符。见状劝慰道："钱先生，须当节哀珍重。保养好精神身体，才能去报仇抗敌。你瞧，熊鱼山来信了。"袖中取出一函递给钱秉镫。

钱秉镫拭泪阅看，信中大意，是已与新安方面联系好，欢迎诸人去参加义军，共志抗清。沈圣符知道钱秉镫父子尚未离开，获信后即找了来。

钱法祖听说，道："新安既有书来，大大不要再犹豫！早去一日，也能早一日为母亲和弟妹报仇！"

钱秉镫见儿子情切，喟叹道："若言报仇，哪里不能呢？但汝既望去新安，那便去吧。"

他们父子说话时，沈圣符瞥见壁上之诗。仔细一行行读罢，感慨不已。

他对钱秉镫道："先生此诗，直写家国之难，抗清悲烈，一笔一恨，句句伤情，读来令人感触激愤不已。我欲抄去飨于同仁，激励人心，未知允否？"

钱秉镫道："一时悲愤之作，算不得什么。不如亡妻临难前作绝句一首，情志凄贞，感人泣下。君愿意可一并抄去，使之流传示人，也可知乱世妇人之志节。"

震泽遇难后，钱秉镫从方氏临难前给儿子钱法祖换上的破衣里，发现一首绝句。问所从来，钱法祖说是母亲所藏，藏时流泪哭泣着告诉儿子："妈写这诗……是为日后让你大大知道我的心志。"那诗云：

女子生身薄命多，随夫飘荡欲如何？

移舟到处惊兵火，死作吴江一段波。

钱秉镫看了亡妻这遗诗，方明白妻子早已办死志，准备以身殉难。他既哀且感，一个柔弱女子，在生死危难面前，竟有如此的志节精神！数日来，亡妻的这首遗诗，不断涌现在他的脑海。他很想和作一首，或长歌以挽，无奈心中悲哀太甚，每一思及便如有铁手攫搅，痛裂肝肠，不能成篇。这时因沈圣符欲抄壁诗，遂想起妻子这遗诗来。

沈圣符听了，极是感敬。此后与人谈起震泽之难或吴中抗清义烈事，总要讽诵方氏遗句。而闻之者，也莫不为之动容嗟叹，转语之他人，直至播传于吴越间，和者成帧——近百年后，方氏事迹尚被世人记忆且被收进《明史》列女传中，当与此诗的广泛流传不无关系。

次日，钱秉镫父子怀着悲痛，离开了震泽这个伤心之地，前往新安。之前孙临和徐孚远为怕清兵搜查，从水路入太湖取道孝丰，虽说拐点弯，却相对安全。现在他们父子无钱搭乘船只，只有冒险从陆路而行，经湖州诸地趱程西南。这一带已全部沦陷，城市关卡对行人盘查甚紧。为了安全，父子俩基本都是昼息夜行，偶尔白天上路，不是早起晓行，就是钻人迹罕至的山谷。

一路说不尽饥寒艰辛，风霜劳苦，途中又遇到了金声派往各地招邀抗清志士的使者，相伴着来到了孝丰天目山下。不想此时却有消息传来：新安已为清兵所破。钱秉镫父子震惊之余，甚是沮丧，遂改道至昌化。

昌化是钱秉镫旧游之地。前年他由嘉兴入杭时，为了追瞻先人发脉地，西绕天目山转了一大圈，其间便经过筑在山上的昌化县城，且收了当地一个儒生王曰佐为门下。眼下遭遇变故，儿子途中又感风寒需要疗养，而他身上却盘缠告罄，只好希望在尚未沦陷的昌化得到帮助，再图南下入闽。

小山城没有辜负他之所期。县令知他是才子名士，欲以其祖的墓志铭相委，热情招待。门人王曰佐，则为衣衫褴褛的先生父子添换了衣裳，请医看病。而新安秀才穆修玄，愿意资助钱秉镫父子一同前往闽中。

冬日，他们一行离开了昌化，南下睦、衢。一路俱是明政权控制区，汉家天下，他们用不着再遮掩行迹，而前途新的希望和生活也在向他们招手。

第六章　南明效力

这座历史悠久的滨海城市，除了城池中落有三座耸峙的山峰外，还有一个异于其他地方的显著标志：城市四处遍植着一种巍然高大的树木，拔地而起，耸向空中，高者几达十数丈，繁茂的枝叶，形成了一个个巨大树冠，四季常青，浓荫覆地，给人一种遮天蔽地的印象。

六百年前的宋朝治平间，一个名叫张伯玉的人，到此担任主宰一方的太守。也不知是为了治理水土，还是为着要改善美化环境，这太守公上任不久，便下令城中的士民百姓，“编户植榕”，并带头在府衙前，栽下了两棵榕树。在政令身教的双重影响下，不数年这个城市成了榕树蔚然之世界。那些雄伟高大的榕树，造就了“绿荫满城，暑不张盖”自然景观与环境效果，也从此这个自唐时被称作福州的郡城，添了一个美丽动听的别称：榕城。

这种变化，不仅带给福州人以很大的福祉，也提升了这个郡城的品质，改变了它在世人眼中的形象和地位。因为人们感受和发觉到，榕树带给这个城市的，不仅有自然环境的美善，更还有一种雄伟挺拔的气概精神，一种昂扬向上的蓬勃生机，令福州在郡治一级的城市中，别具一股超迈同类的不凡气势。或许正因此故，南宋末年，当蒙古大军南下临安，掠走宋帝太后，益王赵昰便拿了这榕树遍地的福州做了即位的京都，改称福安府。其后的元明两朝，这里成了八闽的省会。如今，这个有福有势的城市，又一次被人看中，将一个新明室政权的隆武朝廷建立在这里，福州变成了福京，京畿之府改称中兴。

一日，吏部奉旨考授一批被荐之士，尚书曾樱亲任主考，并指定考试时务策论和判诏诰表两艺，以检校参考者对时局的认识见解，对朝廷规制与各种文书写作的掌握应用。这种注重实际能力的考试，与通常科举主要只考察考生对经义的熟悉及八股文写作，完全不同。

两场考试下来，尚书看了卷子，优劣判然。于中最赏识钱秉镫之作，觉其才识本事超出同考众人，遂拔置第一。过堂认识时，询问入闽前后情况，愈觉其人志概不凡，无怪乎首辅黄道周郑重举荐，遂召上前深谈，颇多嘉勉。

次日榜发，钱秉镫选为推官。一同参考的吴德操考了第七，授了知县。而另一个原籍桐城的方蕴修却只被授教谕，甚为沮丧。

后来钱秉镫去谒谢时，曾尚书对他道："观君之才，实是奇杰之士。大丈夫当为朝廷任职危疆，不求安乐。今吉安乃江右重地，恢复不久，亟须人才治理，欲烦君屈就，不知你可愿意？"

吉安位于江西腹地偏西南，赣江经其而南下。在江西这样四处群山峻岭的地方，赣水乃是南北交通最便捷的水道，扼守住大江之滨的吉安，就斩断了清军南下之路，可保南部赣州安全，而使广东无虑，闽西不惊。故明清双方在此争夺甚频，七月份刚为清兵所占，八月明官员杨廷麟和刘同升即率部将它夺了回来，并据以奏请隆武帝移跸赣州。正因吉安在时下抗敌斗争中的重要性，曾樱才打算让钱秉镫去其地任职，实是对这个门生抱着很大期望。

钱秉镫向闻曾樱为官廉洁，从政恺悌公平，有古大臣之风，现在老师让自己去危疆任职，这一片苦心孤诣他当然明白，回答道："学生蒙恩师赏拔，得为朝廷服务，不胜感激，自当谨遵钧谕，赴汤蹈火以报效国家，岂能图个人安乐而辜负朝廷之信用？惟同考方蕴修，颇有才干，今授县学教官，置之散地，不能尽展其能，实有些可惜。"

曾樱见他愿任危地，志存报效，甚是欣慰。后听他为方蕴修鸣屈叹惜，仔细询问，方知是因忧愤马、阮乱政而病卒的原广西巡抚方震孺之子。即叫上前来，问了一会，果见谈吐不俗颇显才思，当下即令改补瑞昌知县。

方蕴修叩谢而退，对钱秉镫甚是感激。邀了吴德操，又同去中兴府的司理署中，寻了徐孚远出来，去街市中喝酒相庆。原来徐孚远也是为黄道周所举荐，在钱秉镫他们来之前便任了中兴府推官，眼前授职几人之前困顿悒郁时，常去他那里聚饮解闷，此时欢聚，自也少不了他。

大家漫步市中，边寻雅适饮处，边观览景色。自成为京都后，这城市益发繁华热闹，不仅各色店铺应运而生，青楼也日见增多，闹市幽巷里，不时可见丝竹歌声和花枝招展的娼妓——而此时与她们竞妍争艳的，还有频频亮相的市民人家的闺女。原来腊月的福京，当梅花在枝头绽放飘香之际，旷野里，已是柳色嫩新，春光荡漾。南国海滨的妇人，少有内地女性那般的礼教虚伪，在街头少年喧闹的迎春笙鼓声中，纷然靓妆而出，或俏立楼台观梅闻香，或结伴户外折柳赏春，娇姿媚态，吸引着路人的眼光，成为福州一道美丽可人的风景。

钱秉镫一众睹此艳景丽色，不禁心旌摇摇，情怀舞荡，一时竟把那吃酒之事忘了，欲歌咏抒怀。这四人俱能诗，但以钱秉镫与徐孚远诗名为盛。

徐孚远道："诸位新授官，即请幼光代表作赋，以为纪念，亦为后面下酒之侑。眼前景物令人眼花，短篇不足以描摹抒情。这样吧，我们陪你慢慢欣赏，你可赋一个《福州迎春歌》道来。”

钱秉镫不能推，喃喃念着《福州迎春歌》，略想了一会，接着便道：“福州腊月天气佳，迎春看春人如花。”

众人道：“佳人迎春，如花争妍！首起不错。”

钱秉镫诵道：“福州女儿好颜色，皎若朝雪衬轻霞。”

徐孚远道：“人美词美，得大诗人赞颂，榕城女子从此可以扬眉了！”

钱秉镫接着吟道：“宛转蛾眉楼上出，回身却用珠帘遮。”

吴德操评道：“娇姿绰态，翩若惊鸿，流风回雪。珠帘遮断的不仅是美人身影，还有情人的眼光、骚人的情思。”

钱秉镫笑着未理会，展眼四望，口中连讽：“街头小儿喧笙鼓，锦棚对对倡家女。珠衫宝髻百样装，尽按梨园歌曲谱。逾梁出巷观者多，却扇亭亭娇不语。”

方蕴修赞道：“自上而下，由内而外，各色场景人物纷出如画，繁而不乱。”

吴德操道：“街面热闹道尽，看他下面如何状续？”

钱秉镫看着他，微微一笑。然后咏道：“此日梅花满地飞，此时柳色弄春晖。”

徐孚远击掌道：“好个梅花满地飞，柳色弄春晖！回然一转，由人而景，直奔主题。”

吴德操方蕴修也甚是敬佩，但不知他后头如何展开。

只听钱秉镫讽道：“公子停鞭牵玉勒，佳人对镜换罗衣。”

梅飞柳舞，拨动公子王孙与佳人迎春赏春情怀，虽非眼前实景，却是情理当然之事，乃虚实结合之手法，而另开思路场景。众人听了，俱是颔首，以为后面他必要有所铺叙渲染。却见钱秉镫停立在那里，凝望远际，口中却吐出这样二句：“罗衣袅袅细腰身，令人却忆白门春。”

念转间，神驰飞越的他，用一个令人意想不到的巨大跳动，把他自己和友人们的思绪，带向了昔日的留都，带向了那曾经繁花似锦风光绮丽迷醉了无数公子佳人的秦淮河畔。众人惊愕之际，钱秉镫已在一种深沉感伤的语气中，一气吟成了后面的内容：

白门春在长干里，钿阁青楼夹道起。侯家珠翠半天中，外戚帘栊香雾里。三条九陌车骑纷，人影花光何处是？杨柳溪边岁岁新，射雕今已遍城闉。秋千院下穹庐帐，蹴踘场飞铁马尘。可怜日暮吹笳动，风杂鸦声愁煞人。

他的歌讽，吸引了附近一些人围观闻听，人见他现场赋诗，神态优雅，辞韵美妙，纷纷赞叹。也有那对诗似懂非懂者，见其后半部对着福州的风光而咏长干景事，似乎跑了题，不以为然。

但徐孚远诸人，却极为叹服这后面的歌赋。诗人将一种似曾相识的场景联想，化作一个空间的切换，奇峰突起别开生面地导人于新的景事中，不仅收到了布局出奇结构灵动之效，更以繁华之都的沦陷蒙尘，白门之春不再的伤叹，造成前后情绪意境的逆转，令人在巨大反差中深深感触世事不常的悲哀，体会到诗人隐寓在伤痛国土沦丧胡虏入侵中的忧患警箴——居怡思危，无忘国仇，使这篇普通的迎春吟咏之作，被赋予了深刻的含义。

从这刻起，徐孚远几人对钱秉镫的敬意又多了一层。而这首《福州迎春歌》，后来在他们于酒家欢饮时被誊写了出来，让人抄去，在福州流传。

当日众人把酒畅饮，尽欢而散。

回到寓处，吴德操已不胜酒力，颓然而卧。而酒量很大的钱秉镫，精神仍很兴奋，踱步室内，思想此次入闽情形，感触甚多，而对一力举荐提携自己的黄道周和曾樱二师，更是心中感激。

世道乱危，宿志难酬，半生努力至现在，方得此一官之荣，是喜是悲，他自己也说不清楚。只是觉得自今而后，唯有加倍努力，为抗清图复的大业做一番贡献，才对得起两位恩师的栽培信任，不辜负朝廷的期望。

但眼前朝中的情形，又令他很是忧心，从各处投奔汇集来的大小官员，不是因循守旧不晓变革，抱着祖宗成法做事，就是普遍缺乏忧患意识，把这一隅偏安之地，视作了天子脚下太平宴乐之所，每日里昏然梦醉。因之，屡次颁诏要御驾亲征的皇帝，却得不到朝臣们尤其是那些执事廷臣的有力支持，至现在仍滞于海边，令关乎朝廷恢复大局的形势，摇摆不定晦暗不明，使人观之迷惘而审之心忧。

腊底时，钱秉镫带着儿子钱法祖，与同之官任的方蕴修一道，随新任江西巡抚刘广胤离开福京。一行人驻停于府城西边的侯官芋园驿，预备在此度岁。

就在这个驿站中，钱秉镫做了件早就想做之事，将自己关于时局的对策，正式疏呈朝廷。初至福京时，他就向朝中一些要员谈过自己对时局的看法，却被斥为书生妄议。面对那些徒有虚名而实庸迂不堪之辈，他既不服又无奈。本月十六日，隆武帝已率后宫随从人等驾出福京，二十六驻跸建宁。他不清楚隆武帝下一步究竟作何打算，心中十分忧急，在踌躇一阵后，决心不计利害，向朝廷和皇帝上书：

臣江北鲰生，少负虚誉，为海内贤士大夫所知。值南渡，马士英、阮大铖二奸当国，窜名党籍，遍行追捕，必置之死。臣亡命三吴，幸而获免。会南都丧失，嘉善吏部臣钱棅建义起兵，召臣入幕。棅败走震泽，将由间道奔赴行在，于八月十七日与虏遇，棅死，臣妻方氏，提抱子女，同时赴水。臣比以他事登岸，幸脱于难。仅存一子。芒鞋茧足，崎岖两月，始抵闽关。

…………

臣甫入行在，即持此论，廷臣闻之，呵为书生妄议，退然自废，默塞于中，终不能已。辄复冒昧渎听，摅此微忱，试以陛下之神武，更加睿算，审度时地，万一可行，必不以臣为狂言而加罪也。彼廷臣因循苟且，偷安旦夕而已，乌知大计哉？臣不胜激切悚息之至！

书函寄走时，目送着邮车顺着官道，一路铃声，在午后的斜阳中扬尘远去，他的心情久难平静，思绪纷纷。

我的上书，会引起怎样的反应呢？诸君子迂阔，未必认同，那些因循苟且偷安旦夕之辈，恐怕还要愤加斥责，甚至会打击报复……可我顾不了这些，我不能眼睁睁地看着那些庸碌宴乐之辈误时误国！但愿我的意见能上达圣听，为朝廷正确决策发挥影响，我个人即为此付出代价牺牲，也是值得……

伫立在驿前，任岁末的冷风吹拂，沉思中的他，因着寄出的书函，联想很多。对日后朝政时局的变化发展，包括个人的前途境遇，作有种种揣测。虽也有所担忧，但更多的还是为抗清愿景及出仕任职所激励而怀抱着振奋期待和希望。

此刻的他，哪里想象得到，他在这个小驿站前所殷殷关注的恢复中兴大业，次年很快将以他亲身经历的赣州保卫战的失败，浙东鲁王政权的败亡，准备出赣幸楚的隆武帝不幸于汀州遇袭被难等一系列重大变故，遭到极沉重的打击！而他自己，也将被迫藏身延平山区，躲避清兵抓捕和乱兵贼盗，艰危困厄长达数年之久。

戊子仲夏，江西建昌府新城山区的寿昌寺。

晌午，阒然大师自从与一位从城里来的居士交谈过后，就一直在那里闭目沉思，仿佛禅定一般。良久方踱出丈室，径往藏经阁走去。到了阁外，止住欲作声的扫地净人，悄悄至窗户前，探头窥望里面一个据案阅经者的情形，半天收回目光，摇首轻叹一会，然后进阁。

里面那人正在对着面前经卷发愣走神，听见动静回首见是方丈，忙起身致礼——却是居士打扮的钱秉镫。他形容比以前清瘦许多，眉宇间隐藏着淡淡的忧愁。

钱秉镫近年迭经患难，尤其是前年八月汀州兵变后，因避清兵搜捕和不薙发，被久困在延平山区，除了孤病凄惶，还数次差点为乱兵匪贼与负义同乡所戕害，九死一生。又见浙闽政权同时败亡，复明无望，心情极是痛苦迷惘。春间听说南昌守将金声桓和王得仁反正，好不容易越黄土隘入赣，刚过关即被守兵以防乱兵搜查为名，将他身上的衣物银两尽数掠去。他于伤吟“江路今如此，前程意惘然”之际，一时心灰意冷，遂投身寿昌寺，礼阒然大师愿出家。

阒然当时未置可否，只令他随众做功课，读读佛经。这些时日以来，他虽努力要试着忘掉过去一切，却又难以做到，不免常有流露，被方丈看在眼里。

阒然道：“我观你乃至性重情之人，如今或许勘破了生死，却并未斩断情缘。虽欲礼佛，却未忘记往昔。在你以为是死旧生新，自此澄清心识，干净六根。可你不省，真将一切放下，又何必分什么秉镫澄之？既念执往日之秉镫，又如何做得如今之澄之？既欲为眼前之澄之，又如何可作今后之僧人？所以，我看你还是暂返俗世，把心愿了了以后再说。且告诉你一个消息，今日有人来传语，粤中降清提督李成栋四月反正，奉表以整个粤东归顺粤西的明永历朝廷。粤赣之路近日将通，你过岭已无障碍。”

钱秉镫骤闻粤东反正讯，按捺不住激动，不禁连声追问："师父，那可是真的？所传消息是否确实无讹？"

阒然摇头苦笑道："你看看，你这般心情，此时如何出得了家？那消息应该可靠，外面已哄然传开了，你放心去吧。"

钱秉镫听了，不免有些惭愧。惭愧之外，则是对阒然的感激与崇敬。在自己十分潦倒沮丧之时，老方丈二话未说便将他收留寺中，而当侦知他尘念未断时，又毫无怨言责色地劝他离去。这份宽厚和体恤，不是阒然这样修为甚深的老禅师，一般僧家是难以做到的。

阒然瞧着他，眼中颇露憾惜之意，道："老衲自一开始听你诉说经历遭际，便知你抗敌光复的心志实未泯灭，不过一时沮丧泄气，故未为你剃度。你今后入粤，必当再效永历之朝，投身救国，那澄之饮光名号也无须再改回去，一来正可寄你澄清敌氛，饮恨以图光复之情志；二来老衲观你具大智慧，妙悟圆通。望你日后尘愿了结，那时真个澄清识念，忘绝尘因，重归寺中参修，光大我禅门。"

作为一个有修为的禅师，他确实很欣赏这个未真正入门的弟子。不仅因其博学多才，且通过一件事，使他晓得其人智慧超群，有非凡的悟性。那是钱秉镫入寺不久，他有意在钱秉镫面前将寺后塔旁的竹子除掉，借之以观钱秉镫如何反应。钱秉镫当时默默，过后写诗呈他，谓："竹篠阴阴覆塔寒，亲持利刃斩琅玕。我心留把红尘隔，师意除教法界高。不许秋声敲石户，更无月影到阑干。门前大好山光在，开眼虚空便得看。"禅家最讲究领悟，他知道钱秉镫明白了他高其法界的用心，欣悦之际，十分看重。故此时虽令出山，内心却委实不舍，而有盼其日后归修之嘱。

钱秉镫敬领师命。这一段短暂的出家生活，自此结束，留给他的收获，除了休养了极疲惫的身心，结识了阒然这样印象难忘的禅师之外，大约也就是改了使用几十年的名字，此后与人交往，换作了澄之饮光。

脚步踏出山门的钱澄之，立即融入了外面的世界。

此时湖东地区已奉金、王二将的反正之檄，不仅官守为南昌所遣，老百姓也重新蓄发，着起了明朝的服色衣冠。目睹着那熟悉的汉家仪物，钱澄之感到格外亲切温暖，内心有一种抑制不住的兴奋，似乎有一个声音在热切地召唤着他，奔向远方的火热生活。

他要激情投身的地方，自然是岭南那片陌生而亲切的粤地，那里不仅有他散失的亲友和同志，更有他耿耿于怀的抗清图复的梦想。

丙戌年十月，在隆武帝汀州遇难的一个多月后，广西巡抚瞿式耜、两广总督丁魁楚、广东巡抚王化澄等人，拥立桂王朱由榔监国于肇庆。十一月，苏观生等立唐王之弟于广州，改元绍武（逾月旋为清兵所灭），桂王也随之即位，改元永历，以明年为永历元年，至今已是永历二年了。

汀州破后，钱澄之使人去打听，闻刘广胤兄弟和吴德操等人皆去了粤中，儿子钱法祖也被携去。后来他辗转延平山中，也曾听过关于永历政权的一些传闻，只是情况既不清楚，而自己也长期被困于闽中，无法离开。他只能时常遥望岭南，独自神伤。直至近日得知了李成栋反正的消息，才给他带来了入粤投奔永历政权的希望。

但他还不能马上付诸行动，还需要等待岭关的开通。

于是，他去了几十里外的县城。

坐落在黎水和盱江之畔的新城，古称黎川，人文历史悠久。前几年在南京沦陷时不降被杀的礼部主事黄端伯，家就在这县城之中，钱澄之便暂寓居其家。

黄端伯是崇祯元年进士，有文学诗名。弘光时被荐为礼部主事。南京沦陷时，他既不降清，也不躲避，在门前贴出“不走不降黄端伯”的字幅。被抓后见了清帅多铎，只冷颜作揖，无论怎样劝喻诱迫，终不屈降，作绝命诗曰："问我安身处，刀山是道场。"临难之际，整肃冠履，面北遥拜，从容受死。刽子手心惊，砍颈不死，黄端伯喝叫道："吾心不死，头不可断！盍刺我心？"围观者莫不为其义烈而震撼。

钱澄之感佩黄端伯之忠烈，曾诗以咏赞。此时住其家，又见到黄端伯在狱中所作诗辑《明夷集》，复增感慨，联想到在松江死节的友人陈子龙，以及江南北抗清斗争中死难的众多烈士，益发心潮翻滚，悲怀难禁。

近几年，感愤世事而又有以诗为史意识的他，不时将见闻的时事风云，反映在其诗章中。其中，悼亡在抗清斗争中牺牲的志士，歌颂他们的英勇忠烈，更是一个重要内容。那里，既有为黄道周、钱棅、孙临这些敬爱师友的不幸殉难而伤痛不已的哭悼，也有对数十位于历次抗清起义和活动中死节死难的忠义之士，以组诗《哀江南》《南京六君咏》表达的沉痛悲挽。

现在，悲痛与积习，又一次激起了他内心的哭殇之情和悼挽之意，于是，在赣东的这个县城中，在等候结伴过岭的那一段时间里，他连续写下了《曾吏部》《建昌守》《新城令》《留发生》《续哀》《广哀》诸多诗篇。其中《续哀》《广哀》，再次以组诗宏章，纪挽了陈子龙、杨廷枢等众多在抗清中殉难死烈的友人同志，将一个个志节凛然可歌可泣的爱国英烈形象，致祭于诗坛之上而供世人永久地凭吊缅怀：

续哀

节义云间盛，陈登志更悲。九旬存大母，五世得孤儿。株连一死迟。虏廷无血浅，长啸逐鸱夷。（陈给谏子龙，字卧子，华亭人，崇祯丁丑进士。历绍兴推官，举天下廉卓第一，擢给事中。子龙才气豪迈，所著诗赋古文宗汉魏，骈体精妙，徐庾弗能过也。门人同邑王澐字胜时，才誉早著，有入室之目。子龙死，澐收葬之。）

…………

广哀

将军兵未散，何事欲捐生？尽室沉沧海，单车指旧京。（王散兵沈家，衣冠赴南京求死。）衣冠老父泣，意气敌人惊。西市风沙起，（临刑，黑风卷帛数匹入空去。）天心正不平。（王将军之仁。）

为这些英烈的事迹精神所鞭策，又为抗清形势因赣粤反正所带来的变化所激励，他自己一度颓靡沮丧而彷徨无措的心情，也再次振奋昂扬起来。当与新城友人告别，将踏上渡岭行程之际，他又这样气概豪情地咏唱：

今晨凉风发，飘飘吹行裾。岂不恋故欢，将往求乘舆。我生在乱离，安得久怀居？努力勋与名，勿负中兴初！

秋尽之际，钱澄之经广昌、宁都过赣州，渡过了梅林婆娑的大庾岭，经梅关古驿道，进入了粤赣边境的南雄府。

南雄居五岭之首、江广之冲要，素有南北咽喉之称。这种地理交通的形势，使它在作为繁忙的商旅往来之地同时，也成为自古以来的关防重镇和粤东门户。眼下，由梅关往南直至府城，沿途便分驻着惠国公翊明大将军李成栋率领的数万大军——只是他们并不是守关的兵备，而是受永历朝廷之令，准备前去救援南昌的部队。二月间，金声桓和王得仁率军攻赣州久战不下，反被清军抓住时机，调集人马围住南昌，至今已三个月了。

钱澄之很不理解，李成栋的援军为何不急速入赣解围，却屯兵在这庾关之内？趁去拜谒南雄太守之际，欲问个究竟。恰好碰见监军侍郎张调鼎在座，便向其打听。

张调鼎告诉说："清赣州守将高进库原在左良玉麾下，与惠国素相识，派人送信来说：'只要等到秋天未有救兵至，将献城以降明。'惠国觉得彼孤城难守，信其有降意，认为不战而能下赣州，当然更好，故屯兵于此以待。"

钱澄之听了，摇头道："不对，情况不是那样。我自赣州过，当地人告诉我：'城中每日派兵卒出城打粮，每人三石，捉押乡民送回，三十里内，村民粮食已被搜括殆尽。'彼若诚意投降，又何须如斯备粮？这显是其坚壁清野与观望等待之策。彼与惠国约降，不过意在滞缓我师出岭而候南昌确信。南昌我胜他即降，南昌若破，他决不肯降。惠国若信彼，必定误事！"

张调鼎因见赣州降书数至，原也同李成栋一样，以为赣州指日可降。这时听了澄之这番介绍剖析，方起了疑虑，觉得有些不对头。遂问道："然则以阁下之意，我方该当如何处置呢？"

他不熟悉不了解钱澄之，内心并不如何看重，只是因责任在身，又见钱澄之颇有见识，故有是询。

钱澄之道："赣州孤悬赣南，不过自守而已，对我并无多大威胁，我无必要非对其用兵。春间金、王二将听腐儒意见，以为赣州据上游，有蹑我其后之忧，故不乘机挥军下江南而攻赣州，其误固已在先。如今南昌被围告急，盼救援望眼欲穿，此时若中敌缓兵之计，不救南昌而坐等赣州降，既重蹈先前之错，亦不符缓急之形势。鄙意我当以偏师牵制赣州，使其不敢出，而大军直取湖东，召集各地义旅，先解南昌之围。南昌敌溃，则赣州迫于无望，那时必会真降。"

张调鼎闻之动容，对钱澄之道："君所言甚有道理。我现在即去告知惠国，明日再约君详谈。"

但次日再见面，他却沮丧叹告："我将君之言语建议说与惠国，惠国笑道：‘彼一介书生，晓得什么用兵打仗之事？’拿出一大沓赣州送来的降书说，‘书生以意妄测，这些难道是假的吗？’其固执如此，奈何！”

面对这样刚愎自用的将帅，确也是无可奈何。钱澄之自此对李成栋的看法有了改变——他之前听说，李成栋出师前曾对永历帝言：“南雄以下事诸臣任之，庾关以外事臣独任之”，说得甚是豪气感人。当时钱澄之也同许多人一样为之感奋，对其援赣北征抱有很大期望。经过此次拒谏，他觉得李成栋谋识有限，难当大任，不免为江西战事很是忧心。后来李成栋欲题补他为广州推官，他也力辞不应。

在南雄逗留期间，除了一些朝廷形势和军国要闻，钱澄之也打听到了一些故旧的消息，他们目前多供职于永历朝廷中。其中尤让他感到兴奋欣慰的，是方以智、吴德操两位好友同在粤西。吴德操已任广西巡按御史，而好几年不知音信的方以智，不仅是永历朝廷初始拥立者之一，且早已被诏为大学士，只是一直疏辞未入朝，隐居在粤西及沅湘一带的山中。

心情激奋的他，自是盼望能早一日赶到目的地。不想在曲江因军旅阻江，不得不无奈地愁滞旬日。后来得友人赠舟，方得由三水而西抵达肇庆。

三年前，坐落于西江之畔的这个风光秀丽的城市，幸运地成了永历政权的行朝所在地。中间因为皇帝在赣州失守后怕清兵打过来，曾弃之西去。直到最近因赣粤连续反正，皇帝才带着一班随臣们，由桂林经梧州，在八月里重返肇庆。御驾既还，城市旋又热闹起来，大街上车骑来往，冠冕遮道，颇有点中兴景象。使入城的钱澄之感奋之际，也有一种故国重回的激动欣喜。

而更令他喜悦不禁的是很快就与失散数年的儿子相聚了。

那是下船不久，随着遣出送信的人回来，一个长得高高大大身着健儿装扮的小伙子，出现在他的面前。他一时都不太敢相信，这就是他的儿子钱法祖？直到小伙子噙着眼泪，叫着“大大”拜伏在地，他才知道是真的。

自困于延平山中以来，他无时无刻不在牵挂着儿子，忧念这个他仅存的骨血，在动乱的异乡环境中，能否平安地过活生长？他的双鬓，为此不知增添了多少白发！现在，儿子不仅就在面前，且已健康地长大，这叫他如何不激动难抑，不喜极而泣？

儿子能有今天，应该感激那些携其入粤的友人，感激一直照顾儿子生活的刘氏兄弟。

当他去拜谢友人们时，众人也皆为他平安归来而惊喜不已。已是朝廷刑部侍郎的刘广胤拉着他的手，激动地说：“危难不屈，间关归来，这是天佑忠贞呐！”

刘一向看重钱澄之才干，且钱澄之曾在他参加赣州保卫战身处危境时，竭力护卫了他的妻小家人的安全，所以他同钱澄之一样，也怀着一份感激之情，此时见钱澄之平安入粤来，甚替他欢喜。

与钱澄之在闽中同被推为司理的歙县人汪蛟，也历尽艰难渡海入粤。此时二人在肇庆执手相庆，则另有别样感慨。为着都能在危难中存活下来，并来到行朝辇下，也为着今后各人的处境前途。

汪蛟入粤早些，对朝廷形势有所了解。谈到今后的出处，他不无忧虑地告诉钱澄之：“听闻朝中形势复杂，多有派别和不同声音。过去有所谓拥立派与四方赴行在派之分别，如今又添了个反正投诚派。那些人因降过清，剃过发，暗惭之下转生嫉妒，鼓动朝廷明令禁止官员士民以保发归朝自陈。所以我们今后，还不知被如何安置。”

他们千里奔赴行朝，欲为抗清复明的事业而有所作为，若不得起用，情何以堪？何以自处？听了这番言语的钱澄之，其后不得不采取了两个主动的行动。

一是寄书诗于桂林留守相公瞿式耜，诉说自己“辛苦延津事已非，生还辇下愿多违”，表示“袖中双笔犹堪用”，“汉廷勋业许谁同”，盼望能得到瞿相国的推荐。

二是直接上书朝廷，于建言献策之际，为自己的复出造些影响。他在书中指出：

臣观今日中兴之大势，实在江西。自江西反正，中原震动，四方响应，争知汉室之将兴，即东粤从风，亦由南昌之首倡也。而今南昌受围五月矣，两勋困守孤城，望粤东之救，眼欲穿矣。臣顷度岭，遇勋臣成栋出师下赣，兵威甚盛。成栋尚驻南雄，以俟赣州之降。监军侍郎张调鼎见臣，言赣州降书叠至，旦暮可下。赣下即长驱而进，以解南昌之围。

…………

但这道疏文不但未能如澄之所期望的那样下廷议，还同几年前在闽中一样，被一些权贵人物斥为妄议。

不过，建策固可肆斥为妄，但其议论精彩，还是抹杀不掉，故沮丧中的澄之，还是因为这篇奏疏，获得了不小的美誉——然也仅此而已，其他的并没有改变，他仍只是一个靠边站的前朝官员。

今年反正后任兵科兼修撰的张凤翼，与钱澄之同乡，私下里点拨钱澄之说：“君若仅欲凭才识得官，那是很难的。你要不惜花费，打通关节才行。”

钱澄之闻言，不禁诧异：“现在这种时候，难道还要贿赂买官？”

张凤翼怪道：“你入粤后难道就没有一点听闻？眼前哪个官不是银子买的？人家会白给你人情推荐？尤其是像你这样曾作过外吏的，上头晓得你们囊中有些财物，不送些好处上去，如何肯给你官做?”

钱澄之听了，愤然且悲。

直到腊月，行朝的一些友人相识看不过，齐去吏部为钱澄之说话，吏部才勉强给他授了个礼部主事之职。

钱澄之怀抱超群才识，以豪杰自期，欲在中兴事业中有番作为，礼部主事这样的闲曹官，根本不是他所期望的。然当此之际，却也无可奈何。

年底，他用领到的一点薄俸，了却了一桩心头大愿：为儿子娶妇成亲。钱法祖昔日在家乡聘有一方氏女，但这些年流离在外，也不知其生死存亡如何。如今钱法祖已经成人，故里难归而岁月危乱，为了家族的香火传承，钱澄之托人为儿子说了门亲，娶一位流寓此地的仪真王氏女子为妇。

过年以后，钱澄之的心情愈发忧郁。

首先是因为湘赣战事的恶化。正月里，湖南总制原李自成余部的堵胤锡，因与将领马进忠有隙，欲以马部上年所取常德境让于他部，导致明军内讧，各地镇帅纷纷弃守溃奔，湖南新复郡县为之一空。督师何腾蛟，孤身追师，在湘潭为清兵所俘，死于长沙。同时间，被围八个月的南昌，终为清军所破，金声桓和王得仁皆死之。紧接着，清军自南昌溯江以援赣州，驻扎信丰准备攻赣的明军、将领怯战而逃，被部下裹挟渡河的李成栋，中流沉水身亡。

何腾蛟忠贞为国，对于永历政权在湘桂的发展稳定，起着中流砥柱的作用。而金声桓、王得仁、李成栋诸人，不仅以反正带来了江西广东的形势转变，后又成为在北面抗敌的重要统帅。谁知月余时间里，这些人悉数捐躯死国。

噩耗传来，震惊不已的钱澄之，沉痛中接连悲歌以挽：《悲湘潭》，

《悲信丰》，悲了信丰《悲南昌》：

长沙兵散湖南空，湘潭城中失相公。
举朝变色摧天柱，白日惨淡黯行宫。
时危饷诎谁用命，赤手空拳驱群雄。
功名事业长已矣，忠臣义士胡为哉。

信丰城败惠国亡，胡马东来势颇张。
白旗八杆章门至，始闻正月失南昌。
金公赴水气如生，王侯刎首色不变。
江人莫怪无援师，纵有援师来亦迟。

悼罢诸人，眼见楚赣大局已去，形势十分危峻，可朝廷对不用命抗敌却溃掠地方的将领既无控制惩处，于各地藩镇用兵筹饷任吏专擅，也毫无约束办法。而行朝里仍日逐讲求纪纲典制，议论资格去留，党同伐异，贿赂竞进。这令惊心时局的他，又添了许多忧愁。正月以后以连章《端州杂诗》记述行朝大事见闻，褒贬时事。

同时，他又连续上书留守相公及行在执政，为大臣荐人及滇封之事献议策。

三月里，他上书桂林留守瞿式耜，对瞿式耜在为朝廷举荐官员中不详考察真实才品，往往只徇其名的做法，直谏批评：

凡士之由楚蜀而来，未有不过桂林谒公者；公得一佳士，未有不急荐诸朝者也。即江浙之士，既抵行在，闻相公好士之风，未有不思望见颜色而后去者。而执事荐士之疏，亦无日不至，诚以当今之务莫急于人才，而以人事君，固大臣之本职也。而窃欲效一言于左右者，则望于所好之士惟求其实，勿徇其名也。夫执事之欲得士而荐之者，以为国也；

士之欲见于执事而冀荐者，以为官也。其始见之时，盱衡抵掌，无非忧国之事，指陈利弊，辨别邪正，亦实有可以图国之才。而执事力荐之于朝，使之受美官，居要地，然后得行其志。既得行志矣，察其行，听其议，无一有裨于国者，然后知向之所以见知于执事者，皆虚言也。虚言之士，志得于官而已，志于官未有能谋国者也。于是天下之士以为执事之所推其士，止于此也，贤者渐失其趋向之志，而不肖者承流踵辙，益务为虚言，希揣意旨，以谒相公之门。执事之所荐愈多，而可用者益少矣。

瞿式耜一心谋国，忠诚王事，虽被朝中奸佞排挤留守桂林，仍不遗余力为朝廷招揽荐举人才，谓“跰足而至者，非怀忠抱义之人，亦乱世取功名之士，人之岁月精神，不用之于正，则用之于邪，安可驱为他人用哉！”故只要有一才一艺之士皆收之幕府，或荐之于朝廷，颇有古孟尝之风。但他这种鱼龙不辨的做法，门下才艺之辈固然济济，而荐于朝廷的虚言干进之徒，“志于官未有能谋国者”，也不在少。

被荐者如此，荐者不能无过。然而钱澄之上书，非仅为泄愤而指责于眼前，其出发点还是总结过往而戒之以后。因为此时督师江、楚的何腾蛟殉国，朝廷觉得能代替何腾蛟节制诸将和地方的最合适人选，便是德高望重且向来与何腾蛟协力齐心的瞿式耜，乃赐瞿式耜彤弓铁钺，永、宝、鄂、岳上下三军之任行间者，生杀予夺惟命。这种情况下，瞿式耜的权力更大，责任更重，故钱澄之书谏瞿式耜审慎荐举，建议他详细考察以辨才品，而后知人以用，无疑是有必要。

此前，钱澄之也得到过瞿式耜的荐贤之助，能对推荐自己的有恩之人直言相谏，体现他不以私恩而昧大义。故瞿式耜得书后并不以为逆忤，之后仍继续向朝廷举荐钱澄之，显示出其宽广胸襟和公忠为国的大臣风范。

当钱澄之上书瞿式耜之际，朝廷正有一件大事令人关注，占据云南的原张献忠部将领孙可望，遣使入朝示归，请求封其秦王。给事中金堡引祖制无异姓封王之典，连上七疏，力阻其请。朝廷虽未从其言，但迁延逾月却未议定答复。顾虑藩镇专权的现状危害，廷臣们对孙可望的请封，既不愿答应，又不敢得罪，左右为难，争执不下。

这样的军国大事，钱澄之无由参与，也摊不上他管。可眼见那些迂腐循规不知权变的廷臣们，吵了两个月尚无结果，又听说可能要接受使者提出的不能封王则请降爵以授的让步方案，忧急在心的他，实在忍不住，于五月间上书执政大臣，表达看法，呈谋献策。孙可望、李定国、艾奇能、刘文秀俱是张献忠收养的义子。丙戌秋，清兵入蜀，张献忠中箭死，可望等率余众四万人马，由遵义渡乌江，屯贵州，继而入滇占取云南十九府。四人分别自号平东王、安西王、定北王、抚南王。四川巡按钱邦芑见其兵壮势盛，遣使招之。可望等为清兵所逼，亦愿归命。可望自己更欲通过明廷之封而节制李定国刘文秀，故遣使归顺请封。

此时江赣湖湘已重新为清人占领，失去北面屏障的两粤，时刻面临着敌兵随时南下入侵的危险。这种形势下，因孙可望之所请，假封爵以推恩，使云南之境为我所有，以云南兵马为我所用，本是困危中获得的意外转机和重要翼助。且只要处置得当驾驭有术，既无遗患，目的也不难达到。如澄之此书所献之谋划，正是依滇中形势实情而做出的高明对策，朝廷若纳之以行，必能收见成效而开局势发展之新机。

然而，因为迂腐不化，对造反义军骨子里的不信任，还有派系势力之间的猜忌争斗，肇庆行朝议来议去，结果到底舍不得拿出那一个“秦王”的虚号来。

这件事，令钱澄之对那些廷臣的无能无知，有了进一步的感受认识。鄙夷之际，心中失望忧虑更深，以致常常须借醉饮来减轻对时局形势的担心："无计忧天拼痛饮，也知戎马近庾关。"

六月，李成栋之柩自岭北还，朝廷遣使追封李成栋为宁夏王，赐葬九坛。钱澄之得知消息后，主动要求以副使身份参与其事，出差去了广州。

离开了一天到晚争争吵吵的行朝，看不见那乌烟瘴气的权势角逐和官场昏腐，也听不到那些让人忧心忡忡的时事消息，他的心情果然好了不少。羊城的美丽，南海的风情，带给了他新鲜的感受与刺激。而流连于友朋间的邀游酬唱，更令他感到了之前身处清冷闲曹所没有的兴奋与欢愉。甚至他被压抑有年的情爱之思，这时也被悄然拨动。

一日与同来的中书舍人曹襄等逛街市，适逢一南海佳人出嫁，人多轰动着拥挤观看，喝彩不已，美丽的新娘也不时从轿中探出身向人们挥手致意，那光景似乎不是出嫁，竟是亮艳受瞻一般。钱澄之等见了不免惊诧，先以为是风俗有异，一打听方知其中尚有段动人故事。原来那女子很有志气，因不耻城里男人于前期清人统治时多剃了头，故其择婿时，于人物身份概不讲究，唯要求不曾剃发。一番寻求后，终于觅得一个流离到此的宣城汤生未曾髡首，乃欣然于嫁于归。

见了这般的气节佳人，才子志士的钱澄之，不由得怦然大动其心其情，赋诗赞道：

南海佳人择配殊，羞他被发遍通都。
岂贪姿首求髽士，欲向衣冠觅丈夫。
青鬓得君偕宿昔，白头相伴足欢娱。
二毛自愧郎官老，尚有闺中好义无？

末尾似谑还真，却是触景生情。异性之恋，室家之思，油然而生，脱口而出。

广州激活了他的情欲，也帮他达成了另一个心愿。他将自己近年的各体诗作，整理成《生还集》，于此间书坊雕刻。那些诗，是他的心血呕成，记录了自弘光以来的重要事件人物以及他自身在患难中生存奋斗的历程心迹，涌动着激荡的时代风云，承载着他无限的悲愤忧切，心酸感慨。乱离之中，他既怕丢失，也盼望这些可称诗史之作，能早日刊行面世，于流传中扩大影响，激励同志世人。

第七章　天子门生

深秋时的肇庆，因朝廷要举行首次开科取士之典，气氛甚是热闹。不但官员们见面口中谈的都是这方面的事，即便街上的士民百姓，也议论纷纷，好奇不已。

永历朝廷自建立后，因为搬迁不定，官员变动频繁，一直没有科举选士。四方聚集的士子失望有意见不说，朝廷自身也颇受影响——在官吏来源只依赖大臣和各地藩镇推荐题补，质量既难以保证，有些部门更因规制条件所限，长期缺员。翰林史馆即是这样的典型，朝廷建立三年来，除翰林学士外，史馆里便再无一个出身翰林的词员。朝廷诏敕等本由翰林专责之事，只好由中书兼代，因非专业词臣，其所制作，常令皇帝和大臣们不满意。

七月份，永历帝因又一次对中书所制诏敕不满，提出要归职史馆。内阁辅臣黄士俊、严起恒遂奏请考选。礼部侍郎黄奇遇根据皇帝和阁臣的意思，提议仿照唐代的开制科取士之法，予以实施。

唐代是中华科举制度的定型期，在其两百多年的历程中，逐渐发展成一套比较完善的考试选官制度。其考试的科目，分为常科、制科两类。常科是每年分科进行，由尚书省主持的省试。制科则是不定期举行，通常由皇帝下诏举行，也常由皇帝亲试，当时许多名臣皆由之而入馆阁。

眼下，永历朝要举行大范围的定期考试不备条件，切合实际而又能达到一定选士要求的，便是效仿唐朝制科的办法。故皇帝和阁臣一经礼部提出，立马都同意，根据选翰林的要求，也套用唐代王公大臣推荐参试者的方法，诏令廷臣三品以上各举所知在仕及乙榜知名未仕者，卿贰等自举其属，汇送吏部。又敕吏部尚书会同礼、詹、翰诸臣，严加考核，取及格者若干人待皇帝临轩亲试。

科考本身，向来为世所重视，何况永历朝首次的开科选士，又有皇帝御试之隆重，实也是难得一遇的旷典盛事，自然引起了轰动。许多人都在关注着事情的进展与最后结果，不知哪些人会成为考试的幸运儿。

谁知拖到十一月，最后参加御试的名单尚未确定下来——原是负责的诸臣不廉，贿赂公行，将那考核后的名单改来换去。内幕披露，舆论哗然。宫中也风闻了消息，一向不大问事的永历帝严旨切责，贿私严重的尚书吴爗、通政司毛毓祥等羞然引退，歪风才被刹住，考选得以较公正地进入到第二阶段。

腊月二十四，皇帝御殿亲试，百官侍班观典。数十名考生，在鸿胪传呼中由午门进入，当殿跪奏履历籍贯后，分东西号编坐于大殿两庑。每人的身边，都有一名内侍和金吾监视巡绰，校尉供役。场景气氛，庄重而严肃。

这场御试，考经义三道，策论各一道，此外增作诗一首，为考量准词臣们的文学才艺，也是仿唐制所为，因唐代的进士科，诗赋是一个重要内容。

皇帝很重视眼前这场考试，面对呈上来的拟题，斟酌再三后，方亲笔御书交给近侍颁下，晓谕众考生。这一整天，皇帝也没有回宫，一直待在一侧的文华殿中，关注着考试情况，表现出少有的兴趣耐心，令陪侍百官大为惊奇纳罕。

天黑后，考生们秉烛夜战，一个个搜肠刮肚，逞其才思。而文华殿中的皇帝，或展卷看书，或同近侍闲聊，绝无离去之意。这情形苦了观典百官，皇上都在那里熬陪着，他们哪敢散去？困倦不过的，只好这里那里地依卧露宿。精神好的望着文华殿中的灯光，不住揣想皇帝为何今日这般坚持有耐性？

直到夜半时分，考试结束，内侍传出口谕，令拟参加阅卷的詹尹翰林大僚，也随群官散去，唯留两位辅臣单独阅卷。众臣这时方明白，皇帝一反常态地与考试相始终，不仅是表明对这次考选的重视，也是严加关防，不让臣下有机会捣鬼作弊。

皇上虽然软弱，却并不糊涂，就是这个考试之日，他给群臣的一个深刻的教训。

次日傍晚，鸿胪寺传齐各官侍班，永历帝出御文华殿，辅臣以阅毕分等之卷进呈拆号。皇帝命科道官监督，面举情弊，然后御笔亲自填写姓名，取中八人，皆授庶吉士。放榜之日，皇帝复亲洒宸翰，以示恩隆：

敕内阁吏部，朕亲试取中刘茝、钱秉镫、杨在、李来、吴龙桢、姚子庄、涂弘猷、杨致和等，着即授翰林院庶吉士官。特谕。

行朝内外乃至整个肇庆城，为皇帝的这个御诏沸腾了。这些新贵，不仅是天子钦点的门生，且一下子便拥有了仕途中令人艳羡的身份——庶吉士。

有明以来，翰林一直是为人们羡慕的清要之职，明代中期以后更形成了非翰林出身不能入阁参与机务的风气。而翰林院中的庶吉士，更是国家为培养大僚重臣的储备之才，他们若进入朝廷工作，一般都是直接委以高级重要的职务，而不必像普通官员那样需要渐次地晋升，故庶吉士向来被目为“储相”。

一时间，这一班新授的庶吉士，成为人们眼里瞩目的“政坛新星”，被热烈地谈论着、追捧着。而新星们自己，在那尊贵与追捧幻成的光环围罩中，自也感到了极大的荣耀喜悦。

钱澄之也不例外，一向情绪低落的他，在成了第二名庶吉士后，精神一下子振奋起来。

多年以来，以才志傲世豪杰自视的他，心中一直有一个很大的遗憾，那便是缺少科举功名——他虽对科举弊病多有批评，对那些只知经书不知世务的八股之士很瞧不起，但因受现实中把科举视作是人生进取正途的看法影响，内心对科举功名又念念不忘。正因如此，几个月前待在广州不想回的他，在得知朝廷欲行制科考选翰林词员后，不由得兴奋地吟着“去国已甘梅尉隐，好官重起木天思”，背着一捆未及刊印的刻板，匆匆赶回肇庆参加考选。

临轩前数日，他做了个梦，梦见他的父亲，取礼部服色入朝谢恩，而他的亡兄伯玉更相告，睹见他在榜上名列第二。梦由心生，可见他思想上，对这次考选是抱着怎样的重视与期待。当多年的梦想终于变成了现实，功名成就的喜悦和激动，也即可想而知！

在咀嚼考选成功的喜悦，增添自信的同时，他的情绪还从另一方面得到了激励：通过这次考选，他又重新拾回了对朝廷的期望和信心——这一点，对于这个阶段的他来说，其积极的意义，甚至比功名的成就更重要。

入粤一年来，所见所闻与自身遭际，都使他对朝廷的昏乱腐败，包括永历帝的懦弱无为，甚是忧愤失望。然而这次考选中，永历帝纠杜贿私力求贤才的表现，令他对皇帝的观感有了改变，觉得皇帝虽然懦弱，却也并非是像弘光帝那样昏庸荒诞，而是圣智未蔽，勉力想把朝廷之事做好。加上考试前他又做了那样的梦，使他颇有些相信：登极天南的永历帝，确是符膺天命的君上。“鬼神预报非无故，应识天庭拱圣明！”天佑圣主，自然抗清图复的中兴事业有望！而国家有望，则臣子也自有前途在！

有了这种感觉认识，作为天子门生的他，感激涕零之外，也唯有不惜躯命以报效君国了！

放榜当天，他去谒谢座师严起恒，便表达了这般的心情意愿。

严起恒是山阴人，居官清廉忠于王事，在朝中与瞿式耜并有声誉。这次考试，钱澄之的卷子是由他阅视并取在第一名的，只是按例第一名当出首辅门下，故御定时改排了第二。

钱澄之拜谢老师时，严起恒言道：

“庶常公才识超群，无怪瞿相特书誉荐！本阁此次虽阅卷以呈，不过遵旨行事，为国选才，算不得什么，这老师更是不敢当，你们乃圣上钦点，俱是天子门生。若言感激，当感激皇帝陛下的圣意隆恩，此后忠心报效。”

钱澄之再拜，说：“老师怜才眷顾之意，学生感而难忘。至于天子殊恩，当如老师教导，唯不惜躯命，精忠报国，鞠躬尽瘁，死而后已！”

除夕夜，在百姓人家的鞭炮声中，宫中大内放起了焰火，冲天而上宵空，在一声声震鸣中，绽放出绚丽夺目的光彩。面对这难得的升平喜庆景象，年近不惑的钱澄之，在成名的欣悦和感恩的激励中，仰望着夜空的焰火，也有一种欲化身焰火，不惜粉身以艳丽天空的冲动。

可变幻难测的时事朝局，能给他这颗政治新星，留下升空绽放亮丽天南的机会么？

正月初六，尚与肇庆市民一样沉浸在年节喜庆中的行朝，突然出现了一阵紧张气氛，防守南雄韶州的将领罗成曜畏敌怯战，弃韶州而潜退南边，本省北边的大门及数百里之境，已空无防兵。

事态严重，人们都在关注着朝廷如何应对。

朝廷的对策是，行朝撤离肇庆，皇帝移驾西幸。

正月初八，在肇庆市民一片失望怨恨的目光中，永历帝与后宫在太监宫女簇拥下，登舟离开肇庆。拗不过皇帝的百官，纷乱着仓皇随驾，城南的西江边，一片溃奔情景。

薄暮时分，两条小舟出发去追赶已经走远了的行朝。虽不一会儿天就黑了，但此时水面上船只少，借着上弦月的微光，舟船在昏暗中仍可勉强前行。

形势突变，蜷缩在船舱里的金堡、曹襄、钱澄之三人，俱拥被难眠。在舟船的摇晃中，心中的思绪感慨，翻涌不已，化作阵阵忧郁的沉默或激愤的话语。

他们俱是不赞同行朝西迁的。金堡作为有权奏事进谏的言官，曾在朝廷议论时激烈反对皇帝移跸。后来受命去东边转了一圈，见清兵并未过关，更觉不应西撤。此时见皇帝仓皇西去，行朝上下如崩似溃，心里的窝火憋气和沮丧无法形容。

他手拍着船板，愤声道："以天下之大，只存天南一隅，退寸失寸，退尺失尺，今乃朝闻警而夕登舟，将退至何地耶？又拿什么激励将士军民奋勇抗敌？……皇上啊，你为何要信听那些奸佞之言？你难道不晓得，天下臣工皆可怕死畏敌，唯独陛下你不可以？你这一跑，人心慌乱，上下崩溃，时局尚有何指望？"

后面的话，已是向着远方跑得不见踪影的皇帝嘶喊。

曹襄接话道："金公你错了，皇上心里清楚着呢，不然他何以要下罪己诏？只是枉使你跑了一趟路，也难为了饮光，这样的罪己诏书竟也写得那样动人，我上午听说南阳伯李元胤读了，几为感而泣下呢！"

原来要走的皇帝，心存愧疚，颁下罪己诏。自责检讨的同时，号召四方军民守土杀敌，保卫国家，为光复大计建功立业。这诏书便是澄之昨晚受严相国之命起草的，今日上午颁下。

钱澄之幽幽道："诏书不过表达圣上的心意，激励一时而已。只可惜了像李元胤这样的豪杰之士，素有韬略机谋，又忠心耿耿，却不得朝廷信用……若是春间宁夏王遇难，朝廷径以元胤代其父而抚军，以其智谋威信，又有诸弟佐助，定能驾驭部下各谨其职，不至于出现众将离心不和，边关弃守。"

金堡叹口气道："你说的不错。罗成曜弃逃后，杜永和及一干将领欲弃城航海，只是为飓风所阻才折回，我和刘侍郎去后多方劝导，众人才安定下来，准备城守。若换作李元胤坐镇广州，情形定然不同！只是，朝中也少不了李元胤，若非他提禁旅以震慑，那些只知贪墨舞私的奸佞们，还不晓得要干出多少蒙蔽主上罔顾朝纲的坏事呢！"

他与袁彭年、刘湘客等人与李元胤关系素好，依靠李元胤的支持，得以在朝中恣意干政，形成一股令人敬畏的政治势力，故他虽同意钱澄之看法，却又认为李元胤不能离开行在。

钱澄之看看他，沉默一会道："而今李将军不随行在，自请留守肇庆，公等今后还是稍敛锋芒，免为他人所趁，再出现陈邦傅请监军之事。"

金堡在朝中，虽以冷峻苛刻不近人情著名，但相比丁时魁、刘湘客等，为人还是正直不阿的。钱澄之敬重他的人品胆气，与他保持着较友好的关系，这时因李元胤留守肇庆，便不免替金堡有些担心。因为金堡在朝中得罪人太多，今日参劾这个，明日参劾那个。所谓陈邦傅请监军事，便是金堡刚入朝时，上疏弹劾驻守浔州的悍将陈邦傅十可斩之罪，陈邦傅则疏请朝廷派金堡去监其军，欲行加害。

曹襄也道："饮光所说甚是。朝中一直党争不已，去年皇上命盟于太庙求解而不能。近日朝中流传着一幅《假山五虎图》，谓彭年是虎头，时魁为虎尾，正发为虎喉，湘客为虎皮，金公你是虎牙。虎要噬人，人要谋虎，意思很明显，不能不防啊。"

金堡听后道："我金道隐入朝以来，所参者不是不法的悍将，弄权的奸人，就是贪墨的败类和昏庸的官僚，为的是肃纪去弊，清除芜秽，立身正直，用心无愧，又何惧那些跳梁小丑和妖魔鬼怪！"

听着那掷地有声的话语，看着摇曳的灯光下金堡脸上一派凛然正色，钱、曹二人感到对眼前的这个人，又有了新的认识。

过了一会，曹襄向金堡问道："有个问题我不大理解，公能否告诉我原委，虎为万兽之王，世人莫不畏敬。朝中恼恨公等者，畏则畏矣，却哪里有敬？又如何以虎来形容公等呢？"

金堡听了，不由得扫了澄之一眼，悻悻道："凭那些人也想不出来的。大概是拾人牙慧，从钱大翰林这样有学问的人那里贩去的吧。"

钱澄之笑道："委实对不起啦，一时玩笑谑语，不想送了诸位一个唬人的绰号。"

曹襄惊讶道："原来老虎是从你这儿放出去的呀，快说来听听，是什么回事？"

钱澄之看着金堡，欲言又止。脸上表情似笑非笑，古古怪怪，令曹襄越发好奇。

金堡嗔道："作什么古怪？老子又没有做什么见不得人的事，还怕你讲？曹中书，他不讲，我说给你听，你晓得我金道隐素来清贫，常常没得饭吃，只好去刘湘客、丁时魁他们府上去蹭饭填肚子。这坏蛋讥讽我只吃别人而不请客，有一次于席中讲笑话说：某日张天师命座下黑虎去请客，黑虎途中饥饿，把所请的客人吃了。回来天师问，则对曰‘肚子饿，吃了’。天师大怒，责骂之。黑虎道：‘天师不该骂我，错在天师自己。我自来只知吃人，几时会请人来？’听得哄堂大笑，传了开去，那五虎之谓定是由之衍来。”

曹襄听得忍不住笑乐，道：“原来竟有这样好玩的缘故！饮光之诙谐，可追东方朔！”

钱澄之和金堡相互瞧了一眼，终于也憋不住笑了起来。这段小故事，让他们心中的沉闷忧郁，稍为纾释，心情轻松了些。之后，几人不肯再去想当前的时事，便以谈论诗文打发难熬的长夜。

金堡说：“钱大翰林，近来可有新著论文，赐我们一读？”

金堡工书画而不大善诗，自做了言官后，对精美的文论产生特别喜好。前年读了钱澄之至端州第一疏后，大是敬佩，目为同僚中的文章高手。这时闲聊，便欲思览他作。

钱澄之听了，正沉吟间，曹襄道：“他新著我不清楚。之前曾作过《南渡论》一文，其论弘光灭亡之原因，精辟而公允！我诵与道隐你听听：‘夫亡国者，主也；亡主者，马士英也；而令马士英至此极者，阮大铖也。推而论之，东林诸君子攻击大铖之已甚者，亦与有过焉。’”

金堡听了道：“不错，南渡失国，罪在昏君奸臣！只是认真论起来，马、阮固为亡国之祸首，然助纣为虐，荼毒地方，敌至望风而逃，开城纳降，致一年天子而为囚首的勋孳悍将，又岂能逃其祸国卖国之罪愆？你说是不是，饮光？”

金堡在任临清令时，曾受过四镇之一后纳城降清的刘泽清迫害，对当时勋臣中的败类及骄横悍将的祸害有切身感受，觉得彼也是南渡亡国的一个重要原因，不能仅归罪于马、阮。至于东林诸君子攻击过甚之论，他并不赞同，提也不提。

钱澄之猜到金堡不一定很赞成自己的看法，也未在意，点点头道："你说的也是。弟自广州回来后，闲暇时还作有一篇《闽论》，拟总结隆武败亡之因由，也请二位一并指正。"从身边行囊中翻出几页书稿，递给金堡。

金堡取头簪剔亮油灯，与曹襄共看那文章。很快，俩人便为那精彩的议论所深深吸引：

闽立国一年而败，虽曰气数为之，盖亦人事使然焉。夫闽所建，非孱主也。所有之地，尽两粤与黔中、楚之湖南、江右之半壁，截长补短，地连六省，非甚狭小也。山川地势，皆极东南之险厄，可以扼守也。米谷不取给予他，物产富饶，开采鼓铸，可以济军国之用也。其兵虽不能决战于平原广野，而乘高伏莽，超距跳踯于丛棘渐石之间，援崖蹈险，虽孟贲、庆忌不能与之争追逐也。又有火器毒弩，与北方弓矢足以相当也。北方所恃者弓马，其地马不得驰，弓不得施，不战而守，闽固未易破也。然而一年辄败者，则三山非驻跸之地，郑芝龙兄弟非可倚之人。倚非其人，据非其地，如坐井而求出，媚虎而思骑，当其驻闽时，固已失天下之大势，阻兴复之雄图矣。

…………

不一会看完，皆不禁嘘声长叹，为着文句之晓畅洁美，气势之回环跌宕，议论分析之周彻，更为着文章表现的高明的时局见识和对策。

曹襄击掌道："好议论，好文章，真是才子手笔，豪杰眼光！吾尝见他人或有评叙总结，不过浮光掠影的一得之见，从未见有如此剖析透彻议论深刻者！"

钱澄之道："素臣谬赞了，道隐兄或许不以为然呢。"看着金堡，不知他如何评论，因金堡往昔正是主张弃闽入楚，舍郑芝龙而依何腾蛟者。

金堡道："此文若见于两年前，我定不敢苟同。然以后来形势变化看，尤其是去年以来流寇残喘乱我湖南，致督师身死，所取州县复为沦陷，楚局自此不可为，君所谓'新降不可用'，确然中肯，有先见之明。其他种种分析，也皆合当时形势，让人佩服！"

钱澄之听他如是评论，颇觉意外，因晓得金堡是一个比较认死理的人，素来不轻易改变主张，常常在朝中与人争得面红耳赤，不肯退让，不想今夜非但未固执己见，反而痛痛快快地接受了自己的看法，予以赞许。这令他颇感动，道："我与公当日意见相左，今夜却得此评论嘉许。从今而后，吾更知道隐之直也！"

曹襄道："道隐是直臣，饮光是能臣。饮光之才识，固我辈所不及，亦远在那些循礼守旧的腐儒廷臣之上，只可惜不见重于朝廷，不能为中兴恢复建大策立奇功，委实可惜可叹！"

曹襄自与钱澄之结识后，对钱澄之的才学识见和能力，极是佩服，去年澄之待在广州不愿回肇庆，他也一直陪伴相随不肯离去。此刻他读了文章，敬服之下又感慨起来。

金堡叹道："饮光为天子门生，日后脱颖而出，原也大有希望。只如今时局变化，令人忧惶……他去年给我诗中谓'国事乱如麻'，但眼前势态又岂仅是混乱如麻？如此危乱的局势，也不知此后还有没有机会，让他一展怀抱于朝堂，做风雨飘摇中的中流砥柱？"

作为永历朝一个著名的人物，金堡在朝中今日参劾甲，明日弹劾乙，常与廷臣们争吵激烈，固有素来言官恶习之影响，但也是不满和忧忿朝廷的昏庸无为，混乱腐败，而欲竭力纠杜。在这样的过程中，行朝上下的表现与形势，早已在其心中投下了巨大的阴影。近日形势变化与朝廷的表现，更加深了这种忧患，这时便抑制不住地表露了出来。而他这一说，自又感染了另外两人，时局危乱的阴云复又罩上各人心头——先前正欲抛却时事烦恼而谈文，岂知兜了一圈，仍是无法忘记。

寒夜里，大家未再言语，只随着静寂中欸乃的桨橹声默想心事，凭那一叶小舟颠荡着载向前方。

一群从岸上下到江水里的鸭子，追逐着打鱼的船只，用嘎嘎的喧叫声，向世界宣告：春天来了。

春天，催动着大自然阳气的复苏，以和煦的暖风和草木的新绿，带给大地以新的生机和活力，同时也催生着大地上人们藏养一冬的希望以及蠢蠢欲动的阴谋。

苍梧城西南面的江边，在春水摇荡的舟艇中，正上演着这样一场酝酿已久的阴谋和斗争。

从肇庆迁徙出的永历行朝，经德庆而至苍梧。这是永历帝三至梧州了，众臣请修行台，帝惜资费又且时局未稳，遂权以龙舟为宫殿。行宫既在水上，扈驾百官没奈何也只能蜗处舟中——但这样的环境，也挡不住刚刚从惶惶西撤中安顿下来的某些人，要在大江之上开展一场铲除政敌的“赤壁之战”。

在行朝抵至苍梧仅三天后的二月初四，户部尚书吴贞毓、礼部侍郎郭之奇、兵部侍郎程源以及礼户吏科言官共十四人，要求召对，合疏参劾袁彭年、刘湘客、丁时魁、金堡、蒙正发五虎“把持朝政，罔上行私，朋党误国”十大罪，应予严惩。

水殿之上，这一群人个个义愤填膺，咬牙切齿地声讨五虎，历数其一桩又一桩“罪过”，仿佛那五人比占了大明天下的福临、多尔衮、多铎、豪格还要可恨，比洪承畴、吴三桂以及眼下正带兵打来的尚可喜、耿仲明那些投降清朝的卖国失节者，还要罪恶滔天，不可饶恕，不杀不足以平神人之共愤！而他们这些青筋暴跳沫星乱飞的声讨者，正是捍卫法纪驱除奸恶拯救时局危难的大忠臣大英雄！

决定五虎命运的，自是那坐在御榻上的永历帝。他内心早就对五虎平日揽政干政、时常在疏驳中顶撞他的嚣张行为不满，此时见一帮“忠臣英雄”共为申讨，立即下旨：除袁彭年有反正功免予究处外，其余四虎俱下锦衣狱，敕掌卫事张鸣凤严加鞫问。

这一惊变，如炮鸣雷轰，震动了行朝内外上下。除了那些弹冠相庆的吴党们，谁也想不到这种形势危急人心散乱之际，有人居然还要搞内讧，欲置政敌于死地！当此之时，平日附依五虎者固惶惶不可终日，而素来不参和两党斗争的人们，也深感失望忧惧，心头泛着阵阵寒凉。

随行朝的阁臣严起恒得到报告，震惊之余，心里十分焦虑矛盾，不知该不该出面申救。既因去年五虎数次弹劾他，也怕影响向来与吴党保持善可的关系。

他身边的钱澄之谏道：“老师身为阁臣，这事不能不问！五虎固曾激烈反对您，但临难援救，不计前嫌，才是大臣应有的态度和行动。”

严起恒望着江边议论纷纷的人群，颇有些为难：“五虎平日气焰骄盛，同僚多看不惯。我即欲救，也恐势孤力弱。”

钱澄之道：“虽然那样，老师还是应尽自己心力。”

严起恒踌躇了一会，终还是接受了学生意见，起身领着身边数人，在岸上朝着水殿跪下，请求皇帝宽恩。旁观群官见辅政大臣如此不计前嫌而申救，也便相随其后，在江边跪了一片。

这样的情形，颇出那一帮纠弹者的意料。他们唯恐皇帝改了心意，在一边纷纷责骂叫嚷。兵部侍郎程源跑到龙舟之侧，声嘶力竭地嚷道：

“五虎欺君罔上，罪不可赦！金堡即‘昌宗之宠方新，仁杰之袍何在’之语，便当万死！”

原来金堡曾弹劾御史吴尔瑱，以马吉翔门下士而混进台班。他因马吉翔依其妻夤缘后宫且数于室外偷窥永历嫡母慈宁太后，不耻其为人，在驳斥吴尔瑱的疏中云：臣何人也？尔瑱何人也？以仁杰之袍赌昌宗之裘，志士尤为怏怏，顾且肆言无忌也。拿武则天宠幸张昌宗的故事，暗刺马吉翔。这样的话，说说固然痛快，但对后宫之不敬，也让政敌抓住了把柄，这时给翻了出来，成为攻击构陷挑起后宫愤慨的罪证。

果然，慈宁太后在一旁船中听了这话，听人解释其意后，大是羞恼，将金堡恨得要死，当下传话给儿子，说绝不可饶金堡那厮狗命。本来永历帝见群臣跪求，不免有些动容，却因太后这旨意，复坚定了心思。严起恒请求召对，也不允许，只让内侍出来传谕说已有了御旨，令群臣散去，一面密令掌锦衣卫的张凤鸣，对关押的四虎严加鞠讯，必致金堡以死。

皇帝心意如此，此后连在外藩镇重臣的辩疏也一概不听，即平日很尊重的瞿式耜也是同样——瞿式耜在得到消息后，连上疏章为五虎辩罪申救。

其谏云：“即使其罪状一如疏中所指，处分岂无时刻？而汲汲于仓皇移跸之顷？又且不先不后，恰当邦傅到梧之时，能无‘我不杀伯仁’之疑乎？”

陈邦傅乃吴党在外藩的重要支持者，此时正带兵以卫护之名至梧州，吴党此时发难正是凭借着他的势力，威噤朝中之口。故瞿式耜以是议论，提醒皇帝。

后来听到锦衣卫对金堡四人，采取昔日魏忠贤厂卫的做法，用各种刑具严刑拷问逼其招赃的消息，瞿式耜痛愤之际，再疏以争曰：“中兴之初，宜保元气，勿滥刑，诏狱追赃乃熹庙魏忠贤锻炼杨、左事，何可祖而行之？”

皇帝见了这样的批评，不敢公然辨斥，只敕布四人罪状以送，意思是臣下的揭举建议，非是他本人要搞魏氏作风。瞿氏耜封还道：“法者，天下之至公也，不可以蜚语饮章，横加拷案，开天下之疑。且四人得罪，各有本末。臣在政府，若不言，恐失远近人望，其何辞于后世！”

这样的辩疏，一连上了七道。皇帝虽有所触动，却终未改心意。可怜金堡四人，被厂卫拷打得呼爹喊娘叫祖宗，叩头哀祈，无奈招赃。金堡因有密旨要致其死，更受尽酷刑，几丧于杖下。直到数月后，因了两个人物的入朝干预，才捡回了一条命。

五月仲夏，郧国公高必正和南阳伯李元胤相继朝于梧州。这高必正乃李自成之妻高氏的弟弟，几年前随郝摇旗、李锦等众一起，为何腾蛟堵胤锡所招抚。在李锦死后，现统帅忠贞营。他因奉了朝廷命令去救援被清兵围困的广州，遂率五千劲旅，与兴平侯党守素一道入朝陛辞。

这种时候，这样出征将帅的到来，朝廷自是十分重视。接受臣下建议的永历帝，命一班朝臣们郊迎四十里，牛酒犒师。受到这般隆重的欢迎，高必正大悦，与前来的朝臣们飞觥畅饮。

席间，户部尚书吴贞毓言道：“郧国率百战之师，此番驰援广州，必能驱敌退虏，马到成功。但危疆须保，而朝事也须将军洞察明见，虎威纠肃，铲除奸佞，拨乱反正，以确保中兴大业振兴不废。”

高必正看着他，疑惑地道：“吾知五虎朋党为奸已为公等所参，下了诏狱，做了囚犯。难道那人之外，还有其他奸人在朝中作祟？”

吴贞毓道：“公常年征战在外，朝中事不大清楚。近年朝事虽毁坏于五虎，但彼等不过是在明里干坏事的小丑，他们背后其实还有主谋，像严嵩一样的更大坏蛋！”

高必正的确不太清楚朝中情形，见吴贞毓这般说，信以为真，圆睁着两只虎眼道："还有这等事？你告诉我，那严嵩一般的大奸贼是谁？"

吴贞毓见他已入彀中，道："现在朝中的严嵩，就是阁臣严起恒！他们严家都出奸臣，昔日严嵩为相时干了许多危害朝廷的坏事，如今严起恒比他更坏，他培植虎党，压制正人，把持朝政，误国欺君，犯下的奸恶之罪罄竹难书！我这里有朝臣劾他的二十余罪疏，国公请看。"

从袖中取出劾疏，递于高必正。高必正识字不多，不耐烦看，只听说有二十多款罪行，便不由得气愤："这厮真是奸恶之至，原来竟干了那么多的坏事！哼！哼！"

吴贞毓再加把火，故作忧愤之状道："那奸贼自被参劾后，羞恼心虚，没奈何辞官引退，却是并不甘心，还想卷土重来。他极善于伪装，在朝中又党羽众多，若是不彻底铲除，让他再回朝廷，必将危害朝廷圣上！我等虽忧心忡忡，却奈何没有力量，惟望国公一秉忠贞，明日陛见时，辨奸除恶，清君侧，安朝廷！"

郭之奇、程源一伙也附合着，齐道："请郧国公辨奸除恶，一语安朝廷！"

高必正被这帮人说动，哈哈大笑，慨然道："诸位放心，我老高最恨奸臣，管他什么严嵩秦桧，他胆敢祸害朝廷，老高就不放过他！"

吴贞毓一伙，相互对视，也随着发出了得意的狂笑。自从严起恒率领群臣沙滩声救四虎后，吴贞毓们是又惊又恨。原以为以往丁时魁、金堡屡次攻击严起恒，彼在这次事件中肯定会站在他们这一边，不料严起恒非但没有同他们一鼻孔出气，反而挺身申救，增加了他们铲除五虎的阻力。自那时起，他们便将严起恒恨之入骨，密谋将其一并扳倒铲除，经过一番准备，使出了连环两手。

先是奏请朝廷起用因卖官鬻爵而丢官的同党王化澄入阁，作为他们的大援；然后由言官出面纠劾严起恒："奸逾严嵩，结虎招权，谋危社稷，买黄金通虏，拒杀诏使……"共二十款罪，端的是该杀该剐，万死莫赎。而指严起恒与五虎结党，意在利用皇帝对五虎的恼怒而重惩严起恒。

他们打好了算盘，只待皇帝被疏言激怒，他们便似害五虎那样，纷然上前群攻，置严起恒于辩无可辩之地。不想雷得复的攻讦，不单招来了众多朝臣的义愤驳斥，更被永历帝臭骂一通将其革了职。这情形，令他们大失所望且无奈，因为这时他们那带兵的同党陈邦傅已远去三水驻防，没有其作后盾，他们不敢进一步兴风作浪。

正在悻悻然焦躁之际，忽然传来了高必正、党守素要入朝陛见的消息。这高必正头一次入朝，与朝中大僚没什么交情，若拉拢说动他面圣弹劾，岂不就能达到目的？于是他们一力怂恿着皇帝隆重犒师，趁机行其拉拢构陷之事。此刻见高必正果被他们糊弄，奸计得逞，心中很是得意。

谁知次日高必正和党守素入朝班候对，却出人意料改变了态度，尽为严起恒辩护。他先与朝臣们大谈连孔夫子都有人参劾，严相公被那些歹人参劾也是正常；嗣后召对见皇帝，极言严起恒公忠无私，宜委以专任，而金堡等人处分过当，怒斥刚被吴党们疏请回来的大学士王化澄，徇私植党，扰乱朝廷。

此时，严起恒因伤愤已离开苍梧舟往平南，高、党二人随请皇帝写了手敕，亲乘快艇去追赶，说一定要把严相公请回来。

这样的结局，与人们原来的想象完全相反。许多人在把一颗悬着的心放下之际，不免大是惊奇纳罕，不知局势一夜之间何以翻变如此？

次日被高、党二将追及的严起恒，也是如此。他不好直询他们，只在心里揣摩不已。稍晚一点，当他的学生钱澄之也追舟而至，与众人打趣说“古有萧何追韩信，今却是韩信追萧何”时，他尚未想到事情的转机，却与此人相关。正是这个近来他日益倚重的学生，以其过人机智，令朴直的高必正改变了看法态度，翻了局面。

原来昨日朝觐前，到苍梧后只在营中会客的高必正，破例接受邀请，登上戎政侍郎刘广胤的艇船，拜访那位同为陕籍的老乡。刘侍郎邀请他，不用说是担心高必正为吴党拉拢而对五虎不利，欲通过叙叙乡谊，求高手下留情。

谁知高必正是忠直之人，听了吴贞毓们的说辞有先入之见，认定严起恒与五虎不是好人，故当刘湘客和袁彭年忐忑不安从邻舟过来见面时，立即遭到他的斥责，态度甚是严厉。

二刘一袁睹此情形，心中直打鼓，欲辩不能，惶然不知所措。亏得在场有个救星，一番言语化解了高必正满腔戾气，令其渐渐冷静下来。

那是钱澄之因揪心朝局，来探访刘广胤。听说高必正在欲避去，不想高必正瞥见了，听说是个有才学的词员，倒也客气，邀入舱中。钱澄之落座后，听高必正向刘广胤数落严起恒之罪过，说严起恒就是眼下的严嵩，又取出雷得复参疏，叫刘广胤念与他听，神色甚是义愤。

刘广胤知道他受了吴党一伙人的蛊惑，无法分辨，依其意把那疏读给他听，让他自己去判断。高必正这人，虽对朝中情势不太清楚，却也非全然懵懂无知，听那劾疏种种诬陷攻击，心下亦觉有些过分。但毕竟这两日耳朵里刮进了许多关于严起恒的坏话，故对其基本看法仍未变。听完后对众人道：“这疏文呢，虽说得有些过分，但满朝的人都说他不好，可见他必是个大大的坏蛋奸臣!”

他如此结论，他人一时不便辩驳，也不敢辩驳。这种自以为是的草莽武人，一句话惹毛了，谁也不知会发生什么情况。

众人中钱澄之比较细心，他在高必正听读疏时发现：出身造反义军的高必正似反感人言“贼”字，而雷疏中一口一个严贼，听得高必正不住皱眉头，说明这是个感性的人，易为言辞所动，只要晓之以理，未必不能改变其态度，遂大着胆子问高必正：“在下唐突，敢问国公入朝后，见过多少人？”

高必正瞅着他，道：“这两天来看我老高的朝臣，络绎不绝，没有七八成，也有一半。那么多人，就没有一个人说严起恒好的。”

钱澄之笑道：“那些人因要说严相不好，所以去见国公。朝中还有许多官员，如像我这样的不说严相不好，就不去见国公。可见也不是朝中人人都反对严相，说他的坏话。”

高必正想想，好像是那么回事，一时沉吟未语。

钱澄之见状，对自己的判断更有了信心，觉得说服高必正改变因受蒙蔽而产生的偏见，还是有可能，遂进一步剖析原委给高必正听：

“国公你不知道，那些见你说严相不好的人，其实不是因为严相本身有什么问题罪过，只是因为严相要救五虎，才惹得他们不高兴，招致攻击，说严相与五虎结党招权，谋危社稷。可事实是怎样呢？今天两虎在这里，你问问他们，去年此时，是不是五虎不满严相，群起而攻？换了别人，如今五虎遭难，他即趁机下手报仇，也不为过。而严相却不计个人恩怨，施手援救。国公你说说，这样的人，是好人呢，还是歹人？”

高必正虽直率无心机，却是明慧之人，钱澄之这一点拨，将事实相告，他的态度便有所转变。只是想法简单的他，尚有一种天真烂漫之固执，沉吟一会道：“依翰林公所言，这严某倒还是条仗义的汉子……只是，他这人作为政府大官，肯定还有不少毛病，如果像过去的孔夫子，就没有人参劾他了。”

钱澄之道：“国公错矣！孔夫子一生到处被人攻击刁难，宋国、卫国驱逐他，陈国、蔡国不用他，到齐国被晏子参劾，在楚国被子西参劾，到处讨人憎嫌呢。”随即钱澄之详详细细把孔子去鲁后的种种不堪遭遇，说给他听。

中国人，大约没有人不知道孔子的。自从汉武帝独尊儒术之后，孔子便成了天下万世被崇仰供奉的圣人，不但读书做官人拜他做大成先师，目不识丁的文盲老粗与小民百姓也对其尊敬有加，奉若神明。读书的士人学子，因为学业不成仕途不就，有时不免还要埋怨先师几句，甚至怀疑其语录教诲究竟是否正确？但不识文断字的大老粗们，眼见国家朝廷和士大夫们那般尊崇那孔子，便料想那孔夫子定是英明完美得没有一点毛病，对他的崇敬信服，比文人士子还要虔诚坚定些。

高必正就是这样的人。在他的意识里，孔子便是他称量一个人好坏能庸的天平，譬如眼下他的逻辑就是：严起恒既然不似孔子那样只受人敬重而不被人攻击，那就不是一个真正的好人，起码不是一个没问题的人，那样便不值得我老高加以尊敬卫护。

这杆“孔秤”，独特而简朴，可以想象，他平日或也曾这般使用过。可现在有学问的钱翰林竟告诉他，他心中的楷模、天下文人们的祖师爷，经常也被人攻击弹劾，如此他手中的那杆“孔秤”便是假而不准，算不得数的。

高必正先是惊愕，继而迷惘，然后露出豁然开朗和欢愉之色，喜道：“原来孔夫子也有人参呐！嗯，好……各位，老高告辞了！”大笑着离去。之后便有了他在水殿班次与廷臣辩论孔子也有人参、召对时忽翻吴党陷局、请手敕亲追严起恒诸般情形。

这个智解危局的经过，钱澄之并没有对老师说。只是对自己这次的表现，也情不自禁地有些自我欣赏，作诗曰：“元老盈廷谤，书生一语移。”不久，归舟中的严起恒也得知了翻局之因由，慨叹之际，对钱澄之的能耐，有了进一步认识。而过不两日，他的这个学生，又有了个让他很赞叹的举动。

十五日，南阳伯李元胤从肇庆来梧州。觐见皇帝时，他伏地请罪道："金堡等非臣私人，有罪不处分于端州，必俟到此地，是以臣与堡等为朋党也。前以封疆事急，不敢来朝，今事稍定，请正臣罪。"

永历帝无法回答，唯有抚慰这颇有怨愤的将领："爱卿极忠极孝，朕从来都很相信的，卿勿疑虑。"

李元胤驳道："皇上既不怀疑臣与五虎为党，为何处置金堡等人却颁敕与臣，令臣安心办事？"

在将五虎下到狱中后，永历帝和那一班要整五虎者心里也有些发虚，怕和五虎关系近密的李元胤会闹出什么来，特颁敕给李元胤，讲了许多好话，要他不要受朝中处置五虎的影响，安心整理防务。这种明显戒防的做法，令李元胤在为五虎的遭遇难过同时，也十分伤心。他自从随父归顺后，对永历政权甚是忠诚，为维护抗清大局和肇庆行在的稳定，发挥了重要的影响和作用。在行朝仓皇西迁后，他尚以单弱的兵力坚守肇庆，并移檄坚定广州将士之志，斩杀南韶逃将罗成曜，堵御溃退的乱兵，功劳甚著。不想仍为皇帝所猜忌，不仅打击他的同志，对他也并不信任。故此时他不能不愤屈着自请其罪，且当皇帝想含混应付过去时，他也不能不把话挑明：非为难堪皇帝，而是要让那班在暗里搞鬼的人明白，他李元胤不好欺蒙。

皇帝听了他的驳问，哼哼唧唧不能答。一侧垂帘听议的皇太后插语道："卿莫错认金堡那几个人是好人，卿如此忠义，他们还诽谤卿谋反呢！"

这无知的妇人，为着私恨，肆意诬陷金堡，对李元胤也不怀好意。李元胤内心对其厌恶之甚，但礼法关系所在，不能不有所回应。乃问："说臣谋反，是有本章，抑或面奏，还是蜚语传言？"

金堡如何会说李元胤谋反？这话一听即晓得是捏造出来的不高明诬词，愚蠢而可笑，也只有那心胸狭窄且无知的王太后才说得出来。

她这一挟私诬蔑，可难坏了儿子。面对李元胤严肃追问，永历帝难堪之至，无以措对。说有证据拿不出来，说没有呢，便显见是母亲在那里信口雌黄，诬陷臣下。

一同参加召对的高必正，看出皇帝的尴尬窘难，遂站出来奏言，说那些要处置金堡等人的人，看来不如堡等，处置堡等之后，也不见得有胜过堡等之事，将话题掉开，替皇帝解了围。但他这话，不仅狠刺了那些害五虎的吴党，实也顺捎着打了皇帝和太后一个闷耳刮子。

这记耳光，让那妇人只添恼恨，但皇帝却似乎有些被打醒，暗思这金堡究竟是怎样的人？为什么这些勋臣武将都要替他说话呢？想着想着，便情不自禁向在场的众廷臣发问："众卿说说实话，那金堡究竟是君子，还是小人？"一连问了几次，水殿中却无一人回答。皇帝瞧了，叹口气吩咐群臣散去。

至次日，有人上疏回答了皇帝的提问，却是负责诰敕的词员钱澄之：

请宽金给事疏

为科臣刑伤独重、谪戍瘴乡尤远、恳赐哀怜、全其残喘事：

臣闻君之于臣，犹父母之于子也，子有不肖，父母必创惩之，创之已极，至于将死，则父母必回雷霆之怒，而生怜悯之心。是故君父之创惩臣子，惟其罪也，罪有应得之罚，罚足蔽罪而止，初未尝与之为仇也。若他人为难，则必仇之，仇之则不杀不止，古今来往往有臣子见杀于君父者，非君父杀之也，仇之者必欲杀之。于其一事之失、一语之谬，吹索无已，听之，即一死尚有余罪，故君父不得不从而杀之也。

…………

疏中指出，即使那些攻击金堡之人，也不敢说金堡是小人，可见金堡确为守则君子。君主对犯过的臣子可以罪罚，但罚止仅于其罪，而不会仇杀。金堡已这样受到了创惩而骨断身残，恳请皇帝悯其凄惨之情和怀忠追随之义，宽恩以宥，全其性命。

永历帝细细阅览后，颇为其辞所打动。这时也明白金堡虽过直豁刻讨人嫌，影响朝廷团结，且无人臣之礼，然其罪终不至死，况一些勋臣们也要救他，遂提笔批道：金堡量改近戍，该部知道，从宽发落了。

有了皇帝这几个字，受吴党唆使欲置金堡于死的审理官员，只得将金堡改戍贵州镇远清浪卫，虽也还有些路程，却不至于丧命。

然而钱澄之此疏的意义，并不仅止于改戍。皇帝在朝中问金堡为何人，因无人应对而没定论。此疏却辩称：金堡绝非小人！其后的陈情请宽恕，即立于这个基础之上。而皇帝予以宽恩，说明皇帝也承认了有过错的金堡，是君子而非小人。这个人格的肯定，实际比改戍的意义更为重要——

君子有过，可以攻，可以刺，可以罪罚，但他的人格应得到尊重，不可以诬，不可以构陷，不可以仇害；若攻君子无所不用其极，以诬蔑构陷百计取其性命，则非君子所为而是小人手段伎俩。以是而论，则攻击构陷仇害金堡者，才是真正令人不齿的小人。故钱澄之此疏，不仅狠狠地扇了吴贞毓之流一大巴掌，同时也为救金堡者提供了一个庇护的依据，此后金堡并未远去清浪，只谪止桂林，在瞿式耜的保护下生活。

刚领教过吴党厉害的严起恒，为学生的胆色侠义，情不自禁地叫好。他很庆幸在这样艰难的时刻，身边有这么一个智勇双全的才干者，可以分忧解难。为使之更好地发挥作用，他向皇帝建议：以推知例授予钱澄之编修之职——这是正儿八经的史官，较之钱澄之之前以庶吉士的身份承乏诰敕，则能更体面和名正言顺地参与政事。永历帝对这个门生的印象也不错，当下同意。

然而命令下前，澄之却因劳累致病。虽未怎样厉害，却也需要疗养。故七夕之夜陪严起恒度乞巧节时，他向老师提出请三月长假，去桂林将养，兼去访谢数向朝廷举荐他的留守瞿式耜，看望乡友方以智、吴德操。

时局不稳，严起恒本不欲他离开身边，但他又希望澄之能邀屡辞阁命的方以智回朝，助己一臂之力，遂以之为条件同意了。

中秋的夜晚，当一轮圆月高高升起时，久别分离的方以智、吴德操、钱澄之三人，在桂林吴德操的署内相聚。

经历了天崩地坼的世变震荡，经历了血与火的洗礼磨难，更经历了无数魂牵梦萦的思念和期盼，当这龙眠三兄弟终于激动相拥时，都不禁悲喜交集，一任那激动欣喜的眼泪，堆满面颊濡湿衣襟……

翌日，方、吴二人陪着钱澄之，去了留守府。

对于永历政权来说，桂林留守府是另一个政治中心。永历元年二月，害怕清军从东面追来的皇帝，才至桂林复又北上入楚。瞿式耜劝阻不住，自请留守。他认为粤西关系朝廷甚重，又与朝中奸佞不合，此后遂长期留守桂林，依靠督师何腾蛟和焦琏诸将，数年间勉力经营湖南广西，为永历政权的生存发展提供了重要支撑。而在他的周围，也聚集了一大批追随效命的仁人志士与慕名而来的投奔者，不少人也因他的推荐，仕于朝中及各地。

钱澄之也曾为瞿式耜多次举荐，此次至桂林，当面拜谢这个恩人是他久有的心愿。不过除此之外，他也还暗存着一个未便明言的心思：借机观察一下，这位寄托着四方之望的留守相公究竟如何，能否成为中流砥柱，给日见峻危的时局带来希望。

六月以来，清军平南王尚可喜、靖南王耿继茂出鄱阳，逾梅岭入广东，定南王孔有德渡洞庭溯牂河入广西，兵逼全州严关。如此严峻的形势，不仅考验着永历行朝军民的抗敌之志与决心，更考验着像瞿式耜这样影响上下节制一方的辅臣大帅的应敌智慧与魄识，稍有不力或失误，必至局势溃败不可收拾。

但结果却令他颇觉迷惘。已年过六十的瞿式耜，精神虽还不错，可面对纷至沓来的边关警讯，却浑不在意，一如太平无事时一般，自和僚属客人们谈论风雅，吟咏如常。当有人表示对当前形势忧虑时，这位留守只道："今冬明春，我与诸君自当衣锦还乡，此时何须忧虑？"

钱澄之之后对两位好友道："形势这样危急，留守却淡定如斯，颇叫人不解。"

方以智感慨道："你不了解他。若论心情，他比我们任何一个人都要忧急。若谓御敌守地之对策，他焉能不思虑安排，不亟呼于朝廷？只是朝廷混乱不堪，谁听他呼吁？悍将跋扈异心，有几人遵其调度？唉！大厦已倾，谁能独木支撑？他此时从容淡定，不过是尽量慰勉将士同仁，鼓舞士气而已。"

事实上，事不可为的看法和心情，早已弥漫朝廷上下，钱澄之也有这样的感受。只是他入粤时间既短，又才显贵于行朝，不免比方以智、吴德操这些已算永历政权老人的好友，对朝廷还多了些不切实际的幻想。此时一经方以智说破，不由得长叹默然。

第八章　北归之后

岁末腊底，凛冽的北风中，一叶孤舟顺流漂入铁板洲内的夹江，沿着江岸浮泛而下，在渐起的暮色里折入江头舟樯密集的港湾，停靠于北岸。那岸上，是肆旗斜飘屋影幢幢的古镇枞阳。

船家放好了跳板，篷舟上的几个行旅客商匆匆上岸，在挑夫苦力的询拥下很快离去。独一僧一俗一老一少俩人留在岸边，望着岸畔的人家，徘徊顾望未即去，眼中似含着悲悲喜喜的泪花。

“大大，这就是您时常念叨的枞阳么？”

“是的，这就是枞阳，我们的故乡！”

“我们的家……麦园，离这里远么？”

“不远，就在东边十数里外，那青山脚下。”

“那我们马上回去吧，天黑前还能赶到。”

“伢哇，你先归去。大大我……还要附舟东下，去接你的妈妈，让她也能回家。”

有人听见了他们的说话，那是一旁玩耍的孩子们。跑去告诉大人，有和尚是讲枞阳话的。

会讲枞阳话，那肯定是枞阳这一带的人。有人从屋中探首相看且议论：

“喂，可晓得那和尚是哪里的？”

“不晓得。”

“我看着倒有点面熟，只一下子想不起来。”

“让我看看。嗯……好像是前些年在市里讲学的，那个镜水先生的小伢子，叫什么钱秉镫的，出外有些年头了。”

“你这么讲我记起来了，那也是个出名的秀才相公呢。前些年不知犯了么事，先朝的官府还要捉他，后来听讲又在南边做了官。哎哟，可怜见的，怎的就做了和尚！”

“唉！这年头，改朝换代的，么事没有哉？”

…………

寒风带着这些悄悄的议论和关注，从慢慢走上岸来的僧人身旁掠过。被人认出的他，向着四周唯报以艰涩的苦笑。“十年事付游仙梦，万里尘侵学佛衣”，他怯于面对家中的兄长亲人，欲遣儿子单独归里，又能对一般认识的乡人说什么呢？

夜晚，白鹤峰上的古道庵，成为十年返乡的钱澄之栖宿处。他不愿去惊扰镇中的亲朋故旧，便投宿于这镇东口的古庵之中，拟待接到儿子的归信，即寻舟东下去吴中，移亡妻之棺回乡安葬。

青翠耸立的白鹤峰，绝壁临江，素来是文人雅士登高览胜的佳处。钱澄之少年时，曾与一班同学友人多次登临此处，凭眺抒怀。那时的他们，指点江山，豪情万丈，胸中莫不潮涌着经略天下的报国壮志。谁知世事沧桑，他们遭际家国巨变，不仅心志难酬，甚而抱恨九泉，殁身他乡，艰难百死的钱澄之，也只落得一袭僧服凄凉而归。

上年十一月，清军从广东广西两个方向大举进攻，明军非降即溃，梧州、桂林等地很快失陷，永历行朝西迁南宁。钱澄之不及追赶，困于梧州附近数月之久，备历险难。后得出家梧州的方以智信招，冒险入城，得同乡彭爌之助，才携子辗转粤闽赣，于这岁末回到魂牵梦绕的故里。

冷风里，断岩边，静室内，忆昔思今，他的心头不由得涌起阵阵无法抑制的悲伤。他很想对着茫茫大江嘶然长啸，也很想去枯瑟的峰头放声大哭！

可他不能，他不能示痛，也没有绝望。“鬓虽残，心未死”，而脚下故乡的大地，也以它的温暖坚实，增添着他坚强生活下去的信念和力量。

寒夜不眠中，他仿陶渊明之《归鸟》，写下了几行字，给自己，也给世人：

翩翩者鸟，及暮言归。岂无他树，恋此旧枝。
延颈夜鸣，其声孔悲。吁既归矣，曷云悲矣。

翙翙者羽，远集昆冈。百鸟于从，以翱以翔。
冲飚骇散，相失一方。邈哉天路，中阻且长。

我之独处，念我俦侣。抗志于霄，载扇其羽。
未云焉乘，不风曷举。矰弋之施，于谁之所？

阴阴者木，有森其条。众鸟萃止，鸣声交交。
言求我友，言构我巢。敬之信之，于焉逍遥。

翌日拂晓，家中便来了人，迎他回去。原来数年前，钱澄之的仲兄钱秉锜、四兄钱秉镐，在得知弟媳遇难殡于荒寺的消息后，前往震泽移回旅梓，改殓成礼。此时听归家的法祖叙说，急遣人来将钱澄之接回。

两位健在的兄长，钱秉锜、钱秉镡，已白发佝腰，却郑重地身着昔日的衣冠，在门前泪水婆娑地迎接钱澄之归来。那是对前朝故国的怀念，是沧海遗民的自许，也是对抗志归来的季弟最隆重的礼遇和无声抚慰。

那一刻的情景，深深地镌刻在钱澄之的心底。

风光秀丽的江南，曾引得无数诗人为它歌唱，发出“能不忆江南”的感叹。

但重至江南的钱澄之，却是“愁看柳絮涨天飞”。

暮春三月，花事凋谢，零落成泥，剩下的也只是漫空乱舞的可怜飞絮。

然而令人愁怜的，还不仅仅是这凋谢的自然景色。清兵南下后屡经战火摧残的江南，人民死丧流离甚众，田地荒芜，人烟稀少，满目荒凉。

这样的情形，对于孤凄行游的钱澄之，无疑更增添了心中的伤感，同时也增加了行脚困难，路途中固不易化得饭食，荒凉野寺中更时常挨饿。逢着阴雨阻行或荒野被困，难以乞化，无米可炊，只好凄惶水边，钓鱼充饥。

但最凄苦的还是他的心。他孤身一人行脚漂流江南，为的是寻求志同道合的抗清志士，暗中组织力量，等待时机响应明军的恢复行动。然而在清政权残酷镇压的环境中，一路行来，他却很少能遇到可传心事可共谋事之人。

为觅因缘穿酒肆，欲传心事画炉灰。长街走尽无人遇，又向西风痛哭回。

这情形令他十分伤痛。时常在情绪激动之际，或潸然思念往昔的抗清志友，或窜身荒野无人处长啸痛哭，或借一首首行脚哀吟诗宣泄复杂的情思。

但他没有放弃，他相信曾经奋勇抵抗清兵南下的江南，一定不会彻底屈服，一定还有不少忠于故国竭力图复的气节志士存在。

果然，在芜湖的南湖边，他便找到了这样的同志。

那是昔日的复社干将沈士柱，现隐居在南湖畔。蓄发不剃、一身古冠大服的沈士柱，见面时的一番话，令钱澄之的心情顿时为之振奋。

"我中华锦绣山河，岂能就这样让清朝鞑子盘踞蹂躏？吾辈虽是读书人，不能投身沙场斩敌驱虏，但总能为光复大计尽一份心力！倘能达成心愿，不说倾家荡产，就是洒尽这一腔热血，舍去这一颗头颅，又何惜哉！"

前几年清军南下时，他散尽家赀支持抵抗的义军，此时所能贡献的，也唯有这一腔矢志图复的热血了。

钱澄之与沈士柱昔日在复社中有过接触，对其志行有一定了解，故此特来芜湖相寻。眼见彼仍是一身铮铮气骨，满腔忠贞热血，感敬不已，前些时不遇知音的哀愤感伤，去了不少。

谈起联络同道组织力量之事，沈士柱告诉他，眼下芜湖有萧云从、汤燕生等人俱操节自励，隐居不仕，此外近年成立的同心社士子中，也多是心怀故国的有心人。又说他曾约浙东的黄宗羲共商大计，可惜其在乡中致力著述没能来。

钱澄之道："黄太冲前些年组织义军抗清，出生入死，这样的人确能与谋大事。若萧、汤及社中诸子等名节自励者，也可成为同志。但一般底细不明或人品心性尚不很了解者，吾兄却应谨慎接纳，不可轻信，更不可轻易与谋。"

他知道沈士柱生性率直，又一直离世而隐，身上还保持着较浓的书生意气，对世道人情的复杂险恶体会不深，故郑重提醒。

沈士柱道：“如今人心虽有变，但忠义尚存。况非热血男儿，慷慨志士，我也不与之相交结。”

显然，他对钱澄之的劝告，并没有足够重视。不过，对这个远来相访的故交，他还是非常敬重，也深为其坚贞不屈的心志所感。在读了钱澄之近来的行脚诗后，他极是感慨：

“身在浮屠，心在人间。义士情怀，遗民苦节，缠绵哀痛，一声声都是泪，一句句都是血！这才是诗，才是情，才是孤臣孽子感人泣下的心曲！应该让它刊梓流传，涤砺人心，激奋忠义者的斗志，也让汤玄翼那些诗人，今后不要为五斗米弄吟！”

汤玄翼，名燕生，当涂诗人。流寓芜湖，课徒自给。他的一些诗作，为失节仕清的名诗人吴伟业所欣赏，写信给某同年，每月济供汤燕生五斗米。汤平时也以名节自励，与沈士柱的关系还好，只是那五斗米的事让沈士柱甚不舒服，因为他特别鄙视吴伟业这样以明臣而仕清者，读钱澄之诗时，又联想到了。

被他论及的汤燕生，隔不两天见钱澄之时，也览阅了那些令沈士柱大发其感慨的行脚之诗：

佛法人情两未通，麻鞋钵袋任西东。
衣冠莫笑当场戏，棒喝难施半死翁。
往事是非都说梦，新年忧喜但书空。
云山何处堪行脚，依旧临江哭路穷。

逢人叉手话南宗，笑杀诸方老冻侬。
绝迹古峰从不到，转身沧海岂能容。
情知广额刀难放，却讶曹溪碓久舂。

消息杳然香欲尽，城南正打五更钟。

…………

他当然不知沈士柱评这些诗时的言论，然而细细阅来，体味诗人的志节，内心也多所感触。而沈士柱其后也果与一班友人商量，将澄之这数十首行脚诗刊了出来，流传于江南。

在芜湖，钱澄之还寻访了昔日曾经参加抗清斗争的旧交罗璨柯等，深谈劝谕："柴桑倘遂平生志，马队雠书应不妨。"鼓舞其振作精神再投身图复活动。

离开芜湖，钱澄之径直南下，穿越皖南山区，进入浙西，会晤一个约定的人物。

那人是桐城志士方授。

乙酉年，清军占领南京，弘光政权覆灭。方授悲愤之极，剪发披缁，狂走方外，在宁波秘密联络志节之士以图举事。不幸为汉奸告密，华夏、王家勤、杨文琦、屠献宸、董德钦五人被清军逮捕，不屈牺牲，时称"五君子难"。方授侥幸得脱，倾囊济助五家之急，又与毁家纾难支援东南抗清义军的陆周明、陆春明兄弟等，结社砥砺志节。后去庐州英、霍一带参加抗清，被捕入狱，家中破产营救方得生还。之后奉母复至宁波，依陆氏兄弟隐居。

清军占领江北后，皖地的抵抗运动主要在英山霍山一带，波及安庆府的潜山太湖。桐城县于顺治五年，曾有民间义士范大、范二率领部分乡民结寨白云双峰岭，响应英、霍及潜太起事。但桐城的士宦阶层，当时不顾身家性命危险，公开投身抗清斗争的，唯方授一人。他的事迹在邑内外广为流传，为怀念故国不满清人统治的人们所钦敬。

钱澄之欲联络反清的力量，响应在东南沿海活动的明军收复失地的行动，首先便想到了隐居在浙东的方授。方授的志节及在宁波的关系，都是开展秘密活动的很好条件。故他信约方授，在浙西会晤，而方授也骑着蹇驴如约而至，在一处荒寺中等候。

那寺因为战乱荒废很久，殿宇早已倾颓，惟余半幢未倒的舍屋，尚能容身。这样的地点情形，倒很适合密会的需要，只不过密会者要“烧水清谈自荷柴”了。

十几年前，钱澄之和方授，便有一种亦师亦友的情谊。如今，共同的心志和理想，又让他们走到了一起，成为千里与谋的同志战友，这令他们都很激动。而年轻的方授，为着澄之对自己的信任期望，兴奋中更有抑制不住地感动慰悦。

荒野废寺无人打扰，二人敞开胸怀，长谈竟日。从白天至黑夜，只有阵阵风儿，不时掠入精舍，徘徊流荡在俩人身侧，听见他们抚今追昔，话岭南，谈江北，忆君王，怀同志，感英烈，痛悼亡，忽悲忽喜，时愉时怅，从积郁淤恨的心中发出阵阵激愤伤叹……

明朝分别，方授牵驴送了很远仍依依不舍，道：“能得先生眷携教诲，是子留人生之大幸。我欲追随先生瓢笠天涯，奈何家中尚有白发慈亲，令人伤怅!”

看着这个半为弟子半是良友的青年志士，钱澄之的眼睛不由得有些湿润，劝说道：“高堂在上，岂能远游？你当做好这里的事，便不枉我千里相访，也胜过朝夕相从伴游。只是我看你身体疲弱，颇为担忧。你既已脱缁，便无须持斋致亏身子。当珍重摄养，强健体质。”

原来方授近些年心情悲愤，四方奔走，加上长期吃斋，缺乏营养，身体很虚弱，澄之睹之忧虑特为劝谕。

二人珍重再三，赋诗以别。此时的他们，都还殷殷期望着再次相聚，却谁知这一别竟成永诀，转年方授一病不起，竟然长逝，年仅二十七岁。

次年正月，钱澄之去小龙山中的白鹿山庄看望从岭外脱身归来的方以智，俩人一晤即别——却是刚回家的方以智又遭官府紧逼，将投奔南京高座寺园具，彻底出家。

澄之一腔悲愤之际，愈加感到在清朝当局对抗清人士高度戒防的环境下，开展秘密活动的艰险。有感如此，春季在家中，他将一本《史记》细细研读，总结古人斗争的成败得失和经验教训，有不少感悟感慨，联想到时下江南一些反清同志不辨形势不讲策略的做法情形，甚是忧心。初秋时，他不顾乡里又遭受到夏旱秋涝的灾情，第三次下芜湖。

沈士柱见到他很是兴奋，道："饮光，你来得正好。我这里正有好消息要通知你。"

钱澄之道："沈兄这般欢欣，莫非是联系同道之事有了新进展？"

沈士柱喜滋滋地道："也是，也不是。眼下芜湖来了两个高人，筹谋大计，众人极受鼓舞。你说这是不是好消息？"

接着，他将详情说给钱澄之听。原来此时芜湖来了两拨人，在地方上紧密活动。一拨以原明吏部官员扬州人李某为首，四处联络反清志士，将有所图；另一拨的为首者汪某，自称是南方明政权的重臣，奉命到江南送劄派饷，聚召人马，准备起事。包括流寓芜湖的旧徽宁道余鹍翔在内的数十位图复之士，已踊跃参加。

钱澄之听后道："消息固令人振奋，只是彼之底细真实如何，你们可曾详细了解？"

沈士柱道："李公之前曾数书招我与谋，其忠国图复之心，毋庸怀疑，且其善谈兵对敌，是统军人才。汪某那里，却只是听其言说。但余道台等人俱深信不疑，想来也不致有什么差错。"

钱澄之见他很动心，沉吟道："那么，吾兄作何打算呢？是欲与李公同谋划，还是风从汪某以举事？"

沈士柱犹豫地道："我正为难，不知如何择处。饮光你有谋识，阅历又丰，我很希望听听你的意见。"

钱澄之道："事关重大，不知其人，不能贸然论断。待我接触过后，再与兄等商量。"

之后，他分别拜访了这两处。

李某与钱澄之虽不熟悉，但也听过钱澄之名声，此刻又是有志俱同，故对澄之颇有邀盟之意，态度甚热情。交谈之际，他向钱澄之介绍了准备起事的大概情况，为使钱澄之信服，还详细地谈了起义之后如何用兵攻取，克敌制胜，如何力争在短时间内打开一个区域局面，与东南的明军造成互应的形势。

他侃侃而谈，仿佛胜券在握，却听得曾亲历起义战争的钱澄之暗自心惊，知其这种纸上谈兵，如领导起事，结局只会是牺牲惨烈的失败。他本就不赞成在清人统治区内的孤立起事，又不忍见那种后果发生，遂直言相劝："公矢志图复，欲举义旗，令人感佩。但起事举兵，关乎千百人的性命和人心士气，不可不慎重对待、思虑准备周详。古人举事用兵，讲究天时地利人和，三者即不可全具，然总须占有一二。如今我东南明军尚未有出征收复之行动，时机不备；江南处鞑子严密统治之下，地利未得；民众虽有盼望光复而愿附起事者，但人心变易有时，欲求普遍响应很难。故此时若急于举事，无有成功之算而有牺牲危害之虞。愚意我等唯暗中积极准备，发展势力，待我大军兵指江南北，鞑虏慌乱，那时揭竿响应，方能一举奏效。肺腑之言，望公三思。"

李某听了，唯唯诺诺，并不以为然，先前的招揽热情也淡了不少。钱澄之暗自叹息，归后对沈士柱等人说："此人虽忠义可嘉，但书生轻妄无识见，又听不进谏言，举事必败，不可与谋。”

沈士柱等未置可否，不大肯相信。

李某这边事，尚是后忧。钱澄之再接触汪某时，眼见这一班人在清政权的眼皮底下，大肆送劄派饷招众筹资，人来人往聚众议事不绝，行迹多有暴露公开，令他大是惊骇，懔懔中感到了一种已逼近的危险。他欲行劝谏，汪某的门下知道了，以为他捣乱坏事，愤然欲拔刃相向。

钱澄之回去后，郑重告诫沈士柱诸人：“我知汪某这人底细，所谓重臣奉命当是虚事。但彼之所为，既为抗虏图复，假借名义以号召众人，也无须苛责。只是此时何时？人心本已变易难测，当局耳目鹰犬遍地，他们这般鲁莽张扬，众声沸沸，哪能守得机密？不是我危言耸听，事泄难发恐只在朝夕！如今大家都在兴头上，我不能多泼冷水，只望诸位谨慎对待，为着今后的光复事业，要爱惜保护自己，不作无谓的牺牲！”

既无法改变情势，他只能尽力劝诫身边这一班熟悉的同志友人，希望他们能听得进他的意见，避免危险。他自己也很快离开了。

不久之后的事态发展，应验了他的判断担心。九月间，参与汪某活动的一干志士，悉被地方当局所捕杀。沈士柱也被逮捕，所幸的是，他虽没有完全听进钱澄之的忠告，却也增加了些防患意识，故官府未能掌握他的确凿证据，一番审讯辩白后便将他释放了。其他熟悉的一班同志，除了俞缶庵有场虚惊外——捕吏见其是个普通的卖药者，搜捕时轻忽未抓——竟也都平安渡过了这一场灾难。

得到消息的钱澄之，虽有友人免脱灾难之庆幸，心情仍极是沉痛伤心。为着一众志士的被难牺牲，也为着自己幽幽耿耿的复明心志的难酬。

兰若生空山，离离缘阳坡。春风披拂之，争发丛中华。草木亦何意，贵饮天地和。如何芳未歇，遂有霜雪加。兰茝既枯死，椒榝还纷罗。仰视白日匿，忽在西山阿。我欲麾之反，愧无鲁阳戈。精卫思衔石，夸父空饮河，有志不得就，念之泪滂。

眼看着那些高洁芬芳的兰茝，在霜雪的威迫下凋死，我的心不由得阵阵抽缩，痛楚无比。仰望天空，那给了兰草们温暖和生命的明日啊，你怎么就被昏暗遮掩了光辉，一下子就残坠在西方的山巅？伤心惶急的我，多么想能把你从西方拉回来，以恢复你的温暖光明！可是，我却恨自己没有鲁阳文子那样的力量，挥戈使你得返；我也想效那神话中的勇士夸父，迈开大步去把你追回来，却努力未果，愿望仍然成空。虽然我的心志不死，一如精卫填海般执着，可一想到至现在“复明”的愿望目的还不能实现，我悲伤的眼泪就无法抑止，如滂沱之雨倾洒而下！

甲午（清顺治十三年，南明永历十年）这一年，时局动荡不已。自年初张名振麾师入长江，其后郑成功攻崇明，李定国转战两粤，冬围广州。响应着明军的收复行动，各地的起义抗清活动，也此起彼伏，连续不断。面对这种形势，清廷甚是惊恐，一方面赐祭明故死难大臣，下诏再征山林隐逸，拉拢人心；另一方面，征调兵力，于加大对明军的进攻同时，在统治区内尤其是长江一线加强汛防，各处警戒如临大敌。一时间，江南北出现了一种微妙而紧张的形势。

这种形势持续到次年正月，由于郑成功部在东南频频得手，继取漳州后，又取仙游，泉州属邑望风瓦解。在此基础上，郑成功自置官属，屯兵七十二镇，成为东南影响巨大的恢复之师。消息传至四方，沦陷区内的清政权更是紧张，而受到鼓舞的抗清士民奔走相告，秘密的串联活动更为频繁。

就在这时，入城活动的钱澄之，接到了左国棅从龙眠山中捎来的信，希望他去山中一聚。

钱澄之北归以后，出于谨慎，除了偶至枞阳镇与方文、孙大年等数人有所盘桓外，与一班旧友很少接触来往。现在，随着形势的变化，他抓紧了联络同道的活动，而左国棅即是邑中首选之人。

国变以后，左氏四兄弟同里中其他大姓世家的子弟一样，也在激烈的社会动荡中选择了不同的人生道路：老三左国林，经不住官场科举的诱惑，于清顺治丁亥年乡试中举，选了仪真教授。老大左国柱则由武康县令挂冠归隐，老二、老四两个弟弟，也相随坚隐不仕。归隐的三兄弟中，左国柱闭门谢客，左国材课子著述，惟老二国棅秉一腔血性，仍存图复之心，暗里与抗清之士有来往。故钱澄之的心目中，早已许其为是可以一道活动的同志，此刻接其信邀，随去探访。

经历多年的战火动乱，龙眠山中原先仕宦之家所建的众多别业楼舍，早已荡然无存。左家的寒知阁，也只留下些残存的断砖剩瓦。现今左国棅之舍，是在三都馆的废墟之上所建的几间茅屋。

俩人见面时，见钱澄之对景感叹，左国棅道："变乱以来，吾见世人贪图富贵而悖先德祖训，更忘记家国仇恨，心极鄙之。吾虽山居陋朴，却自觉气爽心宁，胜过那些住着华屋广厦却被人戳着脊梁骂为汉奸叛国贼者多多！"

钱澄之看着这志节不改的少时伙伴，叹道："大浪淘沙，正见人心本色！吾兄忠义高节，岂是那些悖祖忘国卖身仇敌之辈所能相比？所谓芳草浊物，判然不类，不可同语耳！"

左国棅听了很感动，又道："此舍较之三都馆之规模，仅为三分之一。里中姚休那先生乃称为蜀厂，意为三都中得其一蜀也。兄扬誉文坛，今日即来，当为颜额。"

钱澄之沉吟片刻道："姚休那先生既改三都为蜀厂，昔管子有云'抱蜀不言，而庙堂既修'，愚意署额'抱蜀堂'，如何？"

左国棅诵吟："蜀者，独也。抱独……好，正符吾志！然君既署其名，岂可无文字以记，留于世人相观？"

钱澄之笑道："你是一客不烦二主，叫作得陇望蜀，我也不怕浅狂，再送陋文一篇。"

遂至几案旁，濡笔片刻，挥洒成《抱蜀堂记》千言短文一篇。其结尾曰："左子曰，'吾无所用于世，然见世之贪富贵而忘先德者，吾心鄙之，吾志在老于斯堂而已。'此即子直之独也。昔者，武侯高卧南阳，抱膝而吟梁父，以定三分之业者，此独也。姚先生于三分所存之一，而特有取于'蜀'，亦此独也。使忠毅公而在，重新是馆，而以命名，其亦必取姚先生之所取也。何则？共此独也，亦天下忠臣孝子所大共之独也。子直能抱而未失，是为真读父书者矣！若唯以读书深入一门为独，恐犹非左子所为不言之独也。"

在作者的笔下，那一个古之圣贤所倡之"独"，已被赋予了更深刻的含义：那是天下忠臣孝子共有之忠节大义，是为着忠义不计生死不畏牺牲之勇烈，是卧薪尝胆呕心沥血以为报国兴汉之坚贞！以此"独"意，希望"子直能抱而勿失"，用心显而易见。这是钱澄之借题发挥，以之激励"抱蜀堂"主，坚贞报国，抗清图复。

左国棅拜读，很是感动，对钱澄之道："君之言，岂仅是诤友之肺腑，更有良师之苦心，子直敢不受教？我虽居山中，并不甘为避世之隐逸。只是放眼里中，人多贪欲丧节，难觅同志知音，孤单无助，不敢轻率行动。今君既如斯激励，子直虽不才，一腔热血尚在，愿与君携手奋斗，为恢复之大业，赴汤蹈火，在所不辞！"

不久，左国棅便在钱澄之的相送下，与方文结伴，由枞阳镇下江南东去。

在送走左国棅的当日，钱澄之留于镇上孙大年家。孙大年系其旧友，为人豪爽喜交结，亦重气节。变革后里中士子多有参加科举及出仕者，但他却宁可家居默闻，吟咏自适。所交往者，多是以遗民自处的志节之士。他虽没有像钱澄之、左国棅等人那样，直接投身抗清活动，却也抱着一定的热情，尽力资助。他在枞阳的家，尤其是建于市北凤凰山腰的读书茅屋，实际成了钱澄之等人从事秘密活动的联络聚会之所。

晚上，这茅屋书斋，便成了钱澄之的就宿处——他讨厌镇市的喧嚣，宁肯宿于这山上简陋的茅屋，也不愿待在孙家市中的居宅内。孙大年殷勤相伴，陪他闲话。

俩人谈论了一会左国棅的东行，又说起了与之同行的方文。方文的故妻是左国棅的姊妹，二人是郎舅关系，此次左国棅东去，方文也便随之同行，离开居了年余的枞阳。

钱澄之曾劝方文，身当乱世，不如守着祖上留下的一点田产，隐咏于射蛟台下以度余年。然而生性好交游的方文，却不耐山居寂寞，加上生性疏狂高傲，不堪为里中小人所讥辱，最终还是当不了自期的“明农”，复作了离乡漂泊之游子，让钱澄之为之嗟叹不已。

而孙大年对方文的去枞，则另有一番叹惜。原来他向来爱诗，方文则是他生平最喜爱的诗人之一。方文每有诗作，他都讽诵揣摩不已，把方诗当作学习的典范。如今方文既去，日后难读其诗难获其教，于他而言，当然是件不大不小颇为遗憾的事了。

但这遗憾此刻也是稍纵即逝，因为他眼前面对的，是一个同样让他敬佩的有名诗人——他没有读过钱澄之国变以后的大量诗作，不清楚钱澄之在诗歌创作上的成就，其实已远远超出方文，跻身当代最优秀的诗人行列，只知往昔在邑内外，钱澄之与方文、方以智在诗坛并誉齐名。

但即凭往日的印象，他觉得也应该抓住眼前这难得机会，从钱澄之这里获得一些教益。

他将自己近年一些比较满意的诗作翻了出来，吟诵给钱澄之听。钱澄之听后，时也做些评点，但基本就是“工整”“平稳”之类的赞语，此外也就没有多话。末了说，容他回头再细细看看。显然，孙大年自视为得意之篇的诸诗，并没有给他留下多大的印象，或者说他认为孙大年的诗，可圈点的并不多。

孙大年不免有些失望气馁。钱澄之这样成名诗人的眼光，他不能不服气，却闹不明白自己作诗不成功的原因究竟在哪里。他丢下手中的诗稿，颇有些伤感地道：“饮光你没说，但我明白你其实并不看好。唉，学诗多年，却还是难入方家之眼，好不惭愧!”

钱澄之见状，鼓励道：“你不要灰心，实际说来，你的诗作，也有一定的功底。只是若要进一层，尚须再下功夫。”

孙大年道：“我自觉也很用心努力，常为做好一首诗，谋篇造句，绞尽脑汁，费尽思量，可为什么难有进步？是我领悟不够，还是为才智驽钝所囿限呢?”

钱澄之笑道：“若言孙不害驽钝，这邑中也便找不出聪明人了！只是诗赋者，本是文学中至难之事，学好固不易，欲有所成就更难。学诗者明白这一点，才不致轻易放弃或自满。”

孙大年道：“学子们常叹‘八股难，制义难’，做一篇博取功名的时文，更是难于上青天。你却谓为诗至难，其有说乎？究竟难在哪里?”

钱澄之道：“谓诗至难，是因为其在文事中乃最精者。凡文字中数百十言所不能尽者，诗以一句尽之，一句中常有数转；凡文字须数百十言转者，诗唯以一字转。以此情形，你说是不是至难？故我常言：诗虽本乎情，而见于文字声韵，其中却有别才、别学。才人之才，声光是也；诗人之才，气韵是也。学人之学，淹雅是也；诗人之学，则神悟是也。”

孙大年听了，颇开眼界。他从未见人这样说诗，他于诗的认识，不过是古今文人学子口边常谓的“诗言志，歌咏言”之类。而澄之之诗说，则将诗之艺术的特点作了更具体新颖而又中肯的说明，令人于耳目一新中加深了对诗的认识。

但他更关心的是如何做好诗，他必须要向这位堪为先生的友人讨教清楚：

“君之说，闻所未闻，发人深思。然则我辈欲提高诗艺，做点像样之诗，功夫究竟应下在何处？尚请赐教。”

钱澄之为人谦谨，向不好为人师，不似白日刚离去的方文，逮到别人的诗，摇笔即改。但此时友人这般殷勤求教，他委实不能拒绝：

“吾岂敢言赐教？略有一些心得看法，与君交流。为诗者，有天事焉，有人事焉。若夫性情、气韵、声调之间，皆天之为也，不可强也。至于谋篇、造句，则人事所由尽矣。夫篇有长短大小之不同，而起结开合，变化无端，顿挫抑扬，自然节奏，行乎不得不行，止乎不得不止，皆不可以有意为也。惟造句，则心欲细而功欲苦，是以诗贵于苦吟也。君慕方尔止，当知尔止之诗，正由苦吟而来，无苦吟，便无方尔止诗。”

方文重苦吟，也曾与自己说过，孙大年自是清楚。但是究竟怎样的苦吟，才能做出好诗，他却始终不得要领。

“苦吟无他，首先情事必求其真，即本于性情，缘于当世之故和人生真实。无病呻吟，矫揉造作，凭空想象，笔下总是干瘪可憎，苍白无力，轻佻浅薄；惟情事求真，自抒胸臆，直达所见，其现于文字才自然有力，淋漓激昂，打动人心。吾之前至白鹿山庄，闻君有挽直之诗，情真意切，读来令人怆然欲涕，便是好诗。”

孙大年与方以智之弟方其义友善，当年其义悒愤病殁，大年曾诗以哭悼："哭君不是为多才，难见衰亲白首哀。孱弱藐孤谁倚著，飘零伯氏未归来。丧家泪洒同朝露，亡国心伤向夜台。九日榻前成永诀，至今怀抱未曾开。"悲怀伤意，情感真挚，给澄之留下了较深印象。

后他又言："其次，词意必期其确，而所争只在一字之间。此一字确矣而不典，典矣而不显，显矣而不响，皆非吾意之所许也。于是惨淡经营，索之久而不得，而置之。而此一字忽然现前，乃真不可易矣！然非读书研理，体物尽变者，求此一字，终不可得，因无其本也。盖理不彻则语不能入情，学不富则词不能给意。方尔止所谓'圆通由妙悟，积累在多年'，方密之'读书深，识力厚，才大笔老'，俱是此意。"

"然而，苦吟固须重，字句要呕心，却又不可为过，过则弊生。以往云间诸子诗亦多苦吟，然因琢炼太过，锋锐俱失，有光无焰。有光无焰则不自然活泼，新鲜生动，别开生面，无李杜所谓惊人语也。作诗者到了一定阶段，尤须注意这一点，不然，做出来的诗尽管字句华丽，四平八稳，却不能动人心魄，激荡情怀。"

这一番议论，是钱澄之在数十年的为诗实践中提炼出来的认识，是他作为一个执着追求的诗人，通过不断总结提高，在逐渐形成自己诗风特色的过程中，对所发现和推崇的诗歌创作应遵循的原则要求的重要阐述，显示和代表着已崛起于当世的枞阳诗派，在诗风和诗歌创作理论上的重大改变与突破。

秋夜寒凉中的孙大年，虽还认识不到这一点，但听后却大为茅塞顿开，如沐春风。在深觉获益的同时，他对眼前这位友人诗歌上的修为有了重新认识，越发敬佩。他天赋所限，其后虽努力却进步不大。但后来一批批的枞阳文人，从邓森广、左国鼎、齐鼎名、孙如兰、李雅、丁倬、陈焯、祝祺、方中通、潘江、戴宏烈、刘永芳、钱彝、方贞观、马相如、方世举，到刘大櫆、姚鼐及其弟子门人王灼、朱雅、李仙枝、陈家策、朱孝纯、方东树、姚莹、刘开等，或同时扬镳，或踵起济美，俱继承倡扬着钱、方诸人树帜的诗风，实践着其诗歌主张，在不同的方面和层次日益扩大着枞阳诗派的影响，将其延展至整个海内。后世论诗谓：唐诗以韵胜，宋诗以理胜，清诗以学胜——而管领风骚，转移风气者，正是枞阳诗派之开山，以哲人、志士、学者而为诗的钱澄之、方以智诸人。

第九章　流浪志士

丙申仲夏时，因事入县城的钱澄之，为左国鼎、戴宏烈等旧友所请，留彼讲《易》数月。

钱澄之既承家学，又曾得黄道周传授，近来复与方以智切磋方氏易学，在治《易》上已有很高造诣，而他也欲借讲座以宣扬中华文化道统，对众人有所劝喻，故其讲授在听讲诸子中，引起了很大的反响。

西顽讲《易》里门者月余。其考究之博，如明善鬼神之灵变、雷霆之震惊；其持论之正，又如伯生之治性情，期于得所欲言而止。若夫儒释岐途，言下一贯，裴冀州之释傅苟通彼我，不足喻矣。观于负苓者，不病文王我辈之乐，有西公也，岂为蛇足哉！

左国鼎这段文字，将钱澄之推比为元代著名的学者和文学家明善和虞集，而不拟作其他。显然，这位西顽（钱澄之北归后之号）先生确实在讲学中，以某种方式触引了听讲者的民族意识和情感，而听讲者也意会到讲授者的特别用心。因为，元代也同当前一样，是异族势力入主中原，而当时的文人普遍存有一种怀念汉家的情结。如虞集有诗“江山信美非吾土，飘泊栖迟近百年”，表达了对元人统治的幽怨不甘和对汉家道统的怀念。

秋风渐高之时，钱澄之告别众人，经枞阳搭船去金陵。在他离开县城之际，城里发生了一起耸人听闻的命案：有强人夜晚直闯县衙，不仅伤了护院家丁，更杀死了衙内的公子，之后扬长而去。闹得捕快满城搜捕，抓了好些人。钱澄之到了枞阳，才知城里被抓者无辜受罪，真正的凶手却是几个骄横不法的旗人。

孙大年给他讲了后面发生的事情——

那几个强人行凶后，并未逃匿，而是由水路南下出江，经过枞阳时，还在船上弹着琵琶喧嚣而过。被县上的捕差认出，令地方鸣锣捉贼。市民不知底细，纷纷抄起家伙沿岸追赶。船上的强人见了，怒然执着刀箭下船反杀，市民吓得四散逃开。只有县里的众捕兵仍尾随那船，终于在下游将其堵住。谁知上船拿问，却是在军籍的旗人。

捕差们不敢冒犯锁拿，火速派人回去通知。县令赶了来，旗兵们毫不放在眼里，要其同至辕门去见将军。隔天军里便有移文至，调这几个旗人军前用事，对那杀人之事提都不提。

此事在地方上造成了很大轰动，给一邑的人民上了一堂课，晓得了在旗人的眼中，他们这些新朝顺民实是卑贱的很，比一般人家里养的奴才还不如。

钱澄之听孙大年叙说罢，冷笑道：“不知那些平日里对着新朝统治歌功颂德和摇尾乞怜的人士，现在做何感想？是否还想着如何去讨好其主子，为其卖命?”嘴上这样说着，心中的愤恨悲痛，却压抑不住，终化作一行行沉重的诗句：

县门行

县门朝开官不出，昨夜大盗进官屋。

健儿被伤公子死，衙外知更衙里哭。

枞阳临水万馀家，公然船过弹琵琶。
县上差兵亲认得，鸣锣捉贼通街哗。
家家揭竿阑江口，船到江口谁能守。
弓箭在手刀在腰，一夫上岸千夫走。
差兵昼夜尾船行，获之乃是旗下兵。
可怜冤煞城中人，严刑至死无一声。
旗下兵来不敢锁，当堂揖官对官坐。
官免杀伤已有恩，明日同官赴辕门。
移文调取军前用，临去传言谢官送。

没有竖眉眦目地怒斥和鞭挞，却在跌宕起伏的行文里，白描冷讽间，传出一波波无声的控诉与悲愤！

掷笔东去，那一腔愤悲已化作愈发坚定的抗清信念。这使他此次至金陵，不仅加紧了与一些遗民志士的联络，还与往昔不大愿意接触的一些仕清人士，开始交往。其中的著名人物，便是那同时背负着海内文名和骂名的虞山钱谦益。

钱谦益才气纵横，驰誉文坛，又为学子领袖数十载，在文人士子中，声名之盛少有相匹者。然其一生出处行迹，为世人所诟病唾骂者，亦是举世罕见。

崇祯十二年，五十九岁的钱谦益，已然白发盈头，却与秦淮河上的名伎柳如是相恋相爱而婚娶。这举动，羞恼了天下的道学之士，说他是斯文扫地，婚礼的船上被扔进了下冰雹般的石子。

弘光南渡时，朝廷里的东林党人不管国家局势，吵死吵活地反对阉党阮大铖等回朝廷，而钱谦益作为昔日的清流，却委婉地替马、阮说好话，要众人不要意气用事，被东林复社视为没有立场的叛徒。

南京失陷，清军自洪武门入城时，随众明臣迎降的钱谦益忽然向阙四拜下泪，众人怪之。谦益恸曰："我痛惜太祖三百年王业，一旦废堕也。"然而事后，被海内视作无节汉奸骂得最凶的，莫过于钱谦益——因为他自命清流，作为礼部尚书、学子领袖，是士人的榜样，本应自经殉国，却反而无耻奉表迎降。

所以，在天下的道学家和一些文人士大夫眼中，钱谦益便是一个地地道道有才无德之人。因他降清后，又做了清朝的礼部侍郎，人便讥刺为"两朝领袖"，又以诗嬉笑怒骂："钱公出处好胸襟，山斗才名天下闻。国破从新朝北阙，官高依旧老东林。"更有人编出一些故事来丑化他：说当清军兵临城下时，柳如是劝他一起投水殉国，谦益沉默无语，半晌说："水深，我怕冷。"又当清人下薙发令时，同僚们都不愿剃，谦益却抓着头说"我头皮痒"，便去剃了头发，拖了根大辫子，成了带头剃发的大哥。

钱澄之自不相信这些传言。以往他曾误会过钱谦益，被黄道周严肃地批评了一顿。那件事给他影响很大，使他明白看人要看大处，不可迂腐偏执，人做事固不可没有原则，也不可不知时宜权变。后来在闽中，他还曾因此为与郑芝龙对立而被排挤出朝的黄道周感到惋惜，惜其生性太过刚直，不能够像钱谦益那样权宜时势而协调好同僚关系，终以意气用事而致文武不和，影响了中兴大局。因而他对钱谦益降清的看法，虽觉是其人生污点，却也不肯相信高明识见如钱谦益，会像许多人认为的那样，是为着贪生怕死恋慕荣华。后来听说钱谦益曾因黄毓祺起义案而被牵连下狱，更觉得钱谦益和其他的降清者不一样。只是不知其原委真实，不好结论。

这次至金陵，他通过与有志抗清的友苍、介丘等僧人的接触，听他们说钱谦益自顺治六年出狱后回里，表面上敛迹息影，其实一直在暗中与东南各处的抗清势力联络，以图恢复。近日更在金陵利用其关系名望，积极联络同道，准备响应郑成功再入长江。说起世人对钱谦益降清失节的讥责唾诟，这些遗民之僧既打抱不平，又感叹不已，说钱牧斋之苦心苦节，世上少有人知，也只有他们这些与之有深度交往的僧友，才真实了解一些。

“近期，他便要来灵谷寺。你不要走远，可期一谈。”

钱澄之寄寓在离灵谷寺不远的松风阁，原是要等出江在外的友人张怡。得这消息，更捺住心思等候，欲与这位同宗的前辈名士好生倾谈一次。

冬至日，他终于在灵谷寺见到了已过古稀之年的钱谦益。

钱谦益听闻过澄之的情况，此时相见，非常高兴，道：“我前次至高座，觉浪大师对我谈起道人诸般事迹才识，又读行脚诗，极是感佩吾家有如此才杰志士！”

钱澄之道：“公以文坛雄主，暮年汲汲奔波，致力图复，也令人感动。”

钱谦益感叹道：“诸道友托迹方外，尚不忘家国之难，忠君爱国之心有甚于士大夫，吾辈俗人若不能一尽己力，岂不汗颜愧死？”

夜晚，寺内一片佛号鱼声之际，钱澄之和介丘友苍两位禅友一道，陪着钱谦益去礼塔。白天多有僧人在侧不方便，所以他们于晚上僧人们做功课时，以礼塔为借口，寻幽僻处深谈。

话题中心，是如何联络准备力量，以接应郑成功部再入长江。郑成功这两年用兵目标很明确，一是在福建收复失地，希望打通入粤之途，与西南明军会合，二是伺机入长江，威胁江南，减轻西南的压力。但几次出师都未收效，关键的原因便是未能得到有力的响应声援。

故钱谦益说：“老朽认为，目前最关键的是士气人心。各地虽不乏忠贞图复之士，但若人心各异，斗志沮靡，不说我军得不到有力声援，难以收复失地，就是攻下了金陵，又焉能守得住没有支持的孤城？就像当年，鞑子逼近南都时，人心意志早已涣散，我军精锐左、黄部自顾在下游相互残杀，朝中文武各怀异心，加上昏主奸相逃跑，那一座无援力弱而人心混乱的孤城，怎能避免失陷之命运？后来人骂我们不抵抗而迎降，道理虽在，却非是当时情势之公论……”

他一时感兴，不禁想起了往事。旁人也不便插话，听他感慨：

“说起这些，不是为自己做辩护，大丈夫为人行事，但求俯仰无愧，毁誉由人。我想说的是，今日我们之努力，不可仅凭一腔热血，意气用事。古人谓行事要审时度势。今日之时势，已非鞑子刚下江南之时，要想组织志士民众奋起反抗，必得尽力去唤醒争取人心，这是当前活动的关键。做不好这工作，其他努力也是徒劳。现在我们不少同道并未认识到这一点，只凭着一己热情和单薄的力量，就欲组织起事，幻想成功，委实让人忧叹。”

这无疑是一个洞察时势的智者识见，透彻而一语中的，指出了此时组织抗清斗争的关键和弊病。众人听了，俱是敬服。

钱澄之更有遇知音的感受，因为他向来也反对那种不做艰苦周致的活动准备，就欲草率起事的做法。他道：“宗伯之论，极是正确重要。只是眼下，我等该当如何去做具体工作呢？”

钱谦益道：“要唤醒和争取人心，一是用手中的笔作武器，去作宣扬影响，激发我们汉人同胞的忠国精神和民族情感。二是要尽可能地联络更多的同道，去作广泛的宣传、教育和争取工作，不仅要把不忘故国痛恨鞑子的志士组织起来，还要尽量地去影响争取那些并非死心塌地为鞑子卖命之人。此时此际，唯有抛弃固陋狭隘的成见情感，组织动员一切愿意抗清的力量，今后与鞑子的斗争，响应明军的行动，才有成功胜利的希望。不知诸位道友，可同意老朽这意见？”

眼前另外几人，在看待人事上，多多少少都有些框框束缚，不如钱谦益思想开明，但细细琢磨他的意见，却知那是时下最合斗争形势需要的正确策略。故各人于赞成之际，也很有感触启发。第一次和钱谦益接触的澄之，至此也真正认同了之前友苍介丘关于钱谦益"苦心苦节"的评价。非是深切眷怀故国反对异族侵略的忠义之人，以衰残的人生暮年，岂能如此处心积虑于抗清图复大计的思考？

钱谦益见几人没有异议，复道："为了壮大各地的反抗力量，迎接日后的我军收复行动，我们各人俱须利用自己的影响和关系，去开展联络发展活动。但我此来，对幼光还有一点具体建议。"

钱澄之道："请公指示。"

钱谦益道："道人与无可智公，俱是当年复社魁杰。复社之影响，广被海内。如今成员虽多凋谢，但其嗣皆已长成。今日急迫需人之际，当尽量发挥这一部分人作用。道人可与智公商量，大集复社后人，发挥其于文坛士子的影响，在各地扩大宣传，以联络更多的人投身图复斗争。老朽觉得，做好此件事情，意义甚大。"

钱澄之不意此老有此提议，感其苦心和信任，慨然相允："公为驱虏图复大业，可谓呕心沥血矣，吾辈又曷敢推辞？定当奉公一声令，同教诸子赋《无衣》!"

钱谦益闻听，也不禁掀髯奋声道："说得好！大家共努力，同教志士赋《无衣》!"

西周厉王失道，西戎侵灭犬丘、大骆之地。周宣王即位，命秦庄公伐西戎，收复失地，从征将士作《无衣》歌曰：

> 岂曰无衣，与子同袍。王于兴师，修我戈矛，与子同仇！
>
> 岂曰无衣，与子同泽。王于兴师，修我矛戟，与子偕作！
>
> 岂曰无衣，与子同裳。王于兴师，修我甲兵，与子偕行！

表达了出征将士同仇敌忾，讨敌复仇的激昂斗志和收复失地的决心。此时，在二钱的胸中，也同样沸腾着这讨敌复仇的心志情感，若非是深夜寺中，他们也必将放声高歌一曲《无衣》。

但钱澄之还是赋出了别样深沉的《无衣》：

裴公礼塔日初长，佛号鱼声夜绕廊。
月出殿东清梵合，霜侵台上戎衣香。
多生缘共依三宝，未死心还待一阳。
不是虞山真愿力，宵深争见白毫光。

深宵中，盼望着“一阳”复归的眼前，仿佛真的闪现出一片刺破黑暗的光明，那般地令人惊喜和感奋，温暖照亮了钱澄之频死不死渴望新生的心房。

但钱谦益这位风流放逸的文坛巨匠，这个以特立独行的人生态度傲视世间的前辈名流，在这次会晤中带给钱澄之的影响，尚不止于此。

他们都是酷爱词赋的诗人，两位诗人相遇，又自觉着要用手中的笔来作批判的武器、激励的号角，谈诗论诗便成了议事之外的必然。而文坛泰斗的钱谦益，在览阅了钱澄之的一些诗作后，不仅肯定了钱澄之的诗歌成就，且极是赞赏他关注现实，以诗为史，痛悼亡国，褒贬忠奸，颂扬勇烈，揭露暴虐，哀叹生民，针刺浇风，发出了“诗史酸辛钱幼光”的感叹——后来他将自己推重喜爱的当世优秀诗人之诗，编纂为《吾炙集》时，不仅将钱澄之入选，且录诗独多。

来自文坛领袖的肯定和赞赏，无疑令辛勤耕耘于诗的钱澄之，颇受鼓舞，自此益发坚守着自己的创作理念主张，在现实主义的诗歌道路上坚定前行。

这次会晤后不多日，一直在情感欲望中倍受煎熬的钱澄之，在冬季的寒冷里，为着情欲和爱情的热血催动，终于褪去长期的痛苦禁束，释放本性的自我，顺从着心的呼唤，和一个他怜爱的身份卑微女子结合，完成了人生的又一次蜕变。

他还处在身体健壮的人生盛年，也从没有把做和尚的事当真；他的内心里，时时涌动着文士的风流、才子诗人的浪漫激情，一件僧衣又怎能长期封裹住他对异性的渴望和情欲冲动？当外部环境压力逐渐减弱，而流浪生涯的孤寂日渐加深之时，他渴望有个伴侣回返世俗生活的心情，也日逐强烈。然而，外界的议论，声名的顾虑，以及里中宗亲可能反对的诸多因素，却让他一直畏首畏尾，下不了决心。然而此时，他终于迈出了这艰难的一步，很难说不是受到了钱谦益的影响，从置世俗讥讽和名士声誉而不顾、以垂老之身而娶风尘女子的风流领袖那里，汲取了改变人生现状的勇气。

冬去春残，寒暑几番推易，转眼已是三年之后。

初夏时分，金陵城西南的一处草庐。一个三四岁的幼童，正独自在篱门边玩耍，忽然瞥见路上有几人说着话走近。他注视一会，转身跑回屋内，口中嚷道："大大，妈妈，有人来了！"

他的大大闻声，咽下正吟着的诗句，问道："伢可看清，是谁来了？"

小童点头兴奋地道："是胡爷爷，还有常爷爷，还有，还有……"一下子记不起来，转着眼珠，不住搔头。

他这里尚未想出，庐外已传来了唤声："西顽！西顽可在家？老夫等来也。"

人随声至，几个或着僧装或穿野服的身影，已出现在门口。小童欢然跑上前去，牵着一个白发苍苍的老翁衣裾直唤："胡爷爷！胡爷爷！"

老翁慈爱地抚着他的头，道："撝禄啊，想不想爷爷呀？"

小童点头道："想呢，我最想爷爷。昨儿做梦，还梦见了呢。"

他自记事，便见大大和胡爷爷常在一起，胡爷爷又很疼爱他，不仅和他说话，还时常带一些好吃的东西给他吃，所以他稚嫩的心中，除了大大妈妈之外，便与这胡须雪白的老爷爷最亲。

老翁听了小童之语，极是高兴，从怀中取出一小包东西来，揭开包纸，却是数十颗玲珑莹润的鲜红樱桃。拈出一颗，放进小童嘴中，问道："好吃么？"

小童嚼咽着口中鲜甜，连连点头，咂着嘴欢喜道："爷爷，真好吃，我从没吃过呢。"

老翁满脸怜爱之色，喂了几颗，又拈一点放于小童手中，余下的包好，递给侍立在一旁的小童母亲。妇人满怀感激地道："又叫您老破费。禄儿，快谢谢爷爷。"

小童道了谢，看着那樱桃，未想到世间还有这样又好吃又好看的果物，捧在小手里不舍得吃。

众人看了小孩子的模样神情，不免感叹。樱桃虽非是什么名贵的水果，只是眼前大家遭际贫困，小童的家里更是时常食不果腹，不是那胡翁疼爱，哪舍得花钱买这般时鲜的水果给孩子吃？

那被小撝禄称作常爷爷的叹道："吾辈自绝于时，甘于贫困，却是苦了这些孩子们。嗐！"

他穿着一身圆领的野服，满面沧桑，一般人不知底细，谁也想不到他竟是前代的侯爷。原来这人却是明开国元勋开平王常遇春的后人常延龄（字苍谷），崇祯间袭怀远侯。清人占领南京后，家中甲第资产全被没收，如今领着妻儿一家三口隐居于城东湖孰村，以灌园种菜为生。他的妻子以昔日的上公之女，亲操井臼炊事。膝下唯一的幼子，每日出外拾柴负薪，也同这小撝禄一般，不知鲜果美味为何物。

胡翁道："苍谷不必伤感，失国之臣，命当如此。将来孩子们长大，明白忠孝大义兴废之情，必然理解，决不会以贫穷苦难而怨怪！若忘国背祖趋时干进以膏沃子孙，后代若懂得道理，又岂觉荣光？怕不要责骂无耻呢！"

他同常延龄一样，也是前代勋戚之后，名长庚，字星卿，先祖乃是东川侯胡海。南都失守，长庚聚族而议："国亡矣，吾家将不保，当早为之计。"乃将先朝赐产悉缴出，独存驯象门外公主坟前庄屋数间，鱼塘菜地数亩，合家居之种菜养鱼为生。岁饥则与人言堪舆看风水，贴补家用。

听了二人这般言语，同来的僧装打扮者叹道："吾平常见有士人热衷于鞑子功名，一门心思欲出仕做官，不忿问其缘故，多曰非为自己而为子孙谋。真该让那些人来听听二位的言论，晓得什么是忠义大节，什么才是真正的为子孙谋！"

常延龄道："青藜迂也，怎可相信那些人的鬼话？他岂当真为子孙着想？读书人岂不知报国为先，忠义为重？岂不知夷夏之防，胡汉不两立？他不过以此为自己奴事新朝名节有亏，遮羞饰污罢了！"

青藜者，姓曾名灿，江西宁都人，颇有文采，乃明兵部侍郎兼都察院右佥都御史曾应遴之仲子。隆武时与父毁家纾难，募兵援赣。兵败，其父死而灿入粤。后随方以智一道北归奔走各地，联络抗清。他虽是僧人打扮，其实是同众多穿着僧袍的遗民一样，并不曾皈依佛门，不过是不愿着时服而已。

胡翁也道："苍谷说的对！那些人若仅仅是为子孙谋，他为何死心塌地替鞑子卖命，帮助鞑子祸害我汉人同胞？为何谋官后不急流勇退，致仕而隐，反费尽心思要往上爬？我平生最恨此等口上仁义，却满腹奸恶污秽的汉贼败类伪君子！”

他变后隐居驯象门外，平时足迹少履城中，或至城门则唏嘘而返，既怕睹景伤情，也是不愿看见那些仕清的汉人官吏。此时虽已年过花甲，说起那些污节的仕清者，还是愤愤不已。

常延龄转向主人道：“饮光，你自号西顽，岂应是自个儿狂放特行以玩世？对这些不行忠义的伪君子，真正的顽劣不仁之徒，你的笔下也要狠狠地玩他一玩，揭斥针讽，让世人看清他们真实的丑恶嘴脸！”

前些时，钱澄之曾为他写了篇《湖孰种菜歌》，为胡翁写了篇《胡星卿茅屋歌》，赞颂二人持节甘苦之贞洁。此时议论所及，联想之下故有是倡。

钱澄之见说，微笑道：“如君之论，我近日正瞧了一些人的嘴脸行迹，叹愤世态人心之奸猾险恶，良善懦弱被欺压，要说与世人听听。诸位且来看看。”

众人随至书案边，见有一些完成不久的诗作，标着《白门行》《搏虎行》《泥鳅行》《野鹤篇》等题目。钱澄之找出一篇《老狐行》，诵读起来：

君不闻书生问难董江都，一语识破化老狐。书生入京见天子，殿前雄辩折群儒。天子非常赐恩礼，公然白昼摇簪裾。天地翻覆狐不死，还窃虎威欺乡里。啼笑真假髑髅面，变化终存爇火尾。出入虎前狐后随，逢人辟易夸且悲。虎欲啮人避不得，贤豪免者吾所为。贤豪之死亦有命，老狐此言胡足信。不闻天下无狐乡，天公直遣虎啮尽。我遇此狐雪白须，头摇手颤儿童扶。当年曾受人主敕，至今不怕天师符……

“‘天翻地覆狐不死，还窃虎威欺乡里’，骂得好！”

“‘啼笑真假髑髅面，变化终存爇火尾’，好！有此一篇妖狐行，便教天下的汉奸贼子，无可遁形！哈哈！”

钱澄之边读，众人边议论，拍几扬眉，指喝痛快。

《泥鳅行》《野鹤篇》反映的是奸恶卑鄙的小人兴风作浪，残害良善，而《白门行》则揭露批挞异族统治者暴虐民间。众人听了，又愤愤着评议一番。

钱澄之最后又捡出一篇《青楼女》，对众人道：“诸位适才所闻，俱是人间的无耻奸恶与暴虐。但天地之间，也有正义贞烈与真情，此贞烈与真情，乃天地之至性，人间之至情。虽世风浇薄，人欲横流，也不能绝其生机，虽人物异等，尊卑不同，亦难掩其光辉。吾有《青楼女》诗，正为斯证！”说罢而歌：

江东结客有沈生，早擅青楼荡子名。
室中惯取青楼女，入门椎布甘辛苦。
共羡君家大妇贤，许君夜夜拥姬眠。
可怜遇难一朝死，颈血淋漓溅西市。
官收妻妾散归旗，傍人都为诸姬疑。
一姬闻难色自若，与郎别时原有约。
引吭自尽通邑惊，同时又有小妇争。
小妇终年长独宿，夜台今夕还相逐。
可怜大妇独从容，手殓姬人棺自封。
绝粒经旬命亦绝，沈家亲戚生颜色。
太守点名亲下县，叹息一门世罕见。
自买香烛拜三丧，就中一丧青楼倡。

歌罢，已泫然泪下。

众人俱为之耸容动色，唏嘘不已。问道：“君所歌，莫非芜湖沈昆铜家人么?”

钱澄之颔首道:“正是。吾友为图复而遇难于金陵,其一妻二妾义不苟活,皆自经殉节。彼二姬出身风尘,卑微至极,临难却义烈如此,真情如此,吾闻之感而难抑,遂作此歌以颂之,好教天下人知道人间不唯有荣华富贵,还有义烈真情,那些忘国背祖觍颜事敌的道貌君子无耻之徒,其品不若一青楼也!”

沈士柱殉难后,因为时忌他不能哭以诗,这时借其妻妾死事,曲折抒发心中痛悼。

常延龄道:“沈昆铜是条汉子,他的事我听说过,只是不知其妻妾家人也如此节烈!”

胡翁叹道:“所谓忠烈在一门,便是如此。”

曾灿则另有感触:“闻文山说‘人生自古谁无死,留取丹心照汗青’,沈昆铜不朽矣,其妻妾也不死矣。为了恢复大业,我辈也何惜区区一身?只是形势日危,希望茫茫,让人怅痛!难道天心真的偏转,我大明的气数真的已尽?”

这话正触着彼此心思,大家一时皆黯然神伤。他们这些人,无不怀着深刻的家仇国恨,日夜企盼着形势能有改变,汉家河山能得恢复。然而长期焦虑的等待后,仍看不见希望的曙光,各人的心情,俱不免痛苦忧伤。

何以解忧?唯有杜康。眼前他们需要的只有一样东西:酒。只有酒,此刻才能抚慰他们那颗痛苦哀伤的心!

钱澄之携家于此,卖诗以维生计,常常吃了上顿没下顿,平常哪有钱买酒?好在前些时方以智的妹夫曹台岳见他困顿,送些米来,钱澄之取之酿了一坛米酒,这时倒济了急。

酒抱来了,也一碗碗地倒入了众人肚中,可愁伤却并未被浇去——

相反，随着饮谈中知晓抗清图复斗争的不利消息，它愈发沉重地横梗在各人心头。

曾灿近年北上燕地活动，希图联络抗清志士揭竿反抗。无奈清人在北边的统治，相对于南方已较巩固，组织起义很难。举事不成，又罗聚一些豪侠勇士，欲伺机刺杀鞑子首脑重要人物，造成清廷的恐慌混乱，却也因敌人戒备森严而难得手。

南方的消息更令人焦虑惶急。虽然东南的郑成功部仍与清军拉锯争夺，未见颓势，但西南形势却日渐危急。随着孙可望叛降，蜀王刘文秀病卒，清军在云南步步进逼，进次曲靖。传言永历帝接受沐天波等人的建议，已出滇都而退奔极西与缅甸交壤之地，寄托着天下汉人志士最后一线希望的永历政权，已岌岌可危。

酒和着这些不利的消息，在众人的胸中滋生着更多的忧惶痛苦，令他们益发地欲向酒中寻求麻醉。酒饮完了，连那稀糊般的米糟也倒进肚中。当酒坛终于空尽时，若醉还醒的他们，再也抑制不住满腹的悲哀绝望，泪水滂沱，仰面向天，放嚎痛哭！

哭声渐敛时，回荡四周的则是钱澄之沉痛的悲歌：

君不见燕市酒徒有荆轲，渐离击筑荆卿歌。狗屠何人无名姓，三人相和泪滂沱。又不闻苏生每夜酒一斗，一卷汉书常在手。张良奋击祖龙槌，惜哉不中一杯酒。

古来饮者多牢骚，胸无磊魂饮不豪。三子胸中复何有，饮我酒尽还铺糟。酒酣仰面向天哭，荆卿在燕酒未足。易水歌罢长已矣，报仇岂望高生筑。常侯归种邵平瓜，狂奴自卖君平卜。曾生还山且耕田，汉书只在牛背读。

五月中旬，明延平王郑成功、兵部左侍郎张煌言会师北上，十万大军再入长江。江南北闻知消息，骚然一片，各方人士与民众，都在紧张关注着事态的变化进展。

十九日，明军经江阴，舟楫蔽江而上，以六月初八至丹徒。六月十三日，泊焦山祭天。旗盖、袍服皆用赤色，望之如火。十四日祭地，望祀山川岳渎，用黑色，望之如墨。十五日祭太祖毕，缟素祭崇祯帝、隆武帝，用白色，望之如雪。郑、张恸哭誓师，三军皆悲然泣号，声动江天。

十七日，明军攻克瓜洲，二十四日，挟势再克镇江。此后张煌言率师溯江直上，仪真、芜湖吏民迎降。郑成功则于七月初兵临金陵城下，舟艘蔽江，连营郊外。

南京城内一片惊惶混乱。各处戒备森严，外城街巷郊野，尤其是临近江上明军屯兵那一带，到处可见一队队捕快侦骑的身影，一些平日即被当局所怀疑的场所人家，更是遭到重点盘查监视，不时有人被呼拥着抓走。

眼见严防之下，难于安身与作为，一些有心之士只好暂避入野外山中以待。

同住驯象门的钱澄之和胡长庚，也于这种情形下，一同避入南面的牛首山中，转至祖堂山幽栖寺。

幽栖寺的主持，是他们近年在长干来往密切的友人和同志，髡残介丘和尚。

介丘身有残疾，平日较疏懒，对禅教并不如何勤修深研，无事时最大兴趣便是绘事，以擅画闻名。近来因主持祖堂，羁在山门不得出来，闻明军再入长江的消息，心中牵挂不已，只是遗憾不能出山去探知情况。此时得两位同志到来，闻听郑成功已兵临城下，他极是兴奋，口中直念“阿弥陀佛”。

几人在丈室里议论不住，夜深不倦，心中的激动期盼难于言状。近几年，他们都曾为着配合明军的恢复进攻，奔走努力。介丘以行脚名义，数至东边联络同道，传递信讯。而澄之除了平日奔走，更于金陵有一次重大活动。

前年他去见方以智，叙说钱谦益关于联系复社后人的意思。方以智说他也有这样想法，但认为他们二人身份，出面操办不妥，须得另觅他人。恰于此时，他们得到了当年复社旧友冒襄丧父的消息。

二人商量之下，遂派以智长子中德以吊丧名义去江苏如皋，请冒襄出面主持此事。冒襄国变后守遗民之节隐居乡里，未曾效力南明政权，官府对他不甚注意，且家中富有资财，可供集会之需，乃是出面组织集会的合适人选。

一番筹划之下，是年秋季，一批复社当年有影响人物的后人，以讲会为名，聚于金陵。当中有陈贞慧之子陈维崧、吴应箕之子吴孟坚、梅郎中之子梅子庚、沈寿民之子沈珽、冒襄之子冒丹书、戴重之子戴移孝、戴本孝、侯岐曾之子侯晓、石璜之子石浒等，桐城赴会的除了方以智几个子侄，还有周歧之子周暄以及杨嘉树等人，共数十名之多。而方以智与钱澄之也悄然赶去，与诸子相会，教导诸子盟心同力，继承父辈志节，联络组织四方同志，努力抗清图复。

眼下，当久盼中的明军旌旗直指江南北之际，诸子与四方其他的志士，当会凭借近年的努力，积极展开活动响应大军的收复吧？是的，一定会那样！已经准备了这么久，等待的就是这个激动人心的时刻，他们又岂会不应时而发？

有了四方的响应支持，我大军的收复行动也一定会进展顺利而奏捷。只要用兵得当，江南北广大的沦陷区，当能传檄而定，重新成为我汉人的天下！东南既复，海内必将沸腾，鞑子的统治就会动摇，抗清复明的形势局面将会得到极大的改观，多年来千百万志士仁人的努力与期待，就有了实现的希望……

哦，苍天护佑！我佛护佑！护佑我军民志士获得胜利，护佑我久在胡虏暴虐下痛苦呻吟的汉人同胞，从此能翻身解放，获得新生！

带着这热切的祈盼，他们一次次登临峰巅，把急切关注的目光，投向远处那帆影点点的大江和茫茫原野，搜寻着那看不见的风云战场，听着那若有若无但已在他们心底轰响的震天号角，不住地猜测讯问：被围的金陵之外，我恢复大军的脚步，已迈向了哪里？

明军恢复的脚步，已进入苏南和广阔的皖地。

继取芜湖之后，张煌言相度形势，分兵进取。令其部一军出溧阳，窥广德；一军镇池州，截上流；一军拔和州以固采石；一军入宁国以图徽州。传檄各郡邑，顺应形势人心，反正归明。

消息传开，各地士民奔走相告，父老壶浆以迎。故国不远，情思尚在，又不甘为异族所统治奴役，如今恢复之师将至，岂不纷思响应？而官府仕清者，死心塌地为新朝卖命做汉奸的也属少数，多数人不过是屈从形势，暂谋生途，至此岂愿抵抗？一时间，大江南北郡邑，或起义相应，或相率投降反正，易帜归明。府则太平、宁国、池州、徽州；州则和州、广德、无为；县则当涂、芜湖、繁昌、宣城、宁国、南陵、太平、旌德、泾县、贵池、铜陵、东流、建德、青阳、石埭、含山、巢县、舒城、庐江、建平、高淳、溧阳，共四府三州二十二县，城二十九座。

连同最先恢复的镇江、江浦等，明军在不到一月时间内，几乎未有激战，便已收复了苏南、皖地包括皖南全部的一大片沦陷区域。

十数年来，随着抗清斗争先后失败，清朝统治逐渐稳固，坚持在南边的嗣明政权已渐为人们所轻忽淡忘。但如今，它却以声势雄壮的恢复之师和大区域的收复行动，让人们深刻地感受到了它的现实存在，在东南各地造成了强烈的震撼和反响。安徽江苏的满清官员，自巡抚以下莫不仓皇欲走，那些平日依附新朝甘当顺民者普遍惴惴不安，怕一旦变天要被谴惩。而心怀故国不与清朝合作的遗民志士，则为之欢欣鼓舞，看到了推翻异族统治翻身解放的希望，暗地里摩拳擦掌，奔走活动，准备接应恢复大军的到来。

然而，就在这关键的时刻，围攻金陵的郑成功麻痹轻敌，轻信敌方诈降之请，诞辰日与诸将卸甲饮酒庆贺，被守城清兵先以五百精骑夜袭大营，冲溃明军布署，动摇军心，继而以数千骁骑趁黎明冲杀，仓促应战乱成一团的十数万明军，先后溃败，将领多战死阵亡。郑成功率残军退至镇江，再退入海。清军乘势收复了瓜镇。张煌言所部，遂被截断了归路，成为无援被阻之孤军而失败，不过数日间，先前收复之地又皆归清。

自五月至八月，百日的时间里，兵出江南的明军，连捷迅败，大起大落，变化结果出乎各方意料——当郑成功围住金陵、张煌言收复江南北众府邑时，东南各地的清政权在巨大冲击中摇摇欲坠固不用说，即北方的清廷也为之震撼惊惶不已。清顺治帝急召王公大臣及将领聚议，准备御驾亲征。不想这里计议未定，那边明军的败讯已至。一惊一喜，额手称庆之际，尚自怀疑底下送来的捷报是否真实，是不是地方官员因惧被罪而一时谎奏？

在明军败退后，金陵当局不仅加强了各种管制，同时也大肆追查搜捕同明军有联系及参与活动的反清人士。

北风凛冽，岁暮冬寒。在金陵不能存身等待回乡的钱澄之，哀伤着眼前困境，痛惜着明军的失败，悲叹着郑成功难当大任，中兴无人，他的心在几近绝望的痛苦中呻吟哭泣，无比悲怆凄凉。

严霜日夜摧，北风一何凛。天地忽以闭，昼短夕苦永，
敲石无火星，斧冰惟枯井。口噤不得开，泪下直如绠。
岂无太阳辉，一令群阴屏。浮云相蔽亏，乍出旋已隐。
浮云本无根，白日亦有景。自非羲和才，六辔何由骋？
空使寒岩松，穷年自孤挺！

五年之后，闽北建宁府城。

岁暮的一天，一个儒士模样的人急急出门，往前面街市中匆匆行去。正行间，忽被一乘从旁经过的小轿中人喊住。

一个年轻的女郎，从轿窗中探出头来，向儒士招呼："吴先生，这般匆急，却是要去哪里？"

儒士看清对方，回答道："是徐姑娘啦。你不晓得，钱西顽先生病了。初以为着点风寒不打紧，谁知这两日看着加重，卧榻不起，昨夜竟昏厥几次，叫人心慌！我这里赶着去请郎中。"

那女郎听了，顿现忧惶之色，忙道："如此，奴家不耽误了，您赶紧去吧！"

待儒士别去，她令随行的丫鬟，吩咐轿夫折向，要去探看钱先生。

不多时到了。带着丫鬟进去，入室瞧见了躺在床上面色苍白形容憔悴的病人，不由得红了眼睛，趋近道："先生，一向未见，怎的便病成了这般？"

春上他去外地前，她还见过他，那时他豪饮作赋，谈笑不倦，令她觉得这著名四方的诗人，不仅意气风发不逊于少年，其体魄健壮生命旺盛也异乎寻常。不想如今却病重如斯，令她心伤。

昏沉之中的钱澄之，见这女子来探看，欲挣起身子而不能，凄然道："或许，吾大限已至，要与人世告别了……"

那女郎听了，越发伤感，哽咽道："不会的……先生您不过偶然抱

疾，疗养一段时日，自会康复的。”说着那眼泪已掉下。

钱澄之叹口气道：“姑娘无须难过。人生自古谁无死？况我漂泊残年，死又何惜何哀！”

女郎泪汪汪地看着他，道：“先生莫这样说。先生生平历尽危难，俱都挺了过来，眼下这病又怎会磨得倒先生？且天护英才，佛佑善人，相信先生一定能好起来……奴家也会，日日为先生祈祷平安……”

感受着女郎的关切和真情，钱澄之孤凄伤感的心头，涌过一阵热流，而眼泪也抑不住地滚出。

不久吴先生陪着郎中来了。诊断结果：钱澄之之病所以沉重不起，风寒侵害是其表，根因则在长期焦劳心血亏损，身子衰虚。能驱其表固其本，当性命无碍。

众人听了，略觉放心。过得数日，闻听病情有了起色，那女郎复来探望，见病人精神虽转好，身体仍很虚弱，遂劝努力加饭，以利康复。

钱澄之孤旅病中，心情不好，饮食无欲。同寓的吴延牧和此时也游于建宁的乡友陈式，每见即强迫他多吃点，这女郎一样的做法，说辞道理却有所不同：

“先生病里，不多进饮食，如何强壮体质以抗病？就像做不好诗的人，不多吟多咏多问学，又怎么能增加思悟功力渐入佳境？”

钱澄之听了，病中也不禁为之莞尔。原来这女郎爱诗赋，亦因诗与钱澄之相识，这时劝其加饭，竟也联系到那上面去。

后来钱澄之病愈，她再来看望，又有这样说道：

“先生，您既无意世间功名，便该摒弃琐俗，远离尘嚣，烟霞啸咏，珍摄天年。倘为生计，以先生才望，课文授学，人争为门下，酬俸亦足以资，何必四方奔走，忧劳汲汲，耗损心血？”

这是劝喻她敬爱的先生减少操劳保重身体，但也表达了她的不解与困惑。这个困惑，并非她一个人有，只是她关注的角度不同而已。

钱澄之无法回答，不能解其惑。

他怎能告诉她，他所以这样让人疑惑地到处忧劳奔走，只是为着心中那一份永难舍弃的信念，为着那在艰难中坚守不渝的救亡图复希望！

几年前他从南京回到故里之初，因为恢复希望再次破灭的打击，他也很有些沮丧悲观和迷茫，只在刚筑起来的田间草堂中读读书，教教弟子，与一些社友同志选选诗文，打发日子，消磨时光。

是活动在江右的方以智，将他从沮丧迷惘中唤醒拽出。

方以智是一个智慧极高的旷世奇人，也是在抗清复明中最善于坚忍的战士和讲究斗争策略的领袖。因此，他的师父、救亡精神领袖的觉浪，在寻找能担当复明大任的“穷尽一切的大伤心人”中，将救亡图复的领导希望托孤于他。而以智也没有辜负期望，依据现实的斗争形势和要求，找到了一条新的复明道路。

方以智认为，面对几乎已完全占据中国领土的清朝统治者及其强大的军事力量，指望依靠无能的永历政权、困危孤立的局部军事斗争以及小规模的民间起义，欲很快扭转局势实现复明的目标，已不现实。要将抗清复明的事业坚持下去并取得胜利，必须要改变斗争策略和方式，走暗中发展力量坚持长期斗争的道路。而要在清朝严密统治下组织起足够的反清力量，须“别展逆流手眼”，借鉴仿效宗教发展门徒势力及民间结众起事的经验做法，利用汉人的民族意识和故国情结，以反清复明为号召，依靠长期努力，建立秘密的依靠自身力量不断发展壮大的帮会组织。这个组织分布四方，平日隐秘不彰，一旦时机到来，却可在各地同时揭竿而起，成为改变时局的重要力量，就如史上黄巾红巾大起义一般。

所以，当大江南北的遗民志士尚在翘首盼望沿海明军入长江收复之际，以智已密潜江西，以建昌一带为基地，创建了以他的“∴”革命思想指导的秘密反清组织三点会（后改称天地会）。这个帮会，以反清复明为宗旨，尊明宗室为其首脑，会中成员互为兄弟平等，各地建立分会自行发展，其吸纳对象广泛而主要面对遗民志士、下层穷苦百姓和江湖侠隐。在他的经营下，短短数年时间，江西、福建及楚粤等地，已初步建立了组织，发展起一批力量。

因为钱澄之在闽地的经历，尤其是他曾长期在延平建宁一带生活，熟悉环境，有一定的人事关系，方以智希望他入闽帮助发展闽北的分会。钱澄之深以方以智的方略为然，遂义无反顾地入闽活动。从前年下半年至不久前，他一直在延平诸地四处奔走。

他这样的活动，行径表现自有些诡异，让人瞧着困惑不解：“底事林栖客，辞家去不回?”晓得别人会猜疑，他只得这样解释：“远出为谋食。”这是唯一的借口，可这借口也经不起推敲追究。他到处奔走活动，除了同各方人士频繁接触，并没有做一项生计营生——他的乡友陈式来建宁，还选择了给人授经——难道他远离乡关至此，仅为了糊自己一张嘴？说不通的。但他也没有办法，只好随人们把疑惑留在心里，就如眼前这聪慧的女郎一样。

而女郎接下来的另一个问题，他也很难回答。

那时童仆端药来与他喝，碗中黑乎乎的药汁，散发着一股明显的焦煳味，显是不注意熬过了火头。他没好气斥责了几句，童仆嘟着嘴而去，他也不由得叹气。

女郎见状，默思一会，道：“先生，您常年奔走劳碌，身边无人尽心服侍，嘘寒问暖，知乏问饥，如此下去，又怎有身体康健?”

钱澄之看看她，叹道：“乱世苦命，漂泊之身，哪里顾得这些!”

女郎咬了会嘴唇，羞涩地道：“先生就不曾想……不曾想找个身边人，照顾自己？”

何曾不想呢！文士身旁，怎少得红袖添香？况且孤身在外，寂寞凄凉更是难耐！只是想则想矣，要成为现实，却不容易。

他苦笑道：“姑娘说笑了。落魄顽叟，清贫如洗，何敢奢望？即有侣思，谁肯与伴？”

那女郎定睛望着他，忽然面颊泛红，道：“先生才品诗文，奴家向来倾慕不已。若先生不嫌卑陋，奴甘愿奉箕帚，白首相随。”

建宁风俗，尚节义而重儒。出身于瓯宁书香人家的她，自幼深受熏陶，愈加敬重斯文人物。世乱遭难，她于处境凄困中也没有改变素来观念，又因喜爱吟咏，内心立誓非诗人不肯委身。自与钱澄之相识，读其诗而敬其才，惊为不世大诗人，芳心一片早已暗相倾许。此时因怜钱澄之抱病，鼓起勇气吐露了心声。

他不敢看她。心中虽有一千、一万个声音都在告诉他，鼓励他，但要他对她说个“可”字，最终他还是张不开口。

他早就知道她很崇拜他，对他有一种异乎寻常的柔情。而他也对她很有好感，喜欢她的聪慧娴雅，有一种念兹在兹的难忘情愫。然而他们都心存顾忌，身份差异、年龄、家庭、处境、经济、外部舆论，诸多的障碍阻力横亘在他们中间，使他们都不敢把关系往深入去想，去大胆追求那一份珍贵的情爱。如今，当伊人终于勇敢地表示“求我庶士，之子于归”时，动情的他，又怎不想高吟“君子好逑，宜其室家”？可是，旅寄困贫囊中羞涩的他，拿什么去娶她赡养她？

结果，他只能让她抱怅而去，自己黯然神伤。

然而，爱情姻缘自有定数，该来的还是要来，该合的终究要合。不久，有一个人向这对有情人伸出了帮助之手，让他们得以了偿心愿。

那人是桐城乡友，数年前在里中曾随钱澄之学《易》的姚文燮。

姚文燮是个很有才华和经世志向的人，顺治十六年成进士，授福建建宁府推官。他为人热心好事，在知道钱澄之与徐氏的事后，极是赞叹。为了帮助钱澄之解决经济问题，年节过后，他说动署理府事的郡丞，出府资聘请钱澄之主持订修建宁府志。

有了修志这项收入的保证，是年冬季，当府志大体告定时，一个长期流浪在外风尘奔波的志士，一个历尽苦难却不改其激情浪漫的鬓霜诗人，在建江水畔有了个暂时的家。它虽小而简陋，却能消减人生逆旅的疲惫，抚慰孤凄伤忧的心灵。

第十章　著述明志

康熙十年（1671），深秋。

楼窗前的山上，草木在烈风严霜的摧残下，已然一片凋萎枯黄。绝壁黝黯处，细潺的流泉，从石罅中无力地滑下，将沥沥的衰残与绝望，散作漫泛袭人的阴寒。

似是感受着秋的凄凉悲氛，坐在窗旁的他，一动不动，一脸的哀伤。

家仆来送茶水，不仅看见了那哀伤，还看见了他从窗外收回的目光里的沉痛与悲愤，还有眼角隐噙着的泪花。

家仆不禁惶然而不安，他熟悉这样的神情，知道它所代表着的极大不幸与痛苦的含义。

大前年的秋季，主人出游在外，族内有宵小勾结强人夜入田间草堂，不仅盗去财物，还残忍地杀死了挺身护卫继母幼妹的大相公法祖。这本是罪证确凿令人发指的盗杀案，不想县官为维护自己的政声，在恶吏的怂恿串通下，竟买嘱被获的贼人改供词，指惨死的大相公与主母有暧昧之情。结果衙门不去缉拿真凶逸盗，却开棺验死者之尸，檄主母过堂审问。主人痛愤上诉，而府守和臬司又官官相卫，不肯申冤翻案追凶昭雪，最终只以疑狱作罢。

在那往来郡邑打官司的两三年间，随侍在主人身边的他，看到主人是怎样的痛苦不堪悲愤难抑。许多个白天和夜晚，痛心疾首的主人，不是难过激愤得恸声如嚎，便是忍泣吞声哀然如绝，就如眼前这般情形一样——可去年官司罢停之后，尤其今春举家迁居这枞阳镇上，主人的情绪似已平复不少，却为何这一次从外地归来，又表现出这般痛心的神情呢？

他不知道缘故，但猜测定又是发生了什么重大不幸的事。可那又是什么事情，致令主人如此伤痛呢？

他不敢问，后来听了主人夫妇的简略对话，才知道了大概。

那是年轻的主母牵着四岁的小小姐，来房中劝慰主人。

“先生，妾知你心情不好，但你这样把自己关在房中幽愤哀伤，茶饭不思，不也令人担忧？”

…………

“妾也知道，你与方家关系非常，可他们父子犯的是谋逆大案，援救不得，你又能如何？只能释悲想开些，勿要这般深痛哀绝，折磨自己。”

…………

不见父亲作声的稚童，爬进其怀中，伸手拭着父亲眼边的泪珠，道：“大大，你怎么不说话，却哭了？”

“伢哇，大大的心，痛呐！”

抱着幼女哽悲，再抬起头来，已是泪流满面。

“可怜方氏一门，几代忠烈，而上苍不佑忠良，任其陷危，怎不让人悲恨，是何天哉？世间皆知我钱澄之与方以智，是数十年的生死兄弟，今坐见其难而不能救，吾心之愧痛，如饮鸩似割，欲裂肝脾，又何能止遏?”

春间，由于奸人告密，从粤地发作的谋反案件延至赣皖，方以智及其三子在江西和桐城同时被捕。案发后，方以智的亲友同志，多方奔走援救，但终因案情重大，不能化解其危，虽方中德、方中履兄弟被暂时保释，但老二方中通仍陷身狱中，方以智则将被解入粤。而如果方氏父子罪被坐实，不但他们自己必死无疑，方家一门老少也将无幸。以钱澄之与方家的交情，其心情忧惶悲愤可想而知，那是既难自抑也非他人所能劝慰得了的，即便是他所怜爱的妻子。

还在他们夫妇离开建宁返乡的那年，方以智曾去福建，钱澄之陪他活动了一段时间，从那时起，徐氏便知道了丈夫与方以智的亲密关系。只是她的了解不够，体会不到二人之间那种心志相连患难与共的生死情分，故开头见丈夫独处悲伤，尚欲言语劝解。这时闻言睹状，方知伊人悲痛之深刻，实非言语所能慰解。

她是善良明慧的女子，既知劝无可劝，也只有悲其所悲，陪着丈夫默默掉泪。一边希望时间之手，终能抹去伊人心中的伤痛。

“先生是坚强的，任何悲伤都压不垮他。这几年那样大的痛苦打击，他不也都挺了过来吗?”

她的判断没有错。度过了九月里那一段悲愤不已的日子，她先生的情绪慢慢平静些。只是他还是不出门，只把自己关在楼上的书室中，除了有时同妻子儿女说会话，终日只是沉埋在书卷写作中，整整一个冬季都是如此。

晓得家主喜爱交游，也习惯了家主常年游荡在外的家人们，见了家主这般长时间足不出户，不免有些纳罕。

他们的主母倒是明白一些，晓得先生一腔悲愤无以排遣，只能移情于著述之中，借以忘掉眼前的忧伤和悲痛。但这样的原委，她也不能对那些佣仆解说，只是听到他们议论时，这样告谕：“先生是做学问的人，文章著述是他的正经大事。为了他静心写作，家里琐事尽量不要烦他，不相干的人来访，尽量挡驾，免得耽误先生时间。”

她这样解释，家人们好接受，因为家主确是那样的情形。而她吩咐注意的事，也很有必要。钱澄之是文坛前辈，声名在外，往往有人慕名来相访。尤其是他们一家迁至这濒临大江、舟楫便利的枞阳镇后，访者更多。而聚居镇上的众多学子儒生，也不时登门求教。若不适当挡驾，疲于接待应酬，是无法安静写作的。

不相干的访客要避谢，但关系近密者，自然还是要接待的。

这日，有一半百老者登门。家人见了，不敢怠慢，客客气气迎进宅中。原来这老者却是钱澄之的老友刘汉，如今也定居在枞阳镇上。鼎革以后，刘汉携家至枞阳镇，因灰心时事变迁，又迫于生计，弃儒业治生产，逐渐挣了份家业。春间钱家搬来枞阳后，两家隔不多远，所居相望，时有过从。所以钱家的仆人不敢像对待其他访客那样，以不在家或身体不适等理由挡驾，而是径领着去后面北山楼中见主人。

钱家这新宅，坐落在永利寺巷前，前后有南北向楼数楹，南面可眺江滨远景，而北面则对着街市后的凤凰诸山。年初钱澄之从宅主手中买过来后，喜宅后丘壑野趣，而尽开当山之窗，以纳绝壁流泉、枯木怪石及林间人家诸景致，作为读书待客之所，起名为北山楼。此时他幽愤著述，便整日待在北山楼中。

刘汉进室，看见钱澄之披散着头发，把自己埋在一堆书稿中。说道：“怪不得这一向不见你照面，却是学海游踪呐！”

钱澄之起身，道：“我又没有你那些生意劳神，不读读写写，却做么事？”

刘汉脸红了红，道：“看你书稿一大摞，莫非有了宏篇大作？”

他虽弃儒业，毕竟是读书人出身，见人治学辄为关注羡慕。

钱澄之道："适才整理完的《易学》手稿。"

《易》为六经之首，也是中华文化中思想最深奥的学问，一般的学者不得名师指教，不敢涉足其间。刘汉知钱澄之精《易》，却不料其已蔚然成著，钦敬之际，亦觉纳罕，钱澄之常年漂泊在外，如何动辄成著？

钱澄之解释道："吾家自融堂先生以来，家世学《易》，先父曾将一生研习心得授我，令我为之诠次，录诸简端。我在学习中有所得，且为先子所首肯者，也并载之，名为《见易》。流寓南京时，亦从国子监丞何楷研习过《诗》《易》二经。后来避党祸于吴下，又得吾师漳浦先生《易》教。之后困伏闽中，靠记诵章句，默寻经义，也有体悟收获，久之成帧，称为《火传》。北归后，暇时取《见易》《火传》两相互证，重加删订。前些年我助密之参订方中丞白鹿公《周易时论》，颇有心得，现重作编述，乃成此著。"

一段话，略叙了其研《易》著述之始末，也大致反映了其数十年的治学过程：年轻时从父师学习，打下一定基础。北归之后，治学成著。

他只是就易说易，未涉及自己整个的治学，故刘汉尚不知道，他北归后的治学努力，还有三个方面：一是将以往在隆武永历政权中的大事见闻，整理成反映南明斗争风云的《所知录》一书，期为这段历史保存一些真实资料；二是受觉浪道盛和方以智释《庄》的影响启发，在建宁一带开展秘密活动时，批注《庄子》，借以阐发觉浪与他的庄子观及遗民情怀；三是继续以往对《诗经》的研究，欲对其做出更翔实精核的注解，同时抒发个人情志。

却说刘汉听了他治《易》情况，钦敬不已。他没有想到钱澄之于窜伏镝鸣间和流离困顿之际，始终不忘学问著述。

他感叹道："前几年，闻听兄长讲《易》县中，小弟已是感佩不已，不想而今竟成大著，将贡献于世。这些年来，弟等惴惴栗栗，灰心丧气，唯苟全性命于乱世。而兄遭际坎坷更甚于吾等，却于生死不测艰难万状中，不弃学问，孤心幽研，将以《易》著献惠于世。此等心志精神，令弟敬服之至，也感愧之甚!”

钱澄之听老友如此称赞，也觉自慰。

易代之际，尤其是面对异族入主中原，士大夫文人的思想心情极复杂。其中又以钱澄之这样才华突出志向远大的遗民志士，最为复杂。他们既不能忘情于故国，坚决抵抗新朝异族的统治，可又不得不在复辟希望的破灭中，痛苦屈辱地接受现实；他们以忠义之节退隐山林，以遗民自处，却又耿耿难忘人生的理想抱负，不甘于湮没无闻；他们贞节自守自傲，不与世俗同流，却不得不承受世人的讥议嘲讽，有不被理解的悲伤孤独；他们痛恶抵触现状，有满腔的悲愤和抗议，却在高压统治和文化专制下，哑口噤声，不能宣泄表达……在这诸般矛盾痛苦的影响拘束中，他们的言行表现和生存努力，包括看似平常的治学著述，实际都寓含着复杂而隐曲的心思。

眼前钱澄之的治学，便是这样。经历了时代人生的大变化，他此期的治学动机和宗旨，已绝不仅仅是年轻时单纯的文章千古的激励与追求，在学术惠世的旗帜下，实际寓含着更多的用心。如他此期的治《易》撰著，除了学术兴趣、绍述家传师教、欲成为学有所成的易学大家外，作为一个有经纬之才而被迫弃世的豪杰人物，他要通过著作，向世人展示他对世界人生的洞察与思考，展示他治国安邦的经世才能；而作为心志坚定的抗清志士和遗民，他希望像不少有心的学者都在做的那样，期以其作宣扬中华文化道统，唤醒和激励汉人对清朝统治的思想抵抗。同时，隐寓和表达遗民不遇则退待时而起的情感心志。这诸般用心，寄寓在著作本身，寄寓在具体的易理易道论说、阴阳变化的阐述、卦象爻辞的注解中，也寄寓在一些像“易之道在于时”这样反复强调值得深味的观点主张中——所有这些不能明言的心思，只能依靠学者自去体味。

仲冬时，久未出门的钱澄之，匆匆去了一趟小龙山中的白鹿山庄。归来后一脸悲痛之色，在北山楼中恸哭了一场，为着方以智十月里在江西悲壮殉节。

原来方以智被捕后，自知不能幸免。他是秘密组织的领袖，又是“粤难”案中的主要嫌犯，清廷无论如何不会放过他。为了保全涉案的同志和亲人，于十月七日在押往粤地的途中，舟次惶恐滩的深夜，投水自沉。

方以智殉节死难的消息传至故里，合邑震惊。他著称于世，多才多艺，著述等身，称誉海内，入世出世，忠孝两全，高风亮节，声重人寰。而今更以至死不渝的斗争信念和悲壮的殉难，完名尽节于惶恐滩。此等事迹，可歌可泣，此等伟大的人格与精神，辉映千古，即是他的敌人和异歧者，也不能不为之而动容感愧！

仰止高风讵可攀，芳名从此重桐山。
木天香散花光碧，莲座寒倾竹泪斑。
应有衣冠传世泽，尚留姓字满人寰。
九京多少簪缨辈，俯首为君合汗颜。

当人们怀着悲哀崇敬，纷然为诗著文挽悼这位伟人之逝时，回到北山楼中的钱澄之，痛定思痛，悲后还哀，为平生的老友兄弟和同志，长歌以哭，挥泪写下了六首哀挽诗篇。这之后，他忍着悲痛于寒冬里，将他的易学撰著大致定稿——如此匆忙，是因为他将要北上京师，营救“粤难”案中的其他同志。

次年春，钱澄之径下江南，于四月间至魏塘，再访老友魏学渠。魏学渠是魏大中堂兄魏廷荐之子，清顺治五年中举，授成都府推官，历官至湖广提学。他为人重情义，与澄之虽阔别二十余年，不忘旧情，当钱澄之前两年为家庭不幸悲困于官司之际，他获知消息邀请澄之去湖广，不仅予以多方安慰，还资助钱澄之还清了称贷之债，赎回因打官司而抵押出的田亩，买宅移居。上年钱澄之在枞阳安好家后，听说他已去官归里，曾专程至魏塘访谢。今年重至，既是为掩人耳目，亦希望老友帮助他筹措北上的经费。

魏学渠听说后，慨然应允。方以智往昔与他的从兄魏学濂关系亲密，也是他素来仰慕敬服的人物，此时遇难殉节，子弟危难，钱澄之远赴以救，他怎能不尽力相助？

初冬时，经由王家营取道泰安北上的钱澄之，一路风尘艰辛，抵达都城。不数日后，他便造访姚侍郎府，与他此行的关键人物乡友姚文然见面。

姚文然，字弱侯，号龙怀。其父姚孙斐乃崇祯十三年进士，授浙江兰豁县令，擢兵部职方司主事，清兵南下后归隐乡里。姚文然于崇祯十六年进士，改庶吉士。李自成大顺军攻进北京，姚文然间道归里。清顺治三年，以安庆巡抚李犹龙荐再出仕，先后任礼、工、兵、户科给事中，擢副都御史，再迁刑部侍郎。

刑部是主管天下刑罚谳狱的最高机关。作为刑部侍郎的姚文然，不仅能在案件明刑定案的最后关节起到决定作用，且与各省的臬司有上下关系和人情来往，可在案件的申奏阶段发挥影响作用，事涉三省的“粤难案件”能否化解危机，全活众多涉案者的性命，他是一个关键人物，钱澄之万里迢迢来京，就是为了找他。

姚文然也早料到家乡必定会有人来，且来人也必是有关系渊源的友人。因为“粤难”事件案情严重，方家人包括亲戚都不便出面来找他，最合适的莫过于像钱澄之这样隔了一层关系却又为两方面俱能信任的友人，既不会招致外界的疑议，又方便说话。

故他一看钱澄之来访，即知其意。寒暄一番后，不待钱澄之说，便主动道：“幼光此来，是为密之那个案子吧？”

钱澄之道：“正是。密之虽化鹤归去，但案子未了，子弟仍在囹圄，阖门不安，方夫人日夜为之悲泣不已。我临行前，她一再嘱我代致其意，乞求亲翁顾念两家戚谊，慈航度厄，解救方家今日的大难。”

姚、方两家本是亲戚，姚文然的伯母即是方以智的仲姑方维仪。方以智与姚文然之父姚孙斐是进士同年，而又与文然本人曾同朝为官，有多重的亲密关系。

姚文然叹道：“乡里之事，我本应尽心，何况密之家？不瞒你说，自闻密之父子涉案，我也忧急非常。只是案情重大，宽脱无方，只能于部里与三省间婉转做些周护努力。密之以死求脱子孙，原为事件化解带来转机，却谁知风波又起，后难又至，事态复为严重。”

钱澄之听了，不由得吃惊。道：“我春上离家前，只听说此前中通在狱中颇得臬司和知府关照，有宽护之心，却不知又发生了怎样变故？”

姚文然恨声道：“还是那个告密构陷密之父子的恶贼作的害！本来密之殉难后，三省当局当事多有化弭事态之意，但那恶贼不甘心，复又提出新的指证，致中德、中通兄弟及同门子侄多人，一齐被逮下桐城狱中。倘被坐实，牵连更广！”

钱澄之惊骇不已，起身给姚文然深作一揖，道：“事态险恶，关乎千百性命，万望老友竭力周全宽护，不使奸仇恶计得逞，免巨祸而宁乡里！”

姚文然急忙回揖，道：“幼光放心，职责乡情，都不容我坐视不管。

只是案件牵扯甚广，要沟通上下，化解危机，尚须时日耐心。”

钱澄之道：“这我明白，此时一个‘拖’字，相反有利。方氏一干人本为仇家诬陷，只要刑部不严文催逼，地方当局为自身考虑，亦不愿见到辖治内有此等案件，其中便有了大事化小、小事化无的转寰之机。”

姚文然道：“你说得很是。但这个案子，最终能化解危机消弭灾难的关键，还是因为密之的断然自绝，让所有针对的指控都成了死无对证。前难如此，后难也是这样。只要主管刑狱的当事不严刑逼供，被逮者不认供，罪名终不能坐实。所以，尽管事态严重，但只要工作做好，最后无罪题结释狱放人，还是有很大希望，你不要太担心。”

钱澄之听他如此说，这才有些宽怀。但在随后的赠诗中，还不忘殷殷谏期：赖君清彻底，先使故乡安。

这之后，他去拜访了家乡另一个与方家有渊源的京官，翰林检讨张英。

张英的伯父张秉文、叔父张秉贞同方家祖孙三代方大镇、方孔炤、方以智，明季同朝为官，方大镇的长女方孟式是张秉文的夫人，而张秉贞的女儿张莹，则嫁与方以智少子方中履为妻。同姚、方两家一样，张家与方家，也是很亲近的联姻加同僚的亲戚世谊关系。如今方家遇难，在京城的张英，不会无动于衷。

果然俩人见面，说起方家之事，张英也是一脸忧伤。他对钱澄之道：“自从闻难，忧心如焚。密之一代伟人，海内景仰，谁知却为仇家所害，一门危难，身处水火，令人悲愤无已！只恨我人微言轻，相救无力，甚是愧疚！”

钱澄之道：“太史有这份心，便令人很感动了。不似乡中有些人，听说方家被难，生怕被连累，避之唯恐不及，让人心寒。”

张英叹道：“凉薄无义，枉投人胎，不说也罢。今欲脱方家及众乡亲之难，京城里主要还是仰仗龙怀前辈大力。他熟悉刑名，又适在其位，居中周旋，上下能施于影响。至于晚辈我，只能视情尽心。好在眼前事态变化虽然有险，但还是有解救希望，让人略觉安慰。”

钱澄之见他笃厚重情，颇有好感——这之前他与张英并不熟识，但知他是个年轻有为的乡邑才俊，而不知其性情为人如何。此后二人闲话，愈觉此人为人处事，谨慎沉稳，砺俗安贫，非一般官场浮躁之人可比，将来发展未可限量。此外，张英的才学丰笃，也给他留下了颇深印象。

近年钱澄之文誉日高，来向他求艺问学的士子很多，各种类型的都有，但能给他留下较深印象的却很少。原因在于那些人多是贴括之士，没有实际才学。或者有些才气，能驭诗文，却又学问浅薄。

但张英却是才学俱足，诗文书法俱佳。最难得的，他在诸艺之外，还有较扎实的经学功底——而这正是许多贴括文章之士所缺乏，却为素尚学问的钱澄之所非常看重的。因此，很少与年轻人专题谈论经学的澄之，竟与才认识的张英，兴趣盎然地讨论《诗经》，将其引为诗学方面的同道知音。

原来张英家几代均治《诗经》，有此家学渊源，他在治经的过程中，不独《诗经》花的工夫多，也有一定获见。而钱澄之于诸经的兴趣与研究，除《易》外便以《诗》为最尚重——这大约与他作为诗人的爱好有关——数十年积累下来，已有相当心得，正拟撰诗学之著。这样的两个人在一起谈论《诗》，自然共同语言多。

譬如钱澄之于《诗经》特宗诗题下的小序，认为它去古未远，其所指虽难尽据，但大要不谬，可以助后世知其为某事而作，正确解诗。不然，任意作解，就会泛滥无归，解出来的东西，未必是几千年前诗的本意。张英也有同样观点，反对南宋以来郑樵、朱熹等人对小序的排斥诋毁。明代迄今，由于理学倡行，朱熹《集传》被学校奉为注解《诗经》的独家教材，将天下儒生对《诗》的理解，束缚于朱熹一家道学之言，对《诗》的研习弊害甚大。故像钱澄之张英这样尊重小序，有很现实的针砭意义。

此后，二人不少接触，相互钦敬爱重之下，遂成了友情颇深的忘年之交。日后也讯问不断，不少唱酬。张英后来历官至大学士，身份荣尊，但与钱澄之的情谊，一直未变。

钱澄之入京不久，得知消息的旧友、现任太仆寺少卿的严沆，驱辇迎澄之过府聚叙，并邀请一些宦达名流来作陪。

向众人介绍钱澄之时，严沆没口赞扬，道："我这位老友钱饮光先生，乃吴越钱王之后裔，博学淹雅，才名贯天下。三十年前，我与他相识于西子湖畔，一见倾心而定交。彼时杭郡坛坫，亦不乏人物风流，然莫不为饮光诗才豪情所折服！"

宾客中有略知当时事者道："闻饮光先生吊岳坟诗，感时幽愤，鞭挞偷安，直斥赵高，一时传遍吴越。"

严沆笑道："君仅知饮光慷慨之气，却不晓得彼时武林西湖，还曾流传他风流豪逸之佳话呢。"

随即将当年钱澄之与孙临醉酒当垆题诗之事细为复述，听得众宾客兴奋赞叹不已。

严沆又道："世间仅闻饮光是才情横溢之文学诗人，已有旧诗与新作《田间集》传世，却不知饮光学养醇厚，深于经史，为图书易学之大家！"

这是为老友而自豪，也是为刚进京的钱澄之宣扬扩大影响。他本是文坛有名人物，此时又位居九卿之列，说的话自有分量和影响。

当下众人听了，钦慕不已。这日与宴的除了布衣陈祚明，余皆是颇有才学的宦达，如司农梁玉立、侍读孙屺瞻、司成李湘北、编修叶方蔼、职方程周量、大行余佺庐、侍御严方贻、太史徐乾学、庶常黄伯和等，这些人此后因敬慕钱澄之才学，与之多有交往唱酬，其中徐乾学更与澄之建立了长期的交往和友谊……

严沆之外，钱澄之还与另一个仕清故人、原礼部尚书王崇简，阔别后聚首。

王崇简是顺天宛平人，清军下江南时，他与钱澄之俱在嘉兴而相识。钱澄之举家在震泽遇难，王崇简则离开了汾湖，不久仕清，累官至礼部尚书，太子太保。

此时，王崇简已致仕在家。对于钱澄之这位故人的来访，他也很热情相待。此后有一些游宴活动，也邀钱澄之参加。此外，他还请钱澄之为他的诗文未刻稿作序，显示出他对钱澄之的推重。

除了严沆、王崇简这两个曾经有过交往的故人，进京不久的钱澄之，还着意去拜访交结了一个著名的人物，时任礼部尚书的龚鼎孳。

在明清之际的文坛政坛，龚鼎孳是一个很有声名又颇被争议的人物。他富有才气，洽闻博学，诗文并工，同吴伟业、钱谦益并称为“江左三大家”。他入仕很早，崇祯七年以进士授湖广蕲水知县。因守城功被擢为兵科给事中，后以直言忤执政而被下狱。降清后起起伏伏，历官吏科给事中、太常寺少卿、刑部右侍郎，左都御史、刑部尚书、礼部尚书。

鼎革之际，明臣降清仕清者本不在少，但龚鼎孳因是文坛著名人物，受到的指责却比一般人多。又因龚鼎孳性情风流，大胆追求爱情，娶了秦淮的名伎顾眉，其后来还被封了夫人，益发被人讥讽，情形与钱谦益差不多。但是另一方面，龚鼎孳仕清后尤其晚年，对清廷为筹军需横征暴敛，导致税赋沉重，多次直言上书为民请命，并竭力保护一些反清的遗民志士，先后为傅山、阎尔梅、陶汝鼎等开脱罪责，免遭迫害。同时他又对困厄贫寒之士竭力相助，“穷交则倾囊橐以恤之，知己则出气力以授之”，虚怀下士，惜才爱才。这些情形，又赢得了人们的好评与曲谅。

钱澄之正是奔着这种好评而与龚鼎孳交往的。

龚鼎孳也没有令他失望。在接到钱澄之拜帖后的当天，即命其子邀钱澄之过府叙话。此后时与钱澄之唱酬谈心，甚为敬重。经过一段时间接触，更多了解澄之的人品见识后，他对这位比自己年长几岁的豪杰之士，益加钦重，不仅能与之开诚相见，且也很看重对方的意见。这情形，不久便影响了其人生的最后抉择。

次年春间，龚鼎孳生了一次小病，又因郊游加重，卧榻将养。钱澄之去看望，龚鼎孳自嘲道：“我真是老了，一次小小的远足，便承受不起了。”复叹羡澄之身体好：“饮光，好羡慕你，如今仍是这般的体健神旺！”

钱澄之看着他，悠悠道：“人生百年，你尚未花甲，又谈何老耶？只不过事务旁午，忧思劳神，心血枯损而害健康。我身体尚健，只在一个‘闲’字。闲而无欲无烦，神清气畅。所以，为身体计，你不如放下世间事，舍去那些烦恼忧虑，游心物外，宁精静神，培元壮气。”

龚鼎孳明白钱澄之的意思，颇为感触。他身边的门人幕僚一堆，慰病之际总不过是如何将养珍摄、朝政大计正还端赖云云。唯独这个钱饮光，却希望他抛开尘事致仕休息。他明白这二者的区别：在那些门人幕僚眼里，他是他们的指望和靠山，他们不单祈望他这棵大树不能倒下，且巴望更加地壮大，好使他们得到更多的荫庇。然对钱饮光而言，他仅是个需要关心的朋友，希望他能更“健康”地生活。

他很感动，沉默了一会，喃喃道："'既自以心为形役，奚惆怅而独悲？悟已往之不谏，知来者之可追。'你说的也是，现在，或许是我赋归的时候了……"

念着陶渊明的《归去来兮辞》，说要赋归，那是准备要辞官致仕了。

可直到入秋后，也未见他有行动。

钱澄之知其尚在犹豫，遂再为相劝。这次他换了个角度，俩人谈心时，他给龚鼎孳讲起《易经》。

"宗伯，你可能以为，目前在朝中处境尚无大忧，故而犹豫不决。但在我看来，你此时情形，正似《易》之遁卦所示，《遁》为六月之卦，阳气虽仍旺胜，九五当位，而有六一之应，看上去似还有作为。却不知二阴已浸长于下，侵逼于阳。虽尚未见害，不过时机未至耳。故卦象曰：'遁亨，遁而亨也而退。'即喻君子此时能遁，则身虽退而道亨。莫等小人势长，那时再欲全身难矣。"

龚鼎孳被他说中心事，体味《遁》卦之义，颔首沉吟。

钱澄之见状，趁热打铁，再下针砭："君自负名望，位列九卿，在朝中又未树生死对头，尚望侥幸平安，却如何忘了陈名夏之前鉴？"

陈名夏是二人的朋友，往昔复社的名士。崇祯十六年殿试探花，任兵吏两科给事中。仕清后直做到大学士高位。顺治十一年，被宁完我揭发其言"留头发，复衣冠，则天下太平"，弹劾他"结党营私"。顺治帝亲自审讯，十数日的工夫，便将之处以绞形，其子被流放东北。堂堂一个大学士，竟落得如此下场，深刻地反映了朝廷中小人的可怕、权力斗争的残酷以及清朝皇帝对汉族官僚的猜忌戒备。钱澄之因为龚鼎孳的犹豫观望，遂用此事相警。

龚鼎孳听了，不禁心神大震，遂下了决心，当即请钱澄之代为起草乞休致仕之疏。康熙也不慰留，随准他致仕。虽也耳闻这个大臣讨债满门，境况窘困，也没有给点赏赐接济一下。可见皇帝对龚鼎孳不单不重视，甚至连起码的君臣情分也没有。

但像龚鼎孳这样的情形只是少数。此时钱澄之与众多仕清官员接触，多只是一般的应酬或文士唱和。真正倾心交往的，还是一些志同道合境遇差不多的遗民故旧与布衣友人，如顾炎武、孙豹人、陆元辅、朱彝尊、严绳荪等。

顾炎武是个志节坚定的反清人士。清军下江南，他在家乡与挚友归庄一道组织抗清。失败后先在淮徐吴会间奔走，他联络四方豪杰准备起事，后北上山东、河南、河北、山西等地活动。近些年，虽然南明永历政权已亡，抗清斗争已趋低谷，但顾炎武却未灰心，仍在北方各地坚持活动。前年方以智于被捕前夕，藏在泰和友人萧孟昉的密室里，还特地为远在北方的顾炎武作了生平最后一次画，以寓意很深的十数帧山水条幅相寄，可见对他期望深切。

旧友加同志，议论些秘密之事自不待言。而一起谈论学问，也是常事，因为顾炎武的博学多识，与钱澄之正在伯仲之间。

顾炎武才学丰厚，但作为明季诸生，却场屋蹭蹬，屡试不中，这令他对八股科举深恶痛绝，认为“八股之害，等于焚书，而败坏人才，有甚于咸阳之郊”。自二十七岁起，即弃绝科举，发奋于经世致用之学，遍览历代史乘、郡县志书以及文集章奏之籍，辑录其中关于农田、水利、矿业、地理交通之材料，撰著《天下郡国利病书》《肇域志》。此外他在经学音韵方面，也颇有研究造诣。他继承着明季反理学的思潮，不仅对王学空谈之风无情鞭挞，认为它是明朝灭亡的一大祸根，甚至对终日只言性与天道的程朱理学也多有批判，主张“以经学济理学之穷”。同时，面对黑暗现实的他，还把较多的关注目光，投向国家政治民生，希望探索“国家治乱之源，民生根本之计”，明道救世。

同样主张经世致用的钱澄之，也向来崇尚实学，希望在传统的儒家经典中寻找克服理学空谈心性弊端的途径。近年他浸淫于易学著述和诗学钻研，便有这方面的考虑和原因。

但二人也显有区别，顾炎武反理学倾向明显，思想较开放，具有初步的民主精神，试图从历史和政治的角度探讨国家社会的治乱兴衰；而澄之却受理学束缚较深，相对保守，其思想和治学尚禁锢在传统范围内，他关于社会的改良进步，主要是从哲理上谈因时变通。在具体的治学上，二人虽都经史兼行，但顾炎武偏重于史，其经学研究以考据为勤。而澄之生平着力于经学，其治经功夫较顾炎武要笃深。

故这俩人在一起讨论学问，既有相得益彰的启示，也有兴趣眼光不同的异歧感受。如钱澄之的思想上，就有这样的看法，认为顾炎武详于事而疏于理，精于史而忽于经。而顾炎武那方面，自也会有不同的看法。

但这并不影响他们的友情。因为志士遗民的共同情感，联结着他们的心：

一别秦淮将廿载，天涯垂老看犹在。
断烟愁竹泣苍梧，秃笔凄文来涨海。
燕市鸡鸣动客轮，九门驰道足黄尘。
相逢不见金台侣，但说荆轲是酒人。

孙豹人也是个不屈的反清之士，多年奔走在南北各地。他曾去过桐城，与左国棅等人从事秘密串联活动。只是当时钱澄之不在乡里，未能与之谋面。这次二人恰俱在京，意气相结而盘桓，自不待说。

志士相结携手，肝胆相照，可共生死。而词人相交酬唱，则惺惺相惜，天地唯我。此时钱澄之与陆元辅等才人诗客的交游，便是这般情形。

陆元辅是江南人，在京设馆授业为生。他虽是不第的布衣，但才学丰盈，诗名远扬，有声于京都。一些达贵官僚附庸风雅，慕其才名，时欲延揽，但陆元辅风标清高，不喜来往。近年隐志日渐，越喜闲静，只和若干才子词客兴趣交游。自与钱澄之结识后，两个情趣爱好与共的诗人学者，吟咏切磋，相为钦敬，情感甚厚。

似陆元辅这样才学相当的同好，还有严绳荪和朱彝尊。

这俩人俱是吴地颇有词名的才子，严绳荪诗文之外还善书画，而朱彝尊则通经史精金石，与同时的姜宸英，被称为“江南三布衣”。钱澄之共此二三者含咀学问，吟咏诗歌，倒也情趣盎然。后来朱彝尊离开京城，入幕通州，依依不舍的澄之还专程赶去与之盘桓。

因为这几人，钱澄之得与京城此时一个年轻的有名词人有所接触，那人是大学士明珠之子纳兰性德。

纳兰性德虽是清朝贵族，但为人淡泊名利而酷爱读书，擅于写词。二十几岁的他，性格多愁善感，词也写得哀婉动人。像京城中不少学子一样，他曾求学问教于陆元辅，而严绳荪和朱彝尊与纳兰性德也是词坛的忘年之交。

钱澄之读过一些纳兰的词，虽也觉得这位年轻的贵公子很有才华，却也没有太高的评价。因为纳兰的词学南唐李后主，缠绵婉丽，内容写的多是个人的哀愁感伤。作为一个豪杰人物，钱澄之本就瞧不起李后主，其诗风与他的诗歌精神也大相径庭，故对步其后尘的纳兰，不免有些轻忽，甚至在自己的诗文中，对纳兰这个人未留下一点痕迹。

但纳兰对钱澄之却甚为推崇，且在自己的文字中记录了钱澄之给他留下的印象。

那是一次文人骚客的寻常聚会，参与者不少，除了纳兰、陆元辅、严绳荪和朱彝尊这一帮友人，大约还有及其他一些知名不知名的学子士人。

纳兰很爱读书，经常是手不释卷。有人知道这情况，席间便有称赞，说他生长于贵达之家，却是真正读书的种子，喜爱读书，痴迷于学。

纳兰说："的确如此。但一时俗事缠身，与书相违，人便不自在，恍惚若失，勉强为文字，也无情思。而书卷在手，则神清气爽，情思奔放，后来写作时的灵感妙句，实多得于积蕴之先。"

朱彝尊颔首道："这便是嗜读功益。其实古今杏林文坛，凡有所成就者，鲜不治学勤奋，读书深富。例如饮光先生，不仅博学多著，即其为诗，也得于深学之功。吾读其《田间集》，见其或出或处，诗屡变而不穷，冲淡深粹，情真意真，出于自然，而其格力气韵之健畅充妙，又透着学问厚积而理气充沛，役词给意，风生云起，贴切入神，略不牵滞。"

严绳荪也道："饮光诗名早著，今以学人遗逸而为诗，眼光气力独到，幽怀潜思，感时触物，莫不真率深切，别开生面，自然动人。钱牧斋、龚芝麓二位推崇为诗坛大家风骚领袖，诚也不虚！"

钱澄之道："牧斋、芝麓谬推，荪友谬赞了。吾不过诗林一老狂而已。"

这么说着，话题便转到钱澄之诗上。

钱澄之的诗名，早已传扬海内。虽然他的诗作大部分还未刊行，但借诸他集和抄传流世的也不少，这次进京又携来了《田间集》，在场众人或多或少都拜读过他的一些诗篇佳作，有所了解。

故这时有人便称赞道："钱先生之诗，海内共钦。若体式之灵活，风格之多变，刻画之精微，气势之豪放，超迈当世，堪比剑南！"

南宋著名诗人陆游有《剑南诗稿》。以陆游称誉钱澄之之诗，显是评价不低。

但钱澄之听了这称誉，非但没有喜色，反显出不高兴的样子，沉脸未搭腔。

众人见他这般神情，知他不满意。因为陆游虽也是一代名诗人，但影响不算很大。想了想后，有人便重新作了议论比拟：

“先生乐府篇章，讽刺深刻，组诗长篇，善于叙事。古诗近体，言语浅易，明白如话，老妪能解。在下以为，惟香山可比誉!”

这个称誉更高了，类比的是唐代大诗人白居易，在诗歌的成就和影响方面，他可比陆游要大。

可这个誉比，却让钱澄之更不高兴，忿忿然有了愠怒之色。

众人颇诧异，以为他自视甚高，香山之誉尚不能称其心。如是，只有再往上长长了。

“先生丁明末造，历经沧桑，悲感流离，慷慨呜咽，凡政坛风云，兵火战伐，民生疾苦等，无不尽录于笔下，沉郁于诗中，素有诗史之谓，应是直继浣花之遗风也!”

杜甫曾住成都浣花溪畔，所居茅屋称为浣花草堂。这人将钱澄之之诗比之于诗圣杜甫，应是过誉了。众人心想，他这下总该满意了。

谁知钱澄之听了，满脸涨红，竟勃然大怒，忿声嚷道：“我自写自己的诗，跟杜甫有甚相干?又何曾想作什么杜甫了?”

这一斥嚷，令众人莫不为之骇然不解。世人论诗文，几乎都是这么个做法，将古时的名家当作一个范本，然后把今人的诗文拿去套，进行类比，曰像谁似谁，有谁之遗风精神等等。类比的那个对象愈有名气，则被类比者似乎就愈有成就荣耀。今日众人对钱澄之也即如此，出于对这位大诗人的尊崇，各人依据自己的认识，先后以陆游、白居易和杜甫三位唐宋名家来称誉钱澄之之诗，肯定他诗歌的特点风格和成就影响。不想一番赞誉，换来的却是呵斥！众人既出乎意料，不能理解，就不免有所猜疑？以为这位成名已久的诗人诚如他自己所说的，确是目空一切之狂叟，竟然连诗圣杜甫都不放在眼里！

这其实是一种不明白的误解。钱澄之再恃才狂傲，也不至于把陆游、白居易尤其是杜甫这样对后世文学诗歌影响很大的大诗人，俱不放在眼里——事实上，他是非常推崇杜甫的，且在自己的诗歌创作中，也像杜甫那样很重视苦吟功夫和诗歌的现实反映，受杜诗影响较大——他所以不满别人拿陆白杜这些人来称誉他，是因为他在文学创作上向来反对沿袭前人依傍大家，在各种窠臼框框和规矩中亦步亦趋东施效颦，主张在借鉴前人成功经验的基础上走自己的路，以抒发真实自然的性情和思想为宗旨，独辟蹊径，形成个人的创作风格和特色。

他数十年来的诗歌创作，即是这种思想主张的实践结果，也因之成就了他的诗歌特色和生命力。他的诗作，随着探索的进展和现实感受反映的差异，在不同时期表现出不同的风格和独特的活力，给人以多样的感染。要准确地评价它，必须要有全面的了解和深入的认识。仅从某个角度看，你可以说他的诗在一些方面类谁似谁，有谁的风格精神，就像今日众人的评论那样。但那仅仅只是某种相似，并不能反映他的诗歌全貌及其真正特征，若据之以简单地划归流派传承，自然为他所不能接受。而他所以那样发怒，则还是因为在别人的赞颂中，显然含着他的成就是效学那些唐宋大家而致的意思，那不仅与他素持的观点相左，也把他划入了向来为他所轻蔑的，那些不懂作诗道理而只知依傍大家者之列。在他的思想上，那自是对他的不小轻侮。

他的这些想法感受和态度，在场之人包括朱彝尊这些友人，都不能正确理解。只有一个人，那年轻的词人纳兰性德，还稍有认识。后来他将此论诗之事记入文中，并且这样评论澄之当时的愤语："此虽狂言，然不可谓不知诗之理也。"

前提仍认为钱澄之是"狂"，但也承认钱澄之确是知晓为诗道理之人。他所以能看到这点，那是因为作为一个优秀的词人，他也正是在抒发真实自然的性情感受中，写出了那一首首情真、景真、意真的婉丽动人词章。换言之，他在创作中，其实也正是自抒胸臆自我为词，故能在一定程度上发现钱澄之话中蕴涵的道理。

但不论是纳兰性德、朱彝尊、严绳荪，抑或是严沆、王崇简、龚鼎孳等，虽然他们对钱澄之诗歌的评价或有不同与歧异，可有一个事实却是清楚无误——即此时的钱澄之，诗名在京城进一步得到张扬，他作为一个杰出的诗人，已被人们所广泛承认。朱彝尊后来在《静志居诗话》中评论说："幼光禁网潜踪，麻鞋间道，或出或处，或嘿或语，诗屡变而不穷。要其流派，深得香山、剑南之神髓而融会之。牧斋尚书录其作入《吾炙集》，盖深取之矣。昔贤评陶元亮诗云'心存忠义，地处闲逸，情真、景真、事真、意真'，《田间》一集，庶几其近之。"

他只看见钱澄之携进京的北归后的部分诗作集《田间集》，以及钱谦益编的《吾炙集》，故有是论。虽非确议，却也是很高的评价了，而它也颇能代表时人对钱澄之诗歌的看法。

诗誉之外，作为一个博学有造诣的学者，钱澄之此时在京城也有了不小的声名。他这次进京，携来了已完成的《田间易学》稿。友人们阅后，赞叹不已，相互谈论之下，文坛学林的许多人，都晓得了钱澄之是治《易》大家而予以推崇。

致仕在家的孙承泽侍郎，浏览了《田间易学》稿，大是赞佩，道："枞阳钟灵毓秀之地，英才辈出，昔有青山相国伟人，望倾朝野，今有先生一代大家，噪声文坛。先生之学，不可不学，先生之著，也不可不为珍藏。”

他是崇祯时何如宠相国的门人，对枞阳人文盛况很有了解，故而这般感叹。他爱搜寻收藏名家著作，是京城著名的收藏家之一，此时欣赏《田间易学》，知其必能传世，遂欲收藏。

钱澄之自没有拒绝的理由。孙承泽立即找了数人抄稿，将钱澄之的这尚未刊行的第一部学术著作，录藏于其家。

这是藏录其著，此外则有人欲弘扬钱澄之之学。

那是太史徐乾学兄弟、蜚声京城的昆山徐氏三雄。顺治十六年，徐氏兄弟中的老小徐元文率先入仕，以殿试状元授编修。康熙九年，老大徐乾学以一甲第三名而授职。十二年，老二徐秉义，又步其兄弟之踵，以探花授职编修。一门三兄弟，次第以一甲之荣迈入仕途，创造了科举时代的奇迹，成为士林官场佳话。

三兄弟中，徐乾学先与钱澄之相识。钱澄之出入龚府时，徐乾学也常去那里——因他是龚鼎孳的门人——这增加了二人的接触了解。所以，虽是相处时间不长的新交，但徐乾学还是对钱澄之人品才识和学问造诣，很快有了较深的认识感受，对这个文坛前辈人物，非常敬重。推崇之下，便与任国子监祭酒的弟弟徐元文商量，拟邀请钱澄之在国子监学堂讲《易》。

此事倘得实行，必会在京城学林引起反响。可惜的是筹划刚定，先是龚鼎孳逝世，徐乾学与钱澄之都在龚府帮忙，接着徐乾学本身又遇到了麻烦，使计划的讲学之事流产。

在孙承泽录著、徐氏兄弟邀为讲学的期间，还有另一个也颇有名气的人物，刚刚擢任左佥都御史的魏象枢，也慕名向钱澄之发出了邀请，邀请他入己之幕。

若从生计等方面考虑，魏象枢之邀倒也不是不能接受。但钱澄之却是干脆谢绝了。他可以与这些仕清的官吏交往，却决不愿做其幕客，哪怕只是暂时的！

上述这几件事，自是些特殊的情形。此时更多的人则是以通常的问学求教，表达他们对钱澄之这位大家的崇慕。这些人有莘莘学子，有嗜学的江湖文士，也有像魏象枢及徐氏兄弟那样的宦途中人——于中有一人，值得一表，那是刚刚以才名轰动京都的新科状元韩菼。

韩菼能蟾宫折桂，状元及第，可见其才学不凡，一般的人也是不大放在眼中的。他有一次在徐氏兄弟那里，听他们交口盛赞钱澄之学问淹博精深，不免诧异惊奇，因为能得徐家兄弟倾心赞誉，必是非凡了不起之人。之后接触钱澄之于游宴间，果觉这位鬓须苍然的老先生名士不虚，学问精笃，于是或过门造访，或便宴邀谈，以平生治学疑惑请教质难。几番下来，只觉受益匪浅，乃知钱澄之真为一代大师，文章学问生平罕见。自此崇敬为师，虚心问学，后来他主修《孝经衍义》，有问题也是先来向先生求教。

不过他与钱澄之之间，也非仅是问学关系。韩菼才华横溢，这与钱澄之相类，因而相互间有一种惺惺相惜的亲近。此外，韩菼以才子性情豪放嗜酒，而钱澄之至少至老，任情豪饮不减。故俩人相处，又有一层性情脾味相投的友情。

可以说，已成名数十年的钱澄之，此时在京城的广泛交游中，以才学诗文折服时俊名流，奠定了自己在文坛的重要地位。这是他这次进京的意外收获，因之也为他长期以来的心愿——刊行自己的著作使之传世，带来了希望。

他一生勤于创作治学，现已编次成著的，除了《田间易学》，有自早年起至北归返乡初期的诗文集《藏山阁存稿》，有关于粤闽南明政权历史的《所知录》，有合并训庄屈的《庄屈合诂》。此外，还有青年以后各个时期的文章汇集，北归后的诗歌汇集。但迄今为止，除前几年在左国椒等友人的帮助下将北归后十年间的诗删定为《田间集》刊行外，其余俱因无力成梓而束之箧中。

此时在京城，有不少人因钦重钱澄之学问文章而欲令其著述流传。只是限于条件，有心无力——那样众多的著述要成梓，是颇需要一笔费用的。不过，还是有两个友人，应允相助。

一是严沆。他慷慨愿助老友一臂之力，为之梓刊《田间易学》。以严沆之为人，其既承诺，当是可以指望的。孰知不数年他即病故，不仅事情落空，连稿本也随其亡故而遗失，那却是钱澄之始料所不及的。

另一个是王崇简。他以礼部尚书致仕，大儿子王熙也做到了尚书，在朝中门人同僚关系甚多。他虽不舍出资，却允诺致信河南巡抚佟凤彩，请其帮忙落实《田间易学》及诸著的刊刻——后来，钱澄之归途中还曾在中州停留，不想佟凤彩因病乞休，这事也成了水中之月。

第十一章　故国难忘

清明时节，浮山白沙岭西的枭花岗。

晌午，一行人拨草寻径，渐渐登至岗势回拥中的一处墓前，悲然拜祭，哀泣阵阵。

那耸立的墓碑上，赫然刻着“明故翰林检讨方以智之墓”。

原来这是几年前殉节死难的方以智长眠之地。

当先一位鬓须苍苍的老者，拜伏在宿草青青的冢前，哀痛不已，泪倾如雨。整整三年了，他才得以来浮山，拜祭他的兄长，他一生的挚友。

他是即将再次北上的钱澄之，身后哀哭一片的是方家子弟。

他从怀中取出数页稿纸焚烧。那是在闻知方以智殉难惶恐滩后，他在巨大的悲痛中写下的悼念文章，今日特携来坟前燃祭。

在纸灰飞舞、香烟氤氲中，他似乎看到了老友那悲喜交集的神情，那饱含着鼓励与期待的目光。把酒以酹，他禁不住向久别的老友哭诉：“兄长，一别数载，你在九泉之下还好么？弟想来，你有中丞次公诸亲、鉴在子龙诸友做伴，必不会寂寞。反是我残留人世，时常倍觉孤单……

你走后，弟深感愧怍，愧不能如兄一样地抗志殉节，碌碌无为苟活至今。所幸而今时局大变，吴三桂、孙延龄、耿精忠、王辅臣等，在西南西北东南起事反清，郑经率明军出海相助，各地纷为揭竿响应，天下震撼。实现你半生图复心愿和当年筹划的时机已至，我和中德、中通他们，还有会中千万的兄弟一道，将继承你的遗志，戮力同心，拼死也要将他们赶出我神州去！

弟今日来看兄长，也是辞别，我将北上中原，联络那里的会中兄弟及其他方面的反清人士，谋划起义，中德兄弟也将远赴他方活动，策应南方的军事行动。此去不管情势如何，当殚精竭虑，不惜微躯……兄长，你英灵在兹，当保佑此番反清斗争遂志成功，使我华夏千千万万的汉人，从此摆脱胡虏的屈辱统治，扬眉吐气！”

方以智创立的反清复明组织天地会，经过十多年的发展，已在诸多省份建立了分支，积蓄了一定的力量。逝世前数年，他已敏锐看到清廷统治因皇帝年幼鳌拜专权所致的混乱和三藩不稳之征，推断天下变故不远，告诫会中同志及一些反清友人，努力做好联络策反与发展力量的各种准备，以待时至奋起响应。而今时局之变果如其所料，反清斗争又风生云起，鼓舞人心。想到斯人领袖已去，不及亲见亲为，这令包括钱澄之在内的这些活着的战友们，思之又如何不深深感佩叹惜？

但这些伤感叹惜，又可转化为激励人继续前行的昂扬情绪。带着这样的斗志，钱澄之与同将远行的方氏兄弟依依道别，登程北上。经合肥、怀远、宿州，由永城入河南，春色将阑时他将到达汴城大梁。

大梁是战国时魏国都城，宋元时为开封县境，明洪武中省并入祥符。钱澄之此次再之中州，对外的借口是赴上年相与的学使者之约，然至开封城后，半字不提那个学使者，镇日相与盘桓的只是以遗民身份活动在此的一些故交新友彭炎、韩鼎业、钱左车、孟陟公等人。

彭炎，字燃石，曾在永历政权任兵部职方，是钱澄之在南明时的同事和友人。他是楚人，北归后同钱澄之一样以遗民坚贞自处。钱澄之入大梁后聚会的第一个人，便是这个南明时的老友，显非巧合。“青衫浸染苍梧泪，眼际烽尘已又新”，他这两句诗，正揭示了二人在此相值的背景，志同道合的他们，皆是为着时局的新变化而来。

而澄之与韩鼎业在大梁的相聚，亦非偶然。

韩鼎业是明故御史韩应庚之孙，抗清志士韩原浚之子。崇祯三年正月，皇太极率清军入关攻永平府，韩原浚兄弟捐资犒师，动员民众奋勇守城御敌，岁贡韩原洞战死。此后韩原浚一直在地方坚持抗清，清军入关后，为躲避清廷追捕，举家逃至河南密县，后复渡河之鄢陵，匿入少室山中。韩鼎业继承其父遗志，痛愤清人统治，隐而不仕，生平仗义疏财，济贫助善，侠肠义举为时所称。

去年钱澄之在大梁称游嵩山，老远跑了一趟却并未登攀。而今又与隐居在那里的韩鼎业在大梁相聚，自非巧合，显是上年曾有联系约定——以韩鼎业之情形，当也是天地会之成员，因天地会成立后，很重视吸纳韩鼎业这样有反清志向的侠隐之士。即或不是，以其素来的志行及影响，亦是钱澄之在中州活动必要联络的重要对象。

寓居在东华门外的孟陟公，是钱澄之在中州相与活动密切的第三个人。他是吴地人，流寓在此。钱澄之诗中称其为“香草堂中老遗民”，又谓他们相与的情形：“臭味联吴楚，中州此一家”，可见孟陟公是在当地可与谋事的重要同志。

还有一人，也住在大梁，那是钱澄之的同宗钱左车。此人以行医身份混迹市井间，钱澄之诗谓：“吾道久应为俗弃，此身只合借医藏”，说明钱左车也非是一个简单的遗民。

在大梁逗留一段时日后，五月里，钱澄之冲炎北上，以访故旧的名义，去河北一带继续活动。

一个年逾花甲的老人，炎天暑热的，远出访旧，这情形是很容易让人猜疑的，但他也只能这样解释遮掩。好在他现在活动的地方，多在县城乡间，旅栈路哨盘查也不太严，身上也有开州作吏的朋友搞的路引，倒也没有出什么麻烦。

晚秋时，他回到中州，与当地的同志友人告别南返，并相约次年在枞阳再聚会：

游人久卧大梁城，晨夕过存老友情。
榻前逢迎忘礼法，尊前倾倒见平生。
他乡最苦逢秋别，晚节还嗟抱病行。
已约明春江口过，射蛟台下问柴荆。

除夕之夜，面对着团围在身边的妻儿子孙，归家不久的钱澄之，心里装的仍是他的秘密活动，日益风云激荡的反清形势：

层层儿女聚灯前，守岁江村细雨天。
硕果凋残馀几在，寒灰死尽待重燃。
形骸已废无奢望，消息徒闻恐妄传。
留取老夫双眼在，蹒跚扶杖入新年。

细雨蒙蒙之中，他的心已飘向了外面那动荡着的世界，飘向了远在数千里外鼓角争鸣的反清战场。这一年，各种各样的消息纷纷传来，七月西北有兴安兵变，附于吴三桂，继而又有高州总兵官据地以附孙延龄，其后不久孙延龄攻梧州，雷、廉等处纷然响应。这些消息，也不知真伪确否，让人激动之中而又有紧张不安。但总的形势还是较清楚的，自上年十二月平凉提督王辅臣于宁羌响应吴三桂后，从西北、西南、至东南，反清的军事斗争已席卷半个中国，各处联军正在诸省一城一地地同清军展开反复争夺，尤以东南腹地江西的战事最为激烈，吴三桂和耿精忠两部人马都在全力攻江西，希望拿下这个战略要地，控扼东南，挥师江北……对于半生都在惦念期盼着反清复明的他来说，还有什么比这样的形势能让他更为关注和激动，更能安慰一个志士暮年那在长久的痛苦失望中哀然欲绝之心？“寒灰死尽待重燃”，风云激荡的局势，重燃的岂仅是冲天而起的反清大火，还有一个坚贞的民族志士那绝后重苏的复明希望！这希望，在他澎湃激荡的心里，在他渴望透过新旧交替的黑夜，殷殷睇向来岁明朝的眼中……

因为这希望，在此后的岁月里，他不顾年岁渐高，身衰体弱，仍风尘仆仆常年奔走于南北四方，或岁暮一回，或经年在外。陪伴在他身边的，有时是他的亲人，有时是知名不知名的志士侠隐之流，当然也有众多的旧友新知。

以衰残之年游荡江湖，其劳瘁困乏自不用说，有时还不免因形迹可疑而被地方逮捉。但这些艰险，俱没有阻难得住他。只是，随着时光流逝，他所期待的局面并没有出现，令他有时也情不自禁发出“木樨已过梅无信，辜负蹒跚策杖人”的喟叹……

历史没有成全一个民族志士的复明梦想。不过，却从另一个方面抚慰了钱澄之那失落的心灵。

康熙二十四年，江南督学征求民间著述文献，进呈朝廷。钱澄之作为文坛学林耆宿，其所注《诗》《易》《庄屈合诂》，首在被征。

而此时，在徐乾学兄弟的资助下，钱澄之的著作也在苏州开始雕版开刻。这些付梓的著作，包括《田间易学》十二卷、《田间诗学》十二卷、《庄屈合诂》不分卷、《田间诗集》二十八卷、《田间文集》三十卷、《藏山阁存稿》二十卷。浩繁的卷帙，令此项工程耗费时力甚巨，其间又因经费问题延误，直至康熙二十九年，六部著作方全部付梓。除《藏山阁存稿》外，其他五种皆由斟雉堂刊印行世。

这些著作的问世流传，使世人在胜国遗老之外，认识了一个学识渊博文才杰出的学者、文学家和诗人，奠定了钱澄之在学术界和文坛的崇显地位。他的学术思想、诗文主张以及人格精神和魅力，也在时间的推移中，对当世和后代产生着重要而久远地影响。

清乾隆间，中国历史上最大的丛书《四库全书》收录了钱澄之的三部学术著作：《田间易学》《田间诗学》《庄屈合诂》，并作了这样的推崇和评论——

关于《田间易学》：

其学初从京房、邵康节入，故言数颇详，盖黄道周之馀绪；后来兼求义理，参取王弼注、孔颖达疏、程子传、朱子本义，而大旨以朱子为宗，其说不废图、书，而以陈抟先天图及河洛皆因《易》而生，非《易》果因此而作。图中奇偶之数，乃揲蓍之法，非画卦之本。持论平允，与元钱义方之论合，而义尤明畅。故卷首图象虽繁，而不涉支离附会之弊。

关于《田间诗学》：

大旨以小序首句为主，所采诸儒论说，自注、疏、集传以外，凡二程子、张子、欧阳修、苏辙、王安石、杨时、范祖禹、吕祖谦、陆佃、谢枋得、严粲、辅广、真德秀、邵忠允、季本、赫敬、黄道周、何楷二十家……持论颇为精核，而于名物、训诂、山川、地理言之尤详。徐文元序称“其非有意于攻集传，于汉唐以来之说亦不主于一人，无所攻，故无所主；无所攻，无所主，而后可以有所攻，有所主”云云，深得澄之著书之意。张英序又称其“尝与英书，谓诗与《尚书》《春秋》相表里，必考之三《礼》以详其制作，徵诸三《传》以审其本末，稽之五《雅》以核其名物，博之《竹书纪年》《皇王大纪》以辨其时代之异同与情事之疑信，即今之舆志以考古之图经，而参以平生所亲历”云云，则其考证之切实，尤可见矣。

关于《庄屈合诂》：

是编合《庄子》《楚辞》二书为之训释。《庄子》止诂内篇，先列郭象注，次及诸家。《楚辞》则止诂屈原所作，以朱子集注为主，而以己意论断于后。其自序云：“著《易学》《诗学》成，思所以翊二经者，而得庄子屈原。”以《庄》继《易》，以屈继《诗》，足以转相发明。然屈原之赋固足继《风雅》之踪，至于以老庄解易则晋人附会之失，澄之经学笃实，断不沿其谬种。盖澄之丁明末造，发愤著书，以《离骚》寓其幽忧，而以《庄子》寓其解脱，不欲明言，托于翼经焉耳。

这些评介，指出钱澄之经学笃实，持论平允精核，考证切实，肯定了他作为一个有造诣的学者和经学大师在《诗》《易》领域的学术成就。同时，也颇有见地地道出了作为一个气节遗民，钱澄之借写作庄屈之诂而寓泄幽愤之怀的微旨心声。

然而，四库馆臣口中的这些评价，简略含混，仅局于一般的治学内容和方法的浅表概括，既没有看到和反映钱澄之学术的精神，也忽视了其于社会的影响意义，以及蕴涵浸染于具体论学中而有别于普通治学的思想层面与价值——而这些，较之于以笃实的学养和有所发挥的独特见解，丰富传统经学子学的探索研究，更值得重视。

在清人入关前的晚明时期，随着社会的发展变化，各种各样思想学术的主张潮流，异常活跃泛滥。其中有反对“存天理、灭人欲”的道德虚伪和禁锢，追求个性的自由解放；有忧激社会腐败昏暗，追求政治的清明进步；有在西学东渐的影响下，对科学技术的热情与重视；有不满理学心学空谈，倡扬文化复古和崇尚实学；还有反思儒教之不足，摒除门户之见，会通折中诸家学说以为济世等。

这样热烈而伟大的潮流，于中国思想文化的解放变革，产生了巨大的影响，同时也造就了一大批杰出的文艺人才和学者思想家。身处东南桐城的钱澄之及其友人方以智，便是在这股潮流中崭露头角的代表人物。年轻时，他们心怀忧患，积极投身复社的政治活动，同时也高举崇实的大旗，倡扬实学救世。而当世事危乱，入主中原的清政权以高压反动的文化专制，扼杀终结了明季活泼自由的思潮时，他们仍在流离播迁的艰难岁月里，顽强地继承和实践着往昔的遗风精神，各自完成了非凡的治学努力。方以智以其博物学著作《通雅》及科学专著《物理小识》，开明清之季考据之风，成为影响后世的科学先驱，并以《易》学为基础，创建了会通三教、折中古今而集大成的方氏思想体系；而钱澄之则浸染经史，出入百家，以深厚的经学造诣和多所建树，成为一代经学大师和有影响的学者。

钱澄之之治学，启于早年的家传，继于中年丧乱之际的师友授问，而成于晚年的被迫遁世，故其治学与著述，必然带有生平身世感怀的烙印。他一再宣称且提醒人们，他的诸项治学，其义一致。庄为继《易》，屈为继《诗》，而《易》《诗》俱是“感”而乃成，不过是“因乎时，本乎性情”。撩开“时”“情”的学术面纱，显露的正是他个人入世出世的生平遭际与心志情怀！故他诂《庄》，说庄子生不逢时而无奈潜遁，非于君父之情不深，设若其有时遇，有臣子之事，必当以义命自处而经世报国，这非是言庄，实是说他自己；而论屈原，字里行间，爱之怜之，忧之愤之，伤之痛之，悲激沉痛无限，情难自已，是借论屈而一泄己之幽愤伤痛。

但这种用心和做法，非仅是四库馆臣所简单认为的托翼经以寓其幽忧解脱，仔细而深入地考察，它不单在动机方法和内容上使钱澄之的治学与著述有着区别他人的显著特征，也在客观和更深刻的层面，对其学术体系和思想特色等，产生了内在的影响。这成为钱氏治学及其学术的一个非常值得关注的特点，并资其在承扬实事求是和创新的精神中，实现了其治学目标与价值意义。

在钱澄之的治学中，治《易》时间最长，花费心血与获得家传师友指教影响最多，是其治学及学术中最重要也是最基础性的工程。故其易学不仅内容庞杂，也具有多方面的明显特征。

其一是家学传统的继承与表现，以史解《易》和以《易》说史论世。此传统肇于钱氏祖先宋人钱时，而显于钱澄之之父钱志立，在主要记录钱志立治《易》心得的《见易》中，以史解《易》和以《易》说史论世，比比皆是。而钱澄之的经世之志和才识，也表现于其间。

其二是重象数而兼求义理。所以如斯，固因为他推崇象数义理并取的朱熹易学，也因受其师友乡贤黄道周、方以智父子的影响。黄道周的易学，很推重数，而方孔炤、方以智父子，更有从义理转向象数的倾向，对北宋以来的象数之学作了全面的总结。

其三是兼采历代治易成就，汇聚时贤见解，甄择阐述，而成一家之言。

而体现在这些特征中的，正是一种可贵的求实学风和会通创新的精神。唯其如此，《田间易学》才学有宗旨而不主门户，兼收并取，举凡前代时人精义之论，皆在其网罗之中而为之所用，甚至家人亲友但有一得之见，也予录介，表现出汇纳百川的宽广胸怀和学问自由的活泼气象。而在兼收并蓄中，又有甄别与取舍扬弃。妄见穿凿扭合之说，在所摒弃；于义理，则有所辩论；不废图书，却有所批判和发明；以辨证而求学问自得，以会通而为创新；治经兼及于史，经史结合，相辅相成，更杂以生平经历之总结体会、经世情志之寄寓（《田间易学》《田间诗学》《庄屈合诂》中，皆有这方面的大量内容）更增其经学研究之厚重笃实。

不唯易学，《田间诗学》也同样体现了这样的求实和会通精神。览其编著宗旨便可了然：

于《诗》特宗小序，以小序去古未远，其世次本末虽难尽据，然大要不甚谬也。至于注疏传注，诸儒之说，未尝专循一家。朱子集传凡从郑夹漈说者，概不敢遵。若毛氏之付会，郑氏之穿凿，皆力辟其谬，亦各从其是者而已。《诗》与《尚书》《春秋》相表里，然必考之《三礼》以详其制作，徵诸《三传》以审其本末，稽之《五雅》以核其名物，博之《竹书纪年》及《皇王大纪》以辨其时代之异同与情事之疑信。而且列国之封域、山川之形势，变迁不一，即今之舆志以考古之图经，而参以平生之所亲历，则郑《谱》言之不详、而图经所载亦未确也。若夫义理文句之奥，诸儒多以臆解，朱子置为未详，细译经旨，本自分明，循理据实，绝无牵强，于是或发先儒之所未发，或先儒见及之而说未畅者，则极言以畅之。

说《诗》不主一人，既不随意漫从，也不主观臆解，而是原本《风》《雅》和史实及生平见历，辨证诗义，释补未尽，提出己见，力求得其“至是至当”，且有积极创新，打破了元明以后将朱熹《诗集传》奉为研究权威而固守一家的藩篱与陋习。

而《诗》学与《易》学以及庄屈之诂，也是以会通而相互联系的：

吾学易者也，尝谓《诗》通于《易》，易无体，以感为体；诗有音，感而成音。”“吾著《易学》《诗学》既成，益广稽载籍，求古人言之足以翊二经者，更为详说之，以辅吾学之所不及，而得庄子、屈原。……

吾谓易因乎时，诗本乎情。凡庄子、屈子之所为，一处其潜，一处其亢，皆时为之也。庄子之性情，于君父之间，非不深至，特无所感发耳。诗也者，感之为也。若屈子则感之至极者矣。合诂之，使学者知庄、屈无二道，则益知吾之《易学》《诗学》无二义也。

以“时”与“性情”之“感”，会通经子，使其学说形成了一个有机联系相互辅济发挥之整体，并与“个人情志之实际”的抒泄，浑然相融，学者的睿智与遗民的志节，熔铸一炉。

如此这般的呕心沥血与学术冥思，在回荡易代之际气节遗民的心声和被迫隐世的学者不甘沉沦期以实学经世的呼喊同时，也自然而逻辑地肇启了一个博学哲人对世界人生的深刻沉思。

惜乎钱澄之的诗文后来被禁毁，影响所及，其学术著作流传亦稀，使世人对其生平学术缺乏了解认识和应有的评价，致现代今世的学者尚为之遗憾：“近世称述清初学者，恒称顾炎武、黄宗羲、王夫之为三大儒，而不知当时桐城钱澄之实亦不废大家，足与三人媲美。”（张舜徽《爱晚庐随笔·清初桐城钱澄之学行文章之大》）

但是，在求实精神指导下，考据切实，持论精核平允，力求至是至当的钱澄之学术，无疑还是给清初的学林刮去了一股清新之风。经学家姚际恒稍晚时在其《诗经通论》自序中说：“涵泳篇章，寻绎文义，辨别前说，以从其是而黜其非。”这正是钱澄之《诗学》精神的反映。四库馆臣虽没有看到这种影响，却也不得不承认澄之学问“笃实”。事实上，钱澄之的治学，不仅开启了桐城经学之门庭（《皖志列传稿·钱澄之传》），也以实事求是的精神而开清代汉学之风——汉学的精华正在求实。故清末的学者马其昶指出：（钱澄之）“卒以经学文章开启学派，亦考流者所宜知也。”这固是言钱澄之对桐城经学和“桐城文派”的作用，亦是以“学派”之谓而括论其对清初治学的影响。而近世学者吴孟复议论钱氏之学则直言："清代的汉学风气，其实是他与其友人方以智所共开拓。"

惟是钱澄之有如此学术贡献与影响，《清史》将其载入儒林传，肯定了他在中华学术史上的地位，较之《清史稿》以遗逸视之，显示了历史的公正与进步。

而钱澄之给予世人的文化奉献与影响，尚不止这些。

清代中期，一个文学流派渐然兴起，此后枝延藤蔓，影响海内两百余年。这个流派反对文章堆砌辞藻、滥用典故、模仿古人、空话浮辞连篇，主张为文要合乎"义法"，有物有则，做到"气清词洁"，文从字顺，平易通畅。这样做出来的文章，自然令人耳目清新，易受世人欢迎而蔚盛其风。因它的开宗者方苞、刘大櫆、姚鼐都是桐城人，世乃称之为"桐城派"。然而，当其倡立之际，正是清代文网禁密文化专制达至极点，学坛文苑的著述被大量禁毁之时，故当世人称道"天下文章，其在桐城"。尊崇议论方、刘、姚这些开宗人物的贡献影响时，却少有人知道水流有源，方、刘、姚前尚有开山风气之先，而其滥觞正是享誉明末清初的钱澄之、方以智等大家。

钱澄之、方以智俱以气节、学问、诗文名重天下，作为乡先贤，他们在治学及诗文上的理念主张，自然会对后来的桐城派诸人产生不可避免之影响。

方、钱二人开汉学之先，方苞、姚鼐承继风绪，对汉学也不无贡献，姚鼐更由之提出"义理、考据、辞章三者不可偏废"主张，他们在文学上的变革思想，即本之于以方以智、钱澄之为代表的"桐城之学"那种学问自得与会通创新的特质精神。

在文学上，方、钱二人俱重视学问涵养，主张读书穷理，养气蓄势，驰骋有归。方以智说："读书深，识力厚，才大笔老"，"读书开眼”，“驱使古今”。钱澄之则曰：“不读书，则词不足以给意；不穷理则意不足以役词”，“夫读书穷理，非以为文也，而文至焉”，“于六经之奥义无有不探，史籍所载无有不窥，于古今是非邪正之辨、时义之推迁、物理之变易、人事之得失，一切无有不究，洞洞瞩瞩，无所凝滞于其中。于是放之为文，直述己见，发前人之未发，而不以为僭，言前人之已言，而不以为袭，复有何嗫嚅瞻顾，以沮吾一往之气哉?”这样的观点，正是方苞姚鼐强调为文的“义”“义理”之本质——言之有物而又出于事理之当然。

方以智在《文章薪火》中，论述了性、道、理与文章艺术的关系，于文章讲究的“义”“理”“法”和“神”“气”“意”“辞”，皆有所议论。“性道如春也，文章如花也。”“作文如用兵，有正有奇。正者，文之法；奇者不为法缚，千变万化……义深意远，理辨气厚，则辞盛而文昌……好学不已，历年必变，平而奇，奇而平……学足识尽而用其才，行乎不得不行，止乎不得不止，秩序变化，同时中节。知达之神者乎，不以辞害意，言近而旨远。”

而钱澄之于此也多有明论。“夫天下未有离情以为道者。非道之情，妄情也。非情之道，伪道也。文也者，载道之器也，即达情之言也。”“理也者，气之源也。理明而气足，气足而法生，穷理御气以轨于法，文之澜所由成也。然则所为持者，非有澜以待持，乃持之以为澜也。是宜治其源也：本之六经，以研其精；稽之传注，以晰其微；博之诸史，以广其识；辅之百家，以尽其义。如是，而理得焉，而气至焉，而法亦备焉。然后为文，行乎其所不得不行，止乎其所不得不止。”“有真理而后有真气，而因之以有真词。舍理以为气，虚气也；舍理以为词，浮词也。”

以此文论、文章之学，岂不为桐城派文章变化之滥觞？故近世学者多肯定：“二家都是桐城人，在诗文方面，可说是桐城文派、桐城诗派

的先导。”（钱仲联《钱澄之全集序》）

而两家相较，钱澄之对于桐城派的影响更大。因为钱澄之不仅以其文论而为桐城文派的先导，他的文学实践所体现的文章特色与风格，更实际上为桐城文派所继承，这表现为创作主张及文风的相类近。钱澄之以学者、哲人、古文家而为文，“明理而止尔，辞达而止尔，意雅不欲附一家，绝去涂饰，单行孤诣。”（韩菼语）“非特一扫明季之陋，即清初诸大家，亦鲜有能与抗衡者。”（张舜徽语）在写作上，他不仅主张穷理御气以轨于法，亦倡扬不沿袭前人依附大家而有本色，去陈言而说自话，文从字顺，直抒己见而期为人解，雅俗共赏。故其文“有物有则，雅言畅洁，一扫枝叶。”（钱仲联语）读来明白如话，气顺语畅，真璞自然，几至篇篇可诵。以之而观其后“桐城文派”所追求之文章“义法”、“气清词洁”、词必己出、文从字顺、白描朴素，正是音响与传，波澜相及。而桐城文派的第一位主要人物方苞，年轻时也实际从钱澄之问学求教。凡此种种，钱澄之之于“桐城文派”，实可谓开山之鼻祖，而在我国散文发展史上，居有一定的地位。

在清初的政治高压和文化专制下，钱澄之中年以前的文章，即收录于藏山阁存稿中的文章，不为世人所睹——而其正是钱澄之文章中具有很高艺术价值的重要部分——限制了钱澄之作为一个文章大家的影响，这是他日负文名而不以文显的重要原因。此外，亦因为他作为一个杰出的诗人，在当时的声名影响相对更大。

钱澄之诗名早负，而在青年以后的半个多世纪里，在遭际社会动乱和朝代变迁的背景下，他不仅创作了大量的诗篇，也在不断总结创新中提高了诗艺，诗誉日盛，成为当时诗坛最有影响的诗人之一。他的诗作，古诗歌行、近体律绝、长章短篇，诸体兼备俱擅，运用娴熟，抒发尽宜，才力充沛；其格律辞采和意象情韵，亦在长期锤炼和崇尚苦吟的过程中，日臻精妙动人，达到了“格每进而益上，诗屡出而不穷”（郑方坤《国朝名家诗抄小传》）之境地，表现出很高的艺术造诣和“内容与形势的较完美统一”（诸伟奇《田间诗集·整理说明》）。他的诗歌风格，随着不同时期的生活反映和情感感受的不同而有一些变化，但总的特征表现是沉郁悲凉，类近杜甫。

作为与杜甫有着相类遭际的现实主义诗人，钱澄之的诗也同样深刻地关注社会现实，直面人生。末世的动乱、朝政的昏暗，官军的腐败，政治与战争、天灾与人祸、国事的危急、人民的苦难、个人的不遇不幸，在感慨讽喻和慷慨呜咽中，无不一一映现于笔下。即使是抒写个人的坎坷情怀，也紧密联系反映着复杂变幻的时事风云，表现出境界广阔，思想深邃，有强烈的社会现实意义，深刻感人。由于他亲身经历和参与了明末清流反对阉党的政治、南明的抗清斗争、清初的遗民图复活动，加上明确的以诗存史的意识，明清之际许多重大的历史事件与人物事迹，以及那个特定的历史时期的社会面貌和世人心理尤其是遗民阶层的复杂心态，都真实地记录反映在他的诗歌中，是古今少有的真正“诗史”。他这种强烈的现实主义精神与纪实手法，对当时及之后的诗坛产生了重要的影响，“清代的写实诗风正是由钱澄之与吴嘉纪、施闰章所开创”（吴孟复《桐城文派论述》）。

诗歌实践之外，以学者、文学家和诗人而浸淫诗学诗歌研究数十年的钱澄之，还发表了大量的诗说诗论，对诗歌艺术的本质特征、创作方法修养等诸多方面进行了探讨总结，提出了许多深彻精辟的见解。“诗者，性情之事也。”“诗有音，感而成音。”“诗者，文事中之最精者。文中数十百言不能尽者，诗以一句尽之；文中数十百言作转者，诗以一字转之。”“才人之才，声光是也；诗人之才，气韵是也。”“学人之学，淹雅是也，诗人之学，神悟是也。”“古今诗人皆有情人。”“古今之人只诗文不定一格，大抵以本色为佳。”“琢炼太过，锋锐俱尽，有光无焰。”“情事必求其真，词义必期其确。”“无病而呻，不哀而悼，谓之不情。”“胸中无此种境界，自无此种情思。”“理不彻则语不能入情，学不富，则词不能给意。”这些见解主张，不仅予当时的诗坛有理论规范及风气影响的重要作用，即对后世今日的诗歌创作也不失指导启迪意义。后人评论说：“其论诗文精妙，实开桐城诸老之先河，至当而不可易，洵后世学人之龟鉴。”（刘声木《苌楚斋三笔·钱澄之论诗文》）

清康熙三十二年九月初一日，八十二岁的钱澄之在枞江之畔的麦园西田庄辞世。

易箦之际，他和他的父亲当年一样，不语其他，唯作手札与海内故人相别。将毕时想起一人，欲写却已觉无力，遂让儿子撝禄找出前年蜀中友人唐甄从吴江寄来的贺寿文，令读尾歌与他听：

望古初兮不可追，在流泉兮高山隈。雉兔纵兮鱼相随，无期往来兮语言稀。靡焜耀兮居不危。栗陆当世兮混沌斯归，安知时代兮盛与衰？使予揖伯夷兮拜后夔，犹烦苦兮中心违。夭条动息兮大钧所恢，胡为块夭形兮慕系累？……

他躺在那里，静默地听着，一些断续而渐然模糊的意念，在最后一点生命力的支持下，顽强地掠过脑海：“唐甄是知道我的心思的……他曾说我后半生，忠直立身，以藏为用……友人中，他也是较清楚我的心情的，所以歌中这般劝喻……只是，故国虽远，往日难追，但世既有伯夷，其悲何断？……但是，身累是可以放下了……青山之下水之湄……”

撝禄轻轻地讽诵着，待含泪再看时，父亲已永远地沉睡了，神态安详中，带着隐隐的伤憾。

跋

贴近大地的呼吸

钱叶全

8 年前，我在主编《枞阳历史文化名人》时，在书的附页策划了 60 个文化项目。当时有人以为空穴来风或异想天开。这些项目有什么意义？能够实现吗？实际上，作为文联主编这本书确实不具备文化项目的策划职能，但我还是坚持把这“异想天开”的 60 个文化项目附录了上去。我知道，一本书要走很远的路，枞阳文化精神的表达绝不能停留在一本书上，而更重要的是在政府肩上，在枞阳民众的唤醒上，在枞阳山水大地的空间表达上。

空间表达是一个陌生的词汇。相对于文学的表达，空间表达是一种城市语言。进绍兴城，有一句口号——沿着课本游绍兴，鲁迅先生在课本中的文章是文学的表达，而我们能够走进去的鲁迅故居就是绍兴城市的空间表达。从文学表达到空间表达，有本质的跨越，文学表达是历史传承，空间表达则是创新传承。我们从读进去的历史与走进去的历史得到的信息是不一样的。随着枞阳的对外开放，枞阳对外的精神表达不能仅仅停留在一套丛书上，而要关注人的脚步。人们来枞阳感受什么样的文化？是“静态”的历史文化，还是“动态”的历史文化？是面向过去的文化，还是面向未来的文化？其实很简单，人们在枞阳作短暂的停留，不是进入枞阳厚重的历史隧道，而是自身生命的体验。在枞阳优美的山水中，生命有一次感动，文化有一次碰撞，信息有一次交流，足够。所以编一套丛书，不要期望人家在枞阳轻快的脚步中背上厚重历史文化的包袱，枞阳呈现给客人的应该永远是大美山水、和谐乡村、淳美乡风和在山水之间的微笑。这才是枞阳，才是枞阳的原生态。但枞阳又是一个历史文化厚重的城市，有着鲜明的地域文化精神，在枞阳的历史、现实和未来中，文化精神有着持续的生命力，隐寓于枞阳生生不息的文脉中，城市的空间表达就必须完成这种职能的转换，让枞阳山水充满着历史脉动，从而实现枞阳文化精神的对外传播。正如荣格认为，历史的积淀是一种集体潜意识，通过表达可以上升为集体精神，这种精神凝聚着地域文化的心理能量，不仅承接历史，更重要的是唤醒现实和照耀未来。

本套丛书梳理了枞阳文化的十个系统（当然不止这些），历史文化居多，如《枞阳历史名人传略》《方以智传》《钱澄之传》《枞阳文选》《枞阳诗选》等。选编这些历史文化入丛书，主要考虑枞阳历史走向的一个纵向坐标，在这个坐标轴上，“人杰地灵”，以枞阳历史名人为特色，枞阳大地自古以来创造了极具地域文化个性的灿烂文化。如：方以智，代表了明清中国科学文化的高峰；钱澄之，代表了以诗记史中国明清诗歌的高峰；方苞、刘大櫆、姚鼐，代表了“桐城派”文化的高峰；吴汝纶，代表了中国近代教育转型改革实践的高峰；朱光潜，代表了中国美学开创者的高峰等。诞生在枞阳大地上的这些历史人物，他们的文化成就远远超越了地域文化局限，而成为中国和世界的文化巨人。因此，我们选编这些历史人物，不是狭隘的地域文化观，而是丰富和发展中华文明、中国文化，在时代的坐标点上，诠释“诗人之窟、文章之府、气节之乡”与长江文明的关系，与中国文化的关系。在空间表达上，长江是中华文明的摇篮，枞阳文明与长江文明一脉相承，枞阳浩如烟海的人杰与长江之滨的这块土地存在文化上的源流关系。枞阳是中国文化的重要发源地和创新地。“勉成国器”，吴汝纶伟大的教育思想揭示了枞阳人的文化胸怀。

空间表达的另一层含义就是“地灵”。姚鼐曾语：“独浮屠之俊雄，自梁陈以来，不出二三百里，肩背交而声相应和也，其徒遍天下，奉之为宗。”浮屠，即枞阳浮山，即以浮山为文化圈的枞阳长江流域。现在的地域概念是，县域面积 1808.1 平方千米，吴头楚尾，长江流经县域 84 千米，境内四大湖泊水系，均与长江相通。汉武帝在枞阳射蛟置枞阳县，2100 年文明史，江水东流，枞阳文化生生不息。而浮山就是一座典型的文化山，位白荡湖之滨，与江水相通，历代名人高僧纷至沓来，留下大量摩崖石刻，出现“浮屠之俊雄”，使枞阳文化自唐以来交流日盛推动“人杰”汹涌。而“地灵”的另一个方面就是枞阳特有的地域环境和地域习俗，经过多年历史积淀，形成枞阳特有的文化基因，进入枞阳人血脉，如《枞阳非遗》《枞阳民俗》等，在“耕读传家”的文化背景下，枞阳人为什么重气节，枞阳人为什么重血性，枞阳人为什么重读书，在枞阳的地理环境包括饮食习惯、语言结构、风土人情中都会找到答案。尽管整理不全面，但揭示了“人杰地灵”的人文地理关系。这是枞阳人真正的家园，也是枞阳人深刻的乡愁。我们眷念这片大地，是因为我们与母亲的呼吸贴得太近。

“枞阳文化丛书”得到顺利编纂，作为主编，我诚挚感谢钱王刚、王乐群、陈靖等十位分册主编的赤子情怀和心血奉献，感谢县委、县政府在枞阳发展的重要节点上高瞻远瞩的文化视野和丛书组委会的决策落实。应该说，这是枞阳的盛事，是枞阳人乡愁的表达，是枞阳文化人的骄傲和自豪。

但我们深知，创新是文化的生命。“丛书”提供的资源能不能上升为枞阳文化精神，转化为枞阳城市的空间语言，任重而道远。旗山公园汉武阁竣工时，《枞阳杂志》发了一篇评论《望长江》，写下这样一段话：“枞阳发展的历史和未来都告诉我们，枞阳发展的成就来源于放眼世界的包容和开放；枞阳发展的未来也一定是世界的枞阳和枞阳的世界。”汉武阁正是这样一双为枞阳人打开全球化视野的眼睛。文化不仅是继承，更重要的在于创新。

2016 年春，江风浩荡。我的身后是枞阳乡村的阡陌和炊烟。大地温暖，母亲仍在劳作。

（作者系县文联主席、“枞阳文化丛书”主编）